El Club de las 5 de la mañana

ROBIN SHARMA

El Club de las 5 de la mañana

Controla tus mañanas, impulsa tu vida

Traducción de
María del Carmen Escudero Millán,
Itziar Hernández Rodilla y
Rita Zaragoza Jové

Grijalbo

El Club de las 5 de la mañana

Título original: *The 5 AM Club*

Primera edición: diciembre, 2018
Primera edición en México: enero, 2019

D. R. © 2018, Robin Sharma
Publicado por acuerdo con HarperCollins Publishers Ltd., Canadá

D. R. © 2018, Penguin Random House Grupo Editorial, S.A.U.
Travessera de Gràcia, 47-49, 08021, Barcelona

D. R. © 2019, derechos de edición mundiales en lengua castellana:
Penguin Random House Grupo Editorial, S. A. de C. V.
Blvd. Miguel de Cervantes Saavedra núm. 301, 1er piso,
colonia Granada, delegación Miguel Hidalgo, C. P. 11520,
Ciudad de México

www.megustaleer.mx

D. R. © 2018, María del Carmen Escudero Millán, Itziar Hernández Rodilla
y Rita Zaragoza Jové, por la traducción

D. R. © Mae Beson, por las ilustraciones de las páginas 36, 58, 136, 156, 257 y 348
D. R. © Lola Landekic, por las ilustraciones de las páginas 226 y 354

Penguin Random House Grupo Editorial apoya la protección del *copyright*.
El *copyright* estimula la creatividad, defiende la diversidad en el ámbito de las ideas y el conocimiento,
promueve la libre expresión y favorece una cultura viva. Gracias por comprar una edición autorizada
de este libro y por respetar las leyes del Derecho de Autor y *copyright*. Al hacerlo está respaldando a los autores
y permitiendo que PRHGE continúe publicando libros para todos los lectores.

Queda prohibido bajo las sanciones establecidas por las leyes escanear, reproducir total o parcialmente esta
obra por cualquier medio o procedimiento así como la distribución de ejemplares
mediante alquiler o préstamo público sin previa autorización.
Si necesita fotocopiar o escanear algún fragmento de esta obra diríjase a CemPro
(Centro Mexicano de Protección y Fomento de los Derechos de Autor, https://www.cempro.com.mx).

ISBN: 978-607-317-533-3

Impreso en México – *Printed in Mexico*

El papel utilizado para la impresión de este libro ha sido fabricado a partir de madera procedente
de bosques y plantaciones gestionadas con los más altos estándares ambientales, garantizando
una explotación de los recursos sostenible con el medio ambiente y beneficiosa para las personas.

Ⓔ

Penguin
Random House
Grupo Editorial

Mensaje del autor y dedicatoria

Estoy inmensamente agradecido de que este libro esté entre tus manos. Deseo de todo corazón que te sirva para alcanzar la plena expresión de tus dones y de tus talentos. Y que genere transformaciones heroicas en tu creatividad, tu productividad y tu prosperidad.

El Club de las 5 de la mañana se basa en un concepto y en un método que enseño desde hace más de veinte años a famosos emprendedores, directores generales de empresas legendarias, ídolos del deporte, estrellas de la música y miembros de la realeza.

Escribí este libro durante más de cuatro años en Italia, Sudáfrica, Canadá, Suiza, Rusia, Brasil y Mauricio. A veces las palabras fluían sin esfuerzo alguno y otras tuve que luchar para poder seguir adelante. En ocasiones tenía el impulso de enarbolar la bandera blanca del agotamiento creativo, y en otros momentos de este proceso espiritual, sentía una responsabilidad que iba más allá de mis propias necesidades y que me empujaba a continuar con mi trabajo.

Durante el proceso de escritura, he dado todo lo que puedo dar de mí mismo para ofrecerte este libro. Agradezco enormemente a las buenas personas de todo el mundo que han estado a mi lado hasta que finalizara *El Club de las 5 de la mañana*.

Es por eso que, con todo mi corazón, te dedico este libro a ti, lector. El mundo necesita más héroes. ¿Por qué esperar a que vengan, si el poder de convertirte en uno está en tu interior?

Con amor y respeto,

Índice

1. Una acción peligrosa 13
2. Filosofía diaria para llegar a ser legendario 15
3. Un inesperado encuentro con un desconocido sorprendente 25
4. Deshacerse de la mediocridad y de todo lo ordinario 33
5. Una aventura estrambótica hacia el dominio de la mañana 57
6. La cima de la productividad, el virtuosismo y la invencibilidad 71
7. La preparación para la transformación comienza en el paraíso 87
8. El Método de las 5 de la mañana: la rutina de los constructores del mundo 97
9. Un sistema para la expresión de la grandeza 111
10. Los cuatro enfoques de los triunfadores 129
11. Navegar las mareas de la vida 191
12. El Club de las 5 de la mañana descubre el protocolo de establecer hábitos 203

13. El Club de las 5 de la mañana
    aprende la *Fórmula 20/20/20* 251
14. El Club de las 5 de la mañana
    aprende que dormir es imprescindible 289
15. El Club de las 5 de la mañana
    aprende las 10 tácticas del ingenio 305
16. El Club de las 5 de la mañana adopta
    el modelo de los Ciclos gemelos 337
17. Los miembros del Club de las 5 de la mañana
    se convierten en héroes 377

EPÍLOGO: Cinco años después 393
SOBRE EL AUTOR 397

Tendremos toda la eternidad para celebrar nuestras victorias, pero solo unos pocos minutos antes de la puesta de sol para ganarlas.

Amy Carmichael

Si te sirve de algo, nunca es demasiado tarde o, en mi caso, demasiado pronto para ser quien quieres ser. [...] Espero que vivas una vida de la que te sientas orgullosa. Y si ves que no es así, espero que tengas la fortaleza para empezar de nuevo.

F. Scott Fitzgerald

Y aquellos que eran vistos bailando, eran considerados locos por quienes no podían escuchar la música.

Friedrich Nietzsche

1

Una acción peligrosa

Un arma sería demasiado violenta. Una soga sería demasiado anticuada. Y el filo de un cuchillo sobre las muñecas, demasiado silencioso. Así que la pregunta pasó a ser: «¿Cómo se puede acabar con una vida que ha sido gloriosa de un modo rápido y preciso, con el mínimo desorden y con el mayor impacto posible?».

Tan solo un año antes, las circunstancias habían sido mucho más esperanzadoras. La emprendedora gozaba de un amplio reconocimiento como gigante de su sector, líder de la sociedad y filántropa. Con treinta y tantos años, dirigía la empresa de tecnología que había fundado en el dormitorio de la universidad, con un dominio del mercado en crecimiento constante y fabricando productos que sus clientes adoraban.

Pero ahora la estaban atacando por la espalda, se enfrentaba a un ataque inesperado, mezquino y avivado por la envidia que pretendía diluir considerablemente su participación en la propiedad de un negocio en el que había invertido la mayor parte de su vida y se veía forzada a buscar un trabajo nuevo.

La crueldad de este giro inesperado de los acontecimientos resultó ser insoportable para la emprendedora. Bajo su habitual apariencia gélida latía un corazón cariñoso, y profundamente amoroso. Sentía que la vida la había traicionado. Y que merecía mucho más.

Pensó en engullir un bote gigante de somníferos. Una acción tan peligrosa sería más limpia de ese modo. Tómatelas todas y acaba con todo rápido, pensó. Tengo que dejar atrás este dolor.

Entonces vio algo sobre el elegante tocador de roble de su dormitorio pintado de blanco: una entrada a una conferencia de optimización personal que le había regalado su madre. La emprendedora normalmente se reía de la gente que acudía a este tipo de eventos, a los que llamaba «alas rotas» y de los que solía decir que buscaban respuestas en un seudogurú, cuando todo lo que necesitaban para vivir una vida productiva y llena de éxito lo podían encontrar en ellos mismos.

Quizá había llegado la hora de replantearse su opinión. No veía demasiadas opciones. O iba al seminario y experimentaba algún tipo de revelación que salvara su vida, o se buscaría el modo de descansar en paz. Con una muerte rápida.

2

Filosofía diaria para llegar a ser legendario

> No permitas que se extinga tu fuego, chispa a chispa, cada una de ellas irremplazable, en los pantanos sin esperanza de lo aproximado, lo casi, lo nunca jamás. No permitas que perezca el héroe que llevas en tu alma, en solitaria frustración por la vida que merezcas pero que nunca pudiste alcanzar. Revisa la naturaleza de tu batalla. El mundo que deseas puede ser ganado, existe, es real y posible; es tuyo.
>
> AYN RAND

Él era uno de los mejores oradores. Un hombre auténticamente encantador.

Se acercaba al fin de una carrera legendaria. A sus ochenta y tantos años, el Guía era venerado por todo el mundo por ser un gran maestro de la inspiración, leyenda del liderazgo y personaje sincero que ayudaba a que la gente corriente pusiera en práctica sus mayores dones.

En una cultura llena de inestabilidad, incertidumbre e inseguridad, los eventos del Guía llenaban los estadios de gente, de seres humanos que anhelaban no solo llevar vidas magistrales llenas de creatividad, productividad y prosperidad, sino también existir de un modo que elevara a la humanidad. Personas que, al final, se iban seguras de haber donado un legado maravilloso y de haber dejado huella para las siguientes generaciones.

El trabajo de este hombre era único. Transmitía ideas que fortalecían al guerrero que llevamos en nuestro interior y las combinaba con conocimientos que honraban a ese poeta conmovedor que vive en nuestros corazones. Su mensaje enseñaba a la gente normal y corriente a tener éxito en los más altos niveles del mundo de los negocios y, a la vez, a reclamar la magia de haber vivido la vida plenamente. Además, enseñaba como recuperar la capacidad de asombro que dejamos atrás cuando un mundo duro y frío puso nuestro talento natural al servicio de una orgía de complejidad, superficialidad y distracciones tecnológicas.

Aunque el Guía era alto, su avanzada edad lo había encorvado ligeramente. Se movía por el escenario con pasos cuidadosos pero elegantes. Un traje gris oscuro de suaves rayas blancas que se ajustaba a la perfección le confería un aspecto elegante. Y un par de gafas tintadas de azul añadían el toque justo de modernidad.

—La vida es demasiado corta como para ser modestos con vuestros talentos —se dirigió el Guía a una sala que albergaba miles de oyentes—. Nacisteis con la oportunidad y la responsabilidad de convertiros en personas legendarias. Habéis sido creados para llevar a cabo proyectos de la categoría de una obra maestra, diseñados para realizar actividades importantes y construidos para ser una fuerza del bien en este pequeño planeta. Tenéis derecho a reclamar la soberanía sobre vuestra grandeza original en una civilización que ha demostrado ser bastante incivilizada; a recuperar vuestra nobleza en una comunidad mundial donde la mayoría compra zapatos bonitos y adquiere cosas caras, pero que raramente invierte en mejorarse a sí mismo. Vuestro liderazgo personal necesita (corrijo, os exige) que dejéis de ser zombis cibernéticos atraídos constantemente por dispositivos digitales y que reestructuréis vuestra vida para representar la maestría, para ejemplificar la decencia y para renunciar al egoísmo, que limita a las buenas personas. Todos los grandes hombres y mujeres del mundo son personas que dan, no toman. Renunciad a la creencia común de que aquellos que más acumulan son los que más ganan. En lugar de eso, escoged un trabajo heroico: que deje perplejo a vuestro mercado por la calidad de su originalidad y por la utilidad que ofrece. Mientras lo hagáis, os recomiendo que creéis también una vida personal firme en cuestiones éticas, rica en extraordinaria belleza e implacable en lo que se refiere a la protección de vuestra paz interior. Así es, amigos míos, cómo podéis volar entre los ángeles. Y andar junto a los dioses.

El Guía hizo una pausa. Tomó una enorme bocanada de aire. Su respiración se volvió tensa y su nariz emitió un ruido sibilante al inhalar. Miró hacia abajo, a sus elegantes botas negras, pulidas con rigurosidad militar.

Los que estaban en primera fila pudieron ver una lágrima deslizándose por un rostro ajado que, tiempo atrás, había sido hermoso.

Tras unos instantes de tensión que mantuvieron a varias personas de la audiencia revolviéndose en sus asientos, el Guía dejó el micrófono que había estado sujetando con la mano izquierda. Con la mano libre, alcanzó con delicadeza el bolsillo de su pantalón y sacó un pañuelo de lino cuidadosamente doblado. Se limpió la mejilla.

—Cada uno de vosotros tiene algo que decir en su vida. Cada uno de vosotros tiene un instinto de la excelencia en su espíritu. No hay nadie en esta sala que deba quedarse inmóvil junto con la gran masa y sucumbir a la mediocrización masiva del comportamiento evidente en la sociedad, junto con la desprofesionalización colectiva de los negocios que resulta tan obvia en la industria. Limitarse no es nada más que una mentalidad que demasiadas personas buenas practican diariamente hasta que, para ellos, se convierte en una realidad. Me rompe el corazón ver a tanta gente potencialmente poderosa atrapada en una historia que les hace creer que no pueden ser extraordinarias, profesional y personalmente. Debéis recordar que vuestras excusas son seductoras, vuestros miedos, mentirosos y vuestras dudas, ladronas.

Mucha gente asintió. Se oyeron algunas palmadas. Luego se sumaron muchos aplausos.

—Os entiendo. De verdad —continuó el Guía—. Sé que habéis pasado por épocas difíciles a lo largo de vuestra vida. Todos las hemos pasado. Entiendo que podáis pensar que las cosas no han salido como creíais que irían cuando erais niños llenos de fuego, deseo y asombro. No planificasteis que cada día tuviera que parecer el mismo, ¿verdad? Que estaríais en un trabajo que asfixia vuestra alma. Tratando con preocupaciones estresantes y con responsabilidades interminables que sofocan vuestra originalidad y que os roban la energía. Codiciando deseos sin importancia y queriendo satisfacer instantáneamente necesidades triviales, a menudo generadas por una tecnología que nos esclaviza en lugar de liberarnos. Viviendo la misma semana miles de veces y llamando a eso vida. Creedme si os digo que demasiados de nosotros mueren a los treinta, pero los entierran a los ochenta. Así que, de verdad, os entiendo. Esperabais que las cosas fueran diferentes. Más interesantes. Más gratificantes, especiales y mágicas.

La voz del Guía tembló cuando pronunció esas últimas palabras. Tuvo que esforzarse para respirar por un instante.

Una mirada de preocupación le arrugó una ceja. Se sentó en una silla color crema que uno de sus asistentes había colocado cuidadosamente a un lado del escenario.

—Y sí, soy consciente de que en esta sala hay muchas personas que ahora llevan una vida que les encanta. Vuestro éxito es legendario en el mundo, estáis completamente implicados en vuestros negocios, enriqueciendo a vuestras familias y a vuestra comunidad con una energía que roza lo sobrenatural. Buen trabajo. Bravo. Y, aun así, también habéis experimentado épocas en las que habéis estado perdidos en el peligroso valle de las tinieblas. Vosotros también habéis experimentado la debacle de vuestro esplendor creativo, así como de vuestra eminencia productiva, convertida ahora en un pequeño círculo de comodidad, miedos e insensibilidad que ha traicionado a los castillos del dominio y las reservas de valentía que hay dentro de vosotros. Vosotros también os habéis sentido decepcionados por los áridos inviernos de una vida vivida sin intensidad. También habéis visto cómo se os negaban muchos de los más inspiradores sueños de vuestra infancia. También os ha herido alguien en quien confiabais. También se os han derrumbado los ideales. También os han destrozado vuestro inocente corazón, dañándoos la vida, dejándola como un país en ruinas tras la invasión de extranjeros ambiciosos.

En la sala de conferencias reinaba un silencio sepulcral.

—No importa dónde estéis en la senda de vuestra vida, no dejéis que el dolor de un pasado imperfecto obstaculice la gloria de un futuro maravilloso. Sois mucho más poderosos de lo que os podáis llegar a imaginar. Victorias espléndidas os esperan en vuestro camino. Y estáis exactamente donde debéis para crecer lo necesario y llegar a tener la vida productiva, extremadamente prodigiosa y excepcionalmente influyente que os habéis ganado tras pasar por las pruebas más duras. Nada va mal en vuestras vidas ahora, aunque parezca que todo se derrumba. Si sentís que vuestras vidas son un desastre en este momento es solo porque vuestros miedos son un poco más fuertes que vuestra esperanza. Con práctica, podéis bajar el volumen de esa voz asustadiza de vuestro interior. Y subir el tono de la faceta más triunfadora de vosotros mismos. La verdad es que cada reto al que os habéis enfrentado, cada persona tóxica con la que os habéis cruzado y todas las dificultades que habéis sobrellevado han sido la preparación perfecta para convertiros en las personas que sois ahora. Necesitabais estas lecciones para activar las riquezas, los talentos y los poderes que ahora se están despertando en vosotros. Nada ha sido un accidente. Nada ha sido en balde. Estáis exactamente donde debéis estar para empezar la vida de vuestros sueños. Una vida que puede convertiros en los fundadores de un imperio y en personas que cambien el mundo. E incluso puede que hagáis historia.

—Todo eso parece fácil, pero es mucho más difícil en realidad —gritó un hombre con una gorra de béisbol roja.

Llevaba una camiseta gris y unos vaqueros rotos, como los que puedes comprar ya rasgados en el centro comercial de tu barrio. Aunque esta interrupción podría parecer irrespetuosa, el tono de voz del participante y su lenguaje corporal mostraban una admiración genuina por el Guía.

—Estoy de acuerdo contigo, ser humano maravilloso —contestó el orador con una elegancia que provocaba un gran influjo sobre todos los participantes y con una voz que sonaba un poco más fuerte tras levantarse de la silla—. Las ideas no valen nada si no van acompañadas por una puesta en práctica. El paso más pequeño para implementarlas tiene más valor que la mayor de las intenciones. Y si ser una persona maravillosa y tener una vida legendaria fuera fácil, todo el mundo lo conseguiría. ¿Sabes lo que quiero decir?

—Claro, colega —contestó el hombre de la gorra roja mientras se frotaba el labio inferior con un dedo.

—La sociedad nos ha vendido una serie de engaños —continuó el Guía—. Que el placer es preferible al hecho terrorífico, pero majestuoso, de que cualquier posibilidad requiere un trabajo duro, una reinvención constante y una dedicación tan profunda como el mar para poder alejarnos diariamente de la seguridad de nuestro puerto. Creo que, a la larga, la seducción de la complacencia y de una vida fácil es cien veces más cruel que una vida en la que lo das todo y adoptas una postura inquebrantable para conseguir tus mayores sueños. «*La vida de primera clase empieza donde termina tu zona de confort*», esta es una regla que las personas con éxito, influencia y felicidad recuerdan en todo momento.

El hombre asintió. Y varios grupos entre el público repitieron el gesto.

—Desde muy temprana edad se nos programa para pensar que vivir una vida siendo leales a los valores del virtuosismo, el ingenio y la decencia no suponen mucho esfuerzo. Así, si el camino resulta duro y requiere paciencia, pensamos que estamos en la senda equivocada —dijo el Guía mientras agarraba la silla de madera por el brazo y reposaba su delgado cuerpo sobre ella.

»Hemos fomentado una cultura de gente apática, débil, y delicada que es incapaz de cumplir promesas, que huye del compromiso y que renuncia a sus aspiraciones cuando surge el menor de los obstáculos.

Entonces el orador suspiró en voz alta.

—Es bueno que las cosas sean difíciles. Alcanzar la verdadera grandeza y la materialización del genio que hay en vosotros son deportes duros. Solo los que tengan una dedicación suficiente como para llegar a las fronteras ardientes de los confines más remotos podrán ampliar sus propios límites. Y el sufrimiento que sintáis a lo largo del camino de materialización de vuestros poderes especiales, de vuestras habilidades más fuertes y de las ambiciones más inspiradoras es una de las mayores fuentes de satisfacción humana. Un paso clave para la felicidad (y para la paz interior) es saber que habéis hecho todo lo que estaba en vuestras manos para obtener recompensas y que, con esfuerzo y pasión, habéis puesto en práctica vuestra audacia para convertiros en los mejores. Miles Davis, la leyenda del jazz, cruzó ferozmente los límites de lo que en su campo se conocía como normal para explotar por completo su magnífico potencial. Miguel Ángel hizo un sacrificio mental, emocional, físico y espiritual enorme para crear un arte asombroso. Rosa Parks, una simple costurera con una valentía excepcional, sufrió una rotunda humillación cuando fue arrestada por no renunciar a su asiento en un autobús segregado, iniciando así el movimiento por los derechos humanos. Charles Darwin demostró la resolución necesaria para alcanzar el virtuosismo estudiando percebes (sí, percebes) durante ocho largos años, mientras formulaba su famosa Teoría de la evolución. La gran mayoría de nuestro mundo moderno, la que pasa una enorme cantidad de su irremplazable tiempo vital mirando ráfagas de selfis, el desayuno de sus amigos virtuales y videojuegos violentos, tildaría de «locura» esta dedicación a la optimización del conocimiento —dijo el Guía mientras observaba alrededor de la sala como si estuviera decidido a clavar su mirada en los ojos de cada uno de los asistentes.

»Stephen King trabajó como profesor de redacción en un instituto y en una lavandería industrial antes de vender *Carrie*, la novela con la que se hizo famoso —continuó el envejecido presentador—. Ah, y debéis saber que estaba tan desanimado por recibir devoluciones y negativas que tiró a la basura el manuscrito que había redactado en su vieja caravana, dándose por vencido. Tuvo que ser su mujer, Tabitha, quien descubriera la obra mientras su marido estaba fuera, le limpiara las cenizas, lo leyera y le dijera al autor que era brillante para que King lo enviara a sus editores. Incluso entonces, el anticipo de los derechos fueron unos escasos dos mil quinientos dólares.

—¿En serio? —murmuró una mujer sentada cerca del escenario. Llevaba un sombrero de un verde exuberante del que sobresalía una gran pluma violeta y estaba visiblemente satisfecha de ser fiel a su propio estilo.

—Sí —dijo el Guía—. Y aunque Vincent van Gogh creó novecientos cuadros y más de mil dibujos a lo largo de su vida, empezó a ser famoso tras su muerte. El impulso para crear no lo generaba el combustible para el ego de la admiración popular, sino un instinto más sabio que lo seducía para ver hasta dónde podía desbloquear su poder creativo, sin importar las dificultades que tuviera que soportar. Nunca es fácil convertirse en alguien legendario. Pero prefiero ese viaje a la angustia de estar encerrado en lo ordinario que tantas personas potencialmente heroicas deben afrontar constantemente —dijo firmemente el Guía—. En resumen, dejad que os diga que el lugar donde reside el mayor de vuestros desasosiegos es a la vez el rincón donde se encuentra vuestra mayor oportunidad. Las creencias que os inquietan, los sentimientos que os amenazan, los proyectos que os enervan y el desarrollo de vuestros talentos a los que se resiste esa parte insegura de vosotros mismos son justamente los lugares hacia donde debéis avanzar. Decantaos por esas puertas sin dudar, hacia vuestra grandeza como productores creativos, como buscadores de la libertad personal y agentes del cambio. Y luego abrazad estas creencias, sentimientos y proyectos rápidamente en lugar de estructurar vuestras vidas de modo que queden diseñadas para desestimarlos. Enfrentándoos a las cosas que os asustan es el modo de reclamar un poder que habíais olvidado. Y un modo de recuperar la inocencia y el asombro que perdisteis tras vuestra infancia.

De repente, el Guía empezó a toser. Suavemente al principio, y luego, de un modo violento, como si estuviera totalmente poseído por un demonio que buscara venganza.

En uno de los laterales, un hombre con traje negro y un agresivo corte de pelo habló a un micrófono que llevaba discretamente insertado en los puños de su camisa. Las luces empezaron a parpadear y luego bajaron de intensidad. Algunas personas del público que se encontraban cerca del escenario se levantaron, sin saber qué hacer.

Una hermosa mujer, con el pelo recogido en un simpático moño, una sonrisa tensa y un traje negro y ceñido con un bordado blanco en el cuello, subió deprisa las escaleras de metal que el Guía había recorrido al inicio de su charla. Llevaba un teléfono en una mano y una libreta desgastada en la otra. El sonido de sus tacones rojos repiqueteaba, *clic, cloc, clic, cloc*, mientras corría hacia su jefe.

Pero la mujer llegó demasiado tarde.

El Guía se derrumbó en el suelo como un boxeador de gran corazón pero con pocas posibilidades, noqueado en el último asalto de una carrera que había sido gloriosa y a la que debía haber puesto fin años atrás. El viejo presentador yacía inmóvil. Un reguero de sangre se escapaba de un corte que se había hecho en la cabeza a causa de la caída. Sus gafas reposaban al lado. El pañuelo permanecía inmóvil en su mano. Sus ojos, antes brillantes, estaban ahora cerrados.

3

Un inesperado encuentro con un desconocido sorprendente

> No vivas como si fueras a vivir diez mil años. Tu destino pende de un hilo. Mientras estés vivo, hazte bueno.
>
> MARCO AURELIO, emperador romano

La emprendedora mintió a la gente que había conocido en el seminario, diciendo que había acudido para aprender las fabulosas fórmulas del Guía para la productividad exponencial, así como para descubrir la neurociencia que hay detrás del dominio personal que había compartido con los líderes de la industria. Comentó que esperaba que la metodología del gurú le permitiera conseguir una ventaja inigualable sobre la competencia de su empresa para que su negocio pudiera crecer rápidamente y llegar a ostentar un dominio indisputable. Vosotros conocéis la verdadera razón por la que estaba allí: necesitaba recuperar la esperanza. Y salvar su vida.

El artista había asistido al evento para intentar averiguar cómo estimular su creatividad y multiplicar su capacidad para poder dejar una huella profunda en su campo.

Y el sintecho parecía haberse colado en la sala de conferencias cuando nadie miraba.

La emprendedora y el artista se habían sentado juntos. Era la primera vez que se veían.

—¿Crees que está muerto? —preguntó ella mientras el artista se removía con sus rastas colgando a lo Bob Marley.

El rostro de la emprendedora era anguloso y alargado. Abundantes arrugas y espesas grietas recorrían su frente como surcos en un campo labrado. Llevaba una media melena morena y un peinado que parecía querer decir: «voy en serio y ni se te ocurra jugar conmigo». Era esbelta, como una corredora de larga distancia, y sus flexibles brazos y piernas emergían de una delicada falda azul de diseño. Tenía una mirada triste, que escondía heridas antiguas aún por curar. Y del caos existente que estaba infectando su querida empresa.

—No estoy seguro. Es muy mayor y la caída ha sido muy bestia. Qué fuerte, vaya escena. No había visto nunca nada igual —comentó el artista mientras se tiraba de un pendiente.

—Yo acabo de descubrirlo. No me van demasiado estas cosas —explicó la emprendedora. Seguía sentada, los brazos cruzados sobre una blusa color crema de cuyo cuello colgaba elegantemente una pajarita negra de tamaño colosal—. Pero me ha gustado mucho su mensaje sobre la productividad en esta época en la que los dispositivos destruyen nuestra concentración y nuestra capacidad de pensar en profundidad. Con sus palabras me he dado cuenta de que debo proteger mis recursos cognitivos mucho mejor —continuó con un tono de voz ligeramente formal.

No estaba muy interesada en compartir lo que le estaba pasando y, obviamente, quería proteger su fachada de emprendedora distinguida, lista para pasar al siguiente nivel.

—Sí, ese hombre es total —dijo el artista, que parecía nervioso—. A mí me ha ayudado mucho. No puedo creer lo que acaba de pasar. Qué surrealista, ¿no?

Era pintor. En su deseo por elevar su técnica y por mejorar su vida personal, seguía la obra del Guía. Pero, por alguna razón, los demonios de su interior parecían tener poder sobre su naturaleza más elevada y, de este modo, solía sabotear su insaciable ambición y sus ideas maravillosamente originales.

El artista tenía un aspecto intenso. Una barba de chivo sobresalía de su mentón. Llevaba una camiseta negra y *shorts* negros que le llegaban por debajo de sus rodillas protuberantes. Unas botas australianas negras con suela de goma completaban su creativo uniforme. Una fascinante cascada de tatuajes descendía por ambos brazos y por su pierna izquierda. Uno rezaba: «Los ricos son unos farsantes». En otro había una cita de Salvador Dalí que decía simplemente: «Yo no tomo drogas. Yo soy una droga».

—Hey, chavales. —El sintecho gritó desde unas filas más atrás, y en un tono inadecuadamente alto, a la emprendedora y al artista. El auditorio aún se estaba vaciando y los técnicos seguían desmontando el escenario ruidosamente. El personal del evento barría el suelo. Una canción de Nightmares on Wax sonaba suavemente de fondo.

Los dos nuevos conocidos se dieron la vuelta y vieron una melena enmarañada y salvaje, una cara que parecía no haberse afeitado durante décadas y una combinación andrajosa de ropa llena de manchas.

—¿Sí? —preguntó la emprendedora en un tono frío como el hielo del Ártico—. ¿Puedo ayudarle?

—¿Qué pasa, colega? —respondió el artista con algo más de compasión.

El sintecho se levantó y se acercó a rastras para sentarse junto a ellos.

—¿Creéis que el gurú la ha palmado? —preguntó quitándose una costra de una de sus muñecas.

—No lo sé —respondió el artista jugando con otra rasta—. Espero que no.

—¿Os ha gustado el seminario? ¿Os va todo eso que ha contado el viejo? —continuó el desaliñado desconocido.

—Ya ves, es total —dijo el artista—. Me encanta su obra. Ha sido duro incluirla en mi vida, pero lo que dice es profundo. Y potente.

—Yo no estoy muy segura —dijo cínicamente la emprendedora—. Me ha gustado mucho lo que he oído hoy, pero hay otras cosas que no acaban de convencerme. Necesitaré un tiempo para procesarlo todo.

—Pues yo creo que es un crac —respondió el sintecho con un eructo—. Yo hice mi fortuna gracias a las enseñanzas del Guía. Y he disfrutado de una vida a lo grande también gracias a él. Mucha gente desea que le sucedan cosas excepcionales. Él me enseñó que los mejores son los que consiguen que les sucedan cosas extraordinarias. Y lo mejor es que no solo me regaló una filosofía secreta para hacer realidad mis sueños, sino que también me enseñó las tácticas y las herramientas para traducir esa información en resultados. Sus ideas sobre cómo establecer una rutina productiva por las mañanas transformaron mi impacto en el mercado.

Una profunda cicatriz atravesaba la frente del sintecho justo por encima del ojo derecho. Su barba amenazante era de color gris. Alrededor del cuello llevaba un collar de cuentas como los que llevan los sagrados hombres indios en sus templos. Aunque su hipérbole le hacía sonar inestable y su semblante sugería que llevaba muchos años viviendo en la calle, su voz transmitía una extraña sensación de autoridad. Y sus ojos revelaban una confianza leonina.

—Vaya chiflado —susurró la emprendedora al artista—. Si este tipo tiene una fortuna, yo soy la Madre Teresa.

—Y que lo digas. Parece un loco —respondió el artista—. Pero mira el pedazo de reloj que lleva.

En la muñeca izquierda, el sintecho, que parecía tener sesenta y muchos, llevaba uno de esos relojes enormes que los directores británicos de los fondos de inversión suelen lucir cuando salen a cenar al Mayfair. La esfera tenía el color de un revólver y el marco era de acero inoxidable. La manecilla de las horas era roja y fina como una aguja y el minutero, naranja atardecer. Esta vistosa medalla estaba atada con una correa de goma negra que le daba un aire deportivo a su aspecto lujoso.

—Cien de los grandes, como mínimo —dijo discretamente la emprendedora—. Algunos de mis hombres compraron relojes como ese el día antes de nuestra salida a bolsa. Lamentablemente, el precio de nuestras acciones cayó en picado. Pero ellos conservaron esos malditos relojes.

—¿Y qué parte de la charla del Guía os ha gustado más, chavales? —preguntó el sintecho rascándose todavía la muñeca—. ¿Todo eso de la psicología del genio con la que ha empezado? ¿O esos increíbles modelos sobre los trucos de productividad de los multimillonarios que ha soltado en medio de la charla? Puede que os haya sorprendido toda esa neurobiología que crea el mejor rendimiento. ¿O quizá os ha llegado más su teoría sobre nuestra responsabilidad a la hora de alcanzar lo legendario mientras servimos como instrumento para el beneficio de la humanidad con el que nos ha deleitado antes de ese dramático final?

Entonces, el sintecho guiñó un ojo y miró su gran reloj.

—Hey, muchachos, ha sido divertido, pero el tiempo es uno de los bienes más preciados que he aprendido a proteger. Warren Buffett, el brillante inversor, dijo que los ricos invierten en tiempo. Los pobres invierten en dinero. Así que no puedo quedarme mucho tiempo con vosotros. Tengo una reunión, un jet y una pista de despegue esperando. ¿Sabéis a qué me refiero?

«Parece que esté delirando», pensó la emprendedora.

—Buffet también dijo: «Compro trajes caros, pero me quedan como si fueran baratos». Quizá también recuerda esa frase. Y —continuó la emprendedora— no tengo la más mínima intención de ser maleducada, pero no sé cómo ha entrado aquí. Y no tengo ni idea de dónde ha sacado ese enorme reloj ni de qué jet está usted hablando. Y, por favor, deje de hablar como estaba hablando sobre lo que ha sucedido en la presentación. No es nada divertido. No sé si ese señor sigue vivo.

—Total... es cierto —coincidió el artista acariciándose la barba—. No está bien. ¿Y por qué hablas como un surfero?

—Eh, tíos, tranquilos —dijo el sintecho—. En primer lugar, es que soy un surfero. Pasé mi adolescencia sobre una tabla, en Malibú. Solía surfear cerca de un punto en el que rompían las mejores olas. Ahora surco las olas más pequeñas de la bahía de Tamarin, un lugar donde dudo que hayáis estado.

—No he oído hablar de ese lugar. Es usted un hombre muy extravagante —dijo la emprendedora con frialdad.

El sintecho era imparable.

—Y en segundo lugar, yo he tenido mucho éxito en los negocios. Creé muchas empresas que son muy rentables en esta era en la que las compañías tienen unos ingresos de miles de millones, pero nada en su balance final. Vaya broma. El mundo se está volviendo un poco loco. Demasiada codicia y poco sentido común. Y por último, si me lo permitís —añadió, y su voz pedregosa se volvió más fuerte—, sí que hay un avión esperándome. En una pista no muy lejos de aquí. Pero antes de irme, os lo volveré a preguntar, porque quiero saberlo: ¿qué parte de la presentación del Guía os ha gustado más?

—La verdad es que toda —respondió el artista—. Me ha gustado todo tanto que he grabado cada palabra que ha dicho.

—Eso es ilegal —le previno el sintecho, cruzando los brazos con firmeza—. Podrías tener graves problemas con la ley por hacer eso.

—Eso va contra la ley —confirmó la emprendedora—. ¿Por qué lo has hecho?

—Porque he querido. Las reglas están hechas para romperlas, ¿sabéis? Picasso dijo que hay que aprender las reglas como un profesional para poder romperlas como un artista. Yo necesito ser yo mismo, y no una oveja más que sigue al rebaño por un camino que no lleva a ningún sitio. La mayoría, sobre todo la gente con dinero, no son más que un fraude —declaró el artista—. Es como lo que dice a veces el Guía: «Puedes encajar, o puedes cambiar el mundo. No puedes hacer las dos cosas». Por eso lo he grabado. Detenedme. La cárcel también puede ser interesante, seguramente conocería a gente guay allí.

—Mmm, vale —dijo el sintecho—. No me gusta tu decisión, pero me encanta tu pasión. Así que adelante. Enséñanoslo, pon las partes del seminario que te han molado.

—¡Todo lo que he grabado es alucinante! —El artista levantó un brazo y dejó ver un tatuaje de Jimi Hendrix. Sobre la cara de la superestrella se leía la frase: «Cuando el poder del amor supere el amor al poder, el mundo conocerá la paz»—. Os voy a enseñar algo especial —añadió.

—Venga, pon las partes que te han gustado —le animó la emprendedora levantándose de su asiento.

No sabía bien por qué, pero algo estaba empezando a cambiar en su interior. «Puede que la vida me haya estado destruyendo», pensó. «A lo mejor así puedo hacer algún avance».

Participar en el evento, conocer al artista, escuchar las palabras del Guía, pese a no estar del todo de acuerdo con él, todo aquello le hacía pensar que lo que estaba pasando en su empresa podría ser una especie de preparación que le exigía su propia grandeza. La emprendedora seguía siendo escéptica, pero notaba que se estaba abriendo. Y puede que creciendo. Así que se prometió a sí misma que seguiría este proceso en lugar de volverse atrás. Su antiguo modo de vivir ya no le servía. Era hora de cambiar.

La emprendedora pensó en una cita de Theodore Roosevelt que le encantaba: «No es el crítico el que cuenta, ni el que señala con el dedo al hombre fuerte cuando tropieza o el que indica en qué cuestiones quien hace las cosas podría haberlas hecho mejor. El mérito recae exclusivamente en el hombre que se halla en la arena, aquel cuyo rostro está manchado de polvo, sudor y sangre, el que lucha con valentía, el que se equivoca y falla el golpe una y otra vez, porque no hay esfuerzo sin error y sin limitaciones. El que cuenta es el que, de hecho, lucha por llevar a cabo las acciones, el que conoce los grandes entusiasmos, las grandes devociones, el que agota sus fuerzas en defensa de una causa noble, el que, si tiene suerte, saborea el triunfo de los grandes logros y si no la tiene y falla, fracasa al menos atreviéndose al mayor riesgo, de modo que nunca ocupará el lugar reservado a esas almas frías y tímidas que ignoran tanto la victoria como la derrota».

Recordó también la frase que había aprendido durante el discurso del Guía, decía algo así como: «El momento en que más deseas abandonar es el instante en que debes encontrar la fuerza en tu interior para seguir adelante». Y así, la emprendedora llegó a lo más profundo de su interior y se hizo la promesa de continuar con su viaje para encontrar respuestas, resolver sus problemas y experimentar días mejores. Su esperanza iba en aumento y la voz sutil de su mejor ser empezaba a susurrarle que estaba a punto de comenzar una aventura muy especial.

4

Deshacerse de la mediocridad y de todo lo ordinario

> ¿Por qué? A veces he llegado a creer hasta en seis cosas imposibles antes del desayuno.
>
> LEWIS CARROLL,
> *Alicia en el país de las maravillas*

—Eres pintor, ¿verdad? —preguntó el sintecho jugueteando con un botón suelto de su camisa raída.

—Eso es, tío —farfulló el artista—. Algo así como un pintor frustrado. Soy bueno, pero no genial.

—Yo tengo muchas obras de arte en mi apartamento de Zúrich —dijo el sintecho sonriendo con indulgencia—. Compré un piso en plena Bahnhofstrasse justo antes de que los precios se dispararan. He aprendido lo importante que es rodearse solo de la mejor calidad allá donde voy. Esta ha sido una de mis mejores jugadas ganadoras a la hora de crear la vida que me he forjado. En mis empresas solo contrato a los mejores, porque no puedes tener una empresa de nivel A con gente de nivel C. Solo lanzamos productos que puedan desestabilizar el mercado y cambiar completamente la sociedad por lo valiosos que son. Mis empresas solo ofrecen servicios que enriquezcan a nuestros clientes desde un punto de vista ético, que ofrezcan una experiencia espectacular al usuario y que creen seguidores fanáticos que no puedan imaginarse hacer negocios con otra cosa. Y en mi vida personal, hago lo mismo: solo como la mejor comida, aunque en pequeñas cantidades; solo leo los libros más originales y profundos; paso el tiempo en los espacios más luminosos e inspiradores y visito los lugares más fascinantes. Y en lo que respecta a las relaciones, solo me rodeo de seres humanos que estimulen mi alegría, que me den paz y me animen a ser un hombre mejor. La vida es demasiado valiosa como para malgastarla con gente que no te entiende. Con gente que no está en la misma onda. Con gente que tiene unos valores distintos y un listón más bajo que el tuyo. Y con una disposición mental, emocional, física y espiritual distinta. Es un pequeño milagro ver cómo nuestra influencia y entorno moldean de un modo tan poderoso y profundo la productividad y el impacto que generamos.

—Vaya —señaló la emprendedora sin dejar de mirar su teléfono móvil—. Parece que sabe de lo que está hablando —murmuró en voz baja al artista, sin levantar la mirada de la pantalla.

La telaraña de arrugas de su cara se relajó aún más. De una de sus muñecas colgaban dos brazaletes de plata inmaculados. En uno se leía la frase «Haz posible lo imposible», mientras que la otra tenía grabado «Hecho es mejor que perfecto». La emprendedora se las había autorregalado cuando su empresa se encontraba en la fase inicial y ella aún tenía una gran confianza en sí misma.

—Sé lo que es la disposición mental —dijo el artista—. Nunca había oído hablar de disposición emocional, física y espiritual, amigo.

—Ya lo harás —le sugirió el sintecho—. Y cuando eso pase, el modo en que creas, produces y te muestras en tu mundo no volverá a ser el mismo. Son conceptos demasiado revolucionarios para cualquiera que cree imperios y construya mundos. Por eso, a día de hoy pocos empresarios y otros seres humanos del planeta los conocen. Si los conocieran, cualquier aspecto importante en sus vidas mejoraría rápidamente. Por ahora, solo quería mantenerme en mi compromiso personal con la más alta calidad en todo lo que me rodea. Tu entorno moldea realmente aquello que percibes, haces y te inspira. El arte alimenta mi alma. Los buenos libros blindan mi esperanza. Las conversaciones profundas aumentan mi creatividad. La música deliciosa eleva mi corazón. Las vistas hermosas fortalecen mi espíritu. Y lo único que hace falta es una sola mañana llena de positivismo que proporcione una descarga monumental de ideas ingeniosas que eleven a toda una generación, ¿sabes? Y tengo que decir que inspirar a la humanidad es la labor sublime a la que se dedica la élite del 5 % del mundo de los negocios. El auténtico propósito del asunto no es solo ganar tu propia fortuna. La verdadera razón de participar en este juego es poder ser útil a la sociedad. En los negocios, me centro sobre todo en servir. El dinero, el poder y el prestigio no son más que las consecuencias que inevitablemente me he ido encontrando por el camino. Un viejo y excepcional amigo me enseñó este modo de trabajar cuando era joven. Transformó por completo mi situación de prosperidad y la magnitud de mi libertad personal. Y esta filosofía empresarial inversa ha dominado mi modo de hacer las cosas desde entonces. Quién sabe, quizá algún día os presente a mi mentor.

El sintecho hizo una pausa. Examinó su enorme reloj. Después, cerró los ojos y dijo estas palabras: «Controla tus mañanas, impulsa tu vida». Como por arte de magia, en la palma extendida de su mano izquierda apareció un trocito de papel blanco y grueso. El truco no estaba mal. Si hubierais estado allí, con esas tres almas, os habríais quedado de piedra.

Esta es la imagen que había en el papel:

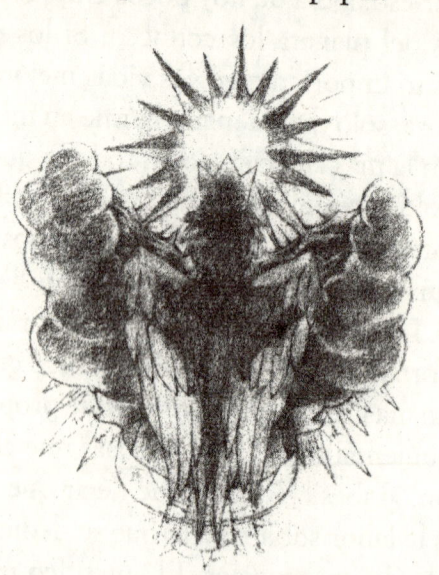

En ese momento, la emprendedora y el artista lo miraron boquiabiertos, parecían confusos e hipnotizados.

—Cada uno de vosotros tiene un héroe en su interior. Esto ya lo sabíais siendo niños, antes de que los adultos os dijeran que limitarais vuestros poderes, que encadenarais a vuestros genios y que traicionarais las verdades de vuestro corazón —les dijo el sintecho con unas palabras muy parecidas a las del Guía—. Los adultos son niños deteriorados —continuó—. Cuando erais mucho más jóvenes, sabíais bien cómo vivir. Mirar las estrellas os llenaba de deleite; correr por el parque os hacía sentir vivos; y perseguir mariposas os colmaba de alegría. Ah, cómo adoro las mariposas. Después, cuando crecisteis, os olvidasteis de vuestra humanidad. Olvidasteis cómo ser valientes y entusiastas, amorosos y cómo estar salvajemente vivos. Vuestras valiosas reservas de esperanza se desvanecieron. Se volvió aceptable ser normal. La luz de vuestra creatividad, de vuestra positividad y de vuestra profundidad, junto con la de vuestra grandeza, se fue apagando a medida que comenzabais a preocuparos por encajar, por tener más que los demás y por ser populares. Así que, escuchadme: no forméis parte del mundo de los adultos adormecidos, de su escasez, apatía y limitación. Os invito a entrar en una realidad secreta que solo conocen los verdaderos maestros, los grandes genios y las leyendas genuinas de la historia. Y a descubrir los poderes primarios de vuestro interior que no sabíais que existían. Podéis hacer magia en vuestro trabajo y en vuestra vida privada. Yo lo he hecho. Y estoy aquí para ayudaros a hacerlo.

Antes de que la emprendedora y el artista pudieran pronunciar siquiera una palabra, el sintecho continuó con su discurso.

—Ah, estaba divagando sobre la importancia del arte. Y el ecosistema en el que se construye vuestra vida. Eso me recuerda a las magníficas palabras del escritor portugués Fernando Pessoa: «El arte nos libera ilusoriamente de la sordidez de ser. Mientras sentimos los males y las injurias de Hamlet, príncipe de Dinamarca, no sentimos los nuestros: viles porque son nuestros y viles porque son viles». También me recuerda lo que dijo Vincent van Gogh: «Por mi parte, no sé nada con certeza, pero la visión de las estrellas me hace soñar».

El sintecho tragó saliva con dificultad, apartó la mirada y se aclaró la garganta, nervioso.

—He pasado por muchas cosas, muchachos. La vida me ha tirado al suelo y me ha apaleado. He estado enfermo; me han atacado; me han maltratado y han abusado de mí. Vaya, pero si parezco una canción de *country*. Si mi chica me hubiera sido infiel y se hubiera muerto mi perro, sería un éxito de ventas.

El sintecho se rio. Con una risa extraña, gutural, como de payaso de circo drogado. Y continuó.

—No importa, todo ha sido para bien. El dolor es la puerta hacia la profundidad, ¿sabéis lo que quiero decir? Y la tragedia es el gran purificador de la naturaleza. Elimina la falsedad, el miedo y la arrogancia que provienen del ego. Nos devuelve a nuestro esplendor y a nuestro genio, si tenéis el coraje de adentraros en lo que os hiere. El sufrimiento aporta muchas recompensas, como la empatía, la originalidad, el don de gentes y la autenticidad. Jonas Salk dijo: «He tenido sueños y he tenido pesadillas, pero he vencido a mis pesadillas gracias a mis sueños», añadió con tristeza el indiscreto sintecho.

—Es un tipo muy raro. Pero tiene algo especial —admitió la emprendedora en voz baja al artista, deshaciéndose un poco más de la armadura de cinismo que la había protegido durante su carrera estelar—. Lo que ha dicho es justo lo que necesitaba oír. Ya sé que tiene el aspecto de vivir en una caja de cartón en la calle. Pero escucha lo que dice... A veces habla como un poeta. ¿Cómo puede tener un discurso tan articulado? ¿De dónde sale esa profundidad? ¿Y quién es ese «viejo amigo» que dice que le enseñó tantas cosas? Además, tiene una calidez que me recuerda a mi padre. Era mi confidente, y el que más me apoyaba. Y mi mejor amigo. Pienso en él cada día.

—Vamos a ver —dijo el artista al estrafalario desconocido—. Me has preguntado qué me ha gustado más de la charla. Me ha parecido total la parte en la que el Guía hablaba sobre el credo del soldado espartano que dice: «El que suda más en la práctica, sangra menos en la guerra». Y me ha gustado la frase: «La mayor victoria se consigue en esas horas tempranas de la mañana, cuando nadie te mira y mientras todos duermen». Me ha encantado lo que ha explicado sobre el valor de la rutina matinal de primer nivel.

La emprendedora bajó la mirada al teléfono.

—He tomado algunos apuntes muy buenos. Pero se me han escapado esas joyas —dijo mientras apuntaba lo que acababa de oír.

—Solo oímos lo que estamos preparados para oír —observó sabiamente el sintecho—. El aprendizaje sale a nuestro encuentro justo donde estamos. Y a medida que crecemos, lo comprendemos mejor.

De pronto, se empezó a oír la voz del Guía. Los ojos del sintecho se volvieron tan enormes como el Taj Mahal. Se le veía tremendamente sorprendido al oír aquel famoso tono de voz. Se dio la vuelta buscando la fuente. Todo quedó claro al instante.

El artista estaba reproduciendo su grabación clandestina del seminario.

—Esta es la parte que más me ha gustado, para acabar de responder a tu pregunta, colega —dijo mirando directamente a los ojos del andrajoso sintecho.

>En una cultura de zombis cibernéticos adictos a la distracción y afligidos por la interrupción, el modo más sabio de garantizar la producción de resultados del más alto nivel en las áreas más importantes de vuestra vida profesional y personal es establecer una rutina matinal de gran calidad. La victoria comienza en vuestro principio. Y vuestras primeras horas son el momento en que se forjan los héroes.
>
>Declarad la guerra a la debilidad y lanzad una campaña contra el miedo. Podéis levantaros temprano. Hacerlo es una necesidad en vuestra búsqueda formidable de lo legendario.
>
>Poned un cuidado excelente a la parte inicial del día, y el resto del día se arreglará por sí solo. Controlad vuestras mañanas, impulsad vuestra vida.

Se oía a un Guía jadeante como un nadador novato que ha ido demasiado lejos y demasiado rápido. El artista siguió mostrando su grabación a todo volumen.

Este es el secreto que los titanes de la industria, los máximos representantes del arte y los mayores triunfadores de la humanidad nunca compartirán con vosotros: el éxito colosal no depende tanto de la genética heredada como de los hábitos diarios. Y el ritual de la mañana es, con diferencia, el más importante que debéis calibrar. Y automatizar.

Cuando vemos a los ídolos en acción, la poderosa seducción que nos ha vendido nuestra civilización nos hace creer que siempre han sido igual de increíbles. Que nacieron siendo excepcionales. Que ganaron la afortunada lotería del ADN. Que su genialidad es heredada. Sin embargo, lo cierto es que nosotros los estamos viendo en plena gloria resplandeciente, después de años siguiendo un proceso que incluye horas incesantes de práctica. Cuando observamos personajes formidables de los negocios, del deporte, de la ciencia o de las artes, estamos observando los resultados obtenidos gracias a una concentración monomaníaca en una única búsqueda, a un enfoque astronómico en una única habilidad, a una intensidad de sacrificio aplicada a un único objetivo, a unos niveles insólitos de profunda preparación y a una cantidad extrema de robusta paciencia. Recordad, cada profesional ha sido principiante, y cada maestro comenzó como aprendiz. La gente normal puede lograr proezas extraordinarias si logra sistematizar los hábitos adecuados.

—Este tipo es buenísimo —dijo el sintecho. Aplaudió con sus sucias manos como un niño en carnaval. Volvió a mirar su reloj. Después comenzó a arrastrar los pies mientras balanceaba las caderas hacia delante y hacia atrás. Ahora sus manos ondeaban en el aire y él chasqueaba los dedos, de nuevo con los ojos cerrados. De sus labios agrietados emergían sonidos como los que solían hacer los primeros raperos sin sus radiocasetes. Os habríais quedado pasmados si lo hubierais visto en acción.

—¿Qué diablos estás haciendo? —le gritó el artista.

—Bailar —respondió el sintecho moviéndose espléndidamente—. Sigue aportándome estos hermosos conocimientos. Sócrates dijo: «La educación es encender una llama». E Isaac Asimov escribió: «La educación autodidacta es, creo firmemente, el único tipo de educación que existe». Así que sigue con las palabras de ese viejo gurú, amigo. Son de puta madre.

El artista reanudó la grabación:

> Resistid con firmeza a la falsificación de vuestro virtuosismo en un mundo que os tienta para distraeros y os sumerge en una demencia digital. Centrad vuestra atención de nuevo en los puntos álgidos del dolor para alcanzar una expresión más plena. Deshaceos hoy de todas las razones que alimentan el estancamiento de vuestra fortaleza. Empezad a ser un artífice de la imaginación, uno de esos individuos tan especiales que lideran desde la nobleza de su yo futuro a través de los barrotes de la prisión de su pasado. Cada uno de nosotros ansía vivir días repletos de pequeñas chispas milagrosas. Cada uno de nosotros desea ser dueño de su propio heroísmo para adentrarse en un estado de excepcionalidad desencadenado. Todos los seres humanos que viven en este momento tienen una necesidad psicológica primitiva de producir obras maestras asombrosas, de vivir cada día rodeados de una admiración inusitada y de saber que, de alguna

manera, están invirtiendo sus horas para enriquecer las vidas de los demás. El poeta Thomas Campbell lo dijo de forma muy hermosa cuando observó: «Vivir en los corazones que dejamos atrás es no morir».

Creedme, cada uno de nosotros ha sido construido para hacer historia de un modo auténticamente propio. Para uno, esto puede implicar ser un programador excelente o un gran profesor que eleva las mentes de la juventud. Para otra, esta oportunidad puede significar convertirse en una gran madre o en una gestora magnífica. Y para otro, esta buena fortuna puede significar crear una gran empresa o ser un comercial fantástico que ofrece un servicio al cliente espléndido. Esta oportunidad de ser recordados por las generaciones futuras y de llevar una vida verdaderamente relevante no es ningún cliché. Es una verdad. Y, sin embargo, muy pocos entre nosotros hemos descubierto y llevado a cabo las mentalidades, las prácticas matutinas y las condiciones consecuentes que nos garanticen la obtención de estos resultados. Todos queremos recuperar nuestras habilidades innatas, las que nos permitían tener un talento sobresaliente y una alegría sin límites y nos liberaban del miedo. Pero solo unos pocos entre nosotros están dispuestos a hacer lo necesario para que el genio oculto en nuestro interior se muestre. Es bastante raro, ¿no os parece? Y es algo muy triste. La mayor parte de nosotros está hipnotizada y no puede ver la luminosidad de nuestra esencia. La mayoría de los que vivimos en esta era malgastamos las horas más valiosas estando ocupados. Persiguiendo objetivos triviales y diversiones artificiales y descuidando la vida real. Esta vía solo lleva al sufrimiento. ¿Qué sentido tiene malgastar tus mejores mañanas y los días potencialmente productivos escalando montañas que más tarde, cuando estéis débiles y arrugados, veréis que eran las equivocadas? Es muy triste.

—Esa parte me ha removido algo por dentro —exclamó la emprendedora algo emocionada—. Está claro que soy una adicta a la tecnología. No puedo parar de consultarlo todo. Es la primera cosa que hago por la mañana y la última por la noche. Está consumiendo mi concentración. Apenas puedo centrarme en los objetivos importantes a los que nos hemos comprometido mi equipo y yo. Todo el ruido de mi vida me está robando la energía. Todo parece muy complicado. No siento que tengo más tiempo para mí misma. Es un poco abrumador, todos esos mensajes y notificaciones, anuncios y distracciones. Y lo que ha dicho el Guía también es importante para mí en la medida en que eleva mi listón como líder. De alguna manera, siento que he tocado techo. Mi empresa ha crecido más rápido de lo que esperaba. He conseguido un éxito mayor que el que imaginaba. Pero hay unas cuantas cosas que me provocan un estrés enorme. —Apartó la mirada y cruzó de nuevo los brazos.

«No puedo contarles lo que me está pasando», pensó la emprendedora.

Después continuó:

—He tenido que despedir a personas que me gustaban mucho porque había aprendido que la gente que encaja en una etapa del ciclo de un negocio puede no funcionar bien a medida que la empresa evoluciona. Han sido momentos difíciles. Eran los empleados perfectos al principio, pero ahora ya no son adecuados. Y en mi empresa se están produciendo algunas cosas que han cambiado mi vida por completo. Pero no quiero entrar en este tema, es una época muy inestable para mí.

—Bueno, sobre lo que decías de elevar tu listón como líder —respondió el sintecho—, recuerda que el trabajo del líder es ayudar a los incrédulos a adoptar tu visión, a los impotentes a superar su debilidad y a los desesperados a desarrollar la fe.

Y sobre lo que decías de despedir a los empleados que te gustaban pero que ya no encajaban en el momento en que se encuentra tu empresa ahora, esto forma parte del desarrollo de un negocio. Y esto ha sucedido porque ellos no supieron crecer a medida que crecía tu empresa. Dejaron de esforzarse. Dejaron de aprender, inventar y mejorar todo lo que encontraban. Como resultado, dejaron de ser las incubadoras que aportaban aquel valor asombroso a tu proyecto. Seguramente te echaron a ti la culpa. Pero todo aquello se lo hicieron ellos mismos —señaló el desconocido indiscreto, sorprendiendo a sus interlocutores con su sofisticado conocimiento sobre integración de equipos y éxito comercial.

—Sí, exacto —respondió la emprendedora—. Tuvimos que dejarlos atrás porque ya no proporcionaban los resultados por los que les pagábamos. Muchas noches me despertaba a las dos de la madrugada empapada en sudor. Puede que sea como dijo el piloto de Fórmula 1 Mario Andretti: «Si todo parece estar bajo control, significa que vas muy despacio». Así es como me siento la mayoría de los días. Estamos superando nuestros principales indicadores clave de rendimiento tan rápidamente que la cabeza me da vueltas. Nuevos compañeros de equipo que formar, nuevas marcas que gestionar, nuevos mercados en los que entrar, nuevos proveedores que controlar, nuevos productos que refinar, nuevos inversores y accionistas a los que impresionar y miles de responsabilidades nuevas que asumir. Es realmente demasiado. Tengo una gran capacidad para resolver tareas de gran magnitud, pero llevo una carga demasiado pesada.

La emprendedora cruzó los brazos y arrugó la frente con la mirada ausente. Apretaba sus finos labios como una anémona de mar que siente la presencia de un depredador y se cierra. Su mirada delataba sufrimiento. Un sufrimiento intenso.

—Por último, lo que decías acerca de ser adicta a la tecnología, recuerda que, si se usa de forma inteligente, es beneficiosa para el progreso de la humanidad. Si usamos la tecnología con sabiduría, nuestras vidas mejoran, nuestro conocimiento se enriquece y nuestro maravilloso mundo se vuelve más pequeño. Es el uso incorrecto de la tecnología lo que está echando a perder la mente de la gente, dañando su productividad y destruyendo el propio tejido de nuestra sociedad. Tu teléfono te cuesta una fortuna si estás jugando con él todo el día, ¿sabes? Y lo que acabas de decir acerca de la presión que sientes, eso es fantástico. «La presión es un privilegio», como dijo la leyenda del tenis Billie Jean King —contó el sintecho—. Te permite crecer. Elevarte como persona es uno de los modos más inteligentes de pasar el resto de tu vida. Cada desafío conlleva la valiosa oportunidad de pasar a un nuevo nivel como líder, persona productiva y ser humano. Los obstáculos no son más que pruebas diseñadas para medir hasta qué punto deseas realmente las recompensas que tu ambición busca. Aparecen para determinar en qué medida estás dispuesto a mejorar para convertirte en el tipo de persona que puede ostentar todo ese éxito. El fracaso no es más que crecimiento disfrazado de lobo. Y no hay prácticamente nada tan importante en la vida como la expansión personal, el despliegue de tu potencial. Tolstói escribió: «Todos quieren cambiar el mundo, pero nadie piensa en cambiarse a sí mismo». Conviértete en una mejor persona y te convertirás automáticamente en un mejor líder (y aumentarás tu productividad). Y sí, estoy de acuerdo en que el crecimiento puede asustar. Pero mi mentor me enseñó en una ocasión que «la parte de ti que tiembla de miedo debe sufrir una especie de crucifixión para que la parte de ti que merece un honor mayor pase por una especie de reencarnación». Esas son las palabras exactas que me dijo.

Peculiares y profundas, ¿verdad? —dijo el indigente acariciando las cuentas de su collar de santo.

Continuó sin esperar una respuesta.

—Mi singular profesor me enseñó también que «para encontrar tu mejor yo, debes deshacerte de tu yo débil». Y eso solo se consigue mediante la mejora incesante, la reflexión continua y la prospección persistente en tu interior. Si no sigues creciendo cada día, te quedarás atascado en la vida para siempre. Esto me trae a la memoria lo que dijo el periodista Norman Cousins: «La tragedia de la vida no es la muerte, sino que nos dejamos morir por dentro mientras aún estamos vivos».

El sintecho alzó su voz ronca y observó:

—Mi singular profesor me enseñó que una vez transformemos nuestra relación primaria con nosotros mismos, veremos cómo nuestras relaciones con los demás, nuestro trabajo, nuestros ingresos y nuestro impacto se transformarán también. La mayor parte de la gente no se soporta a sí misma. Por eso nunca pueden estar a solas, ni en silencio. Necesitan estar constantemente con otras personas para escapar de sus sentimientos de odio a sí mismos por todo su potencial perdido, y se pierden las maravillas y la sabiduría que la soledad y la calma aportan. O ven la televisión sin parar y sin darse cuenta de que están erosionando su imaginación y les está llevando a la bancarrota.

—Mi vida me parece muy complicada. Me siento superada, no tengo tiempo para mí misma —repitió la emprendedora—. No sé qué es lo que le ha pasado a mi vida, las cosas se han vuelto muy difíciles.

—Te entiendo —dijo el artista reposando su brazo en el hombro de su nueva amiga—. La intuición me dice que estás sufriendo muchas cosas que no has contado. Y no pasa nada. ¿Sabes?, a veces la vida me parece tan complicada que no puedo ni levantarme de la cama. Es que me quedo allí tirado, tía.

Y cierro los ojos deseando que la niebla se vaya de mi mente. Aunque sea por un día. A veces no soy capaz de pensar con claridad. Y esos días, no tengo ni una gota de esperanza. Es una mierda. Y muchas personas también lo son. No es que sea antisocial, soy antiidiotas. Hay demasiado tonto suelto, sacándose fotos estúpidas porque están de moda, poniendo morritos y con ropa que no se pueden permitir. Saliendo con gente que ni siquiera les cae bien. Yo prefiero una vida más profunda. Una vida arriesgada. Una vida real. La vida de un artista. Es insoportable lo superficial que se ha vuelto la gente.

El artista se dio un puñetazo en la mano. A lo largo de su mandíbula aparecieron varios pliegues y una vena azul se le hinchó en el cuello.

—Claro, os comprendo —dijo el sintecho—. La vida no es fácil, chavales. Cuesta esforzarse muchas veces. Pero como dijo John Lennon: «Al final, todo irá bien. Y si no va todo bien, no es el final» —dijo amablemente, ofreciéndoles una cita más de lo que parecía ser una fuente inagotable en su cabeza.

El artista se apaciguó al instante, sonriendo de un modo que casi parecía dulce. Exhaló vigorosamente. Le gustaba lo que acababa de oír.

—Además —continuó el sintecho—, esta escalada a la cumbre del mundo del control personal y profesional a la que obviamente nos hemos sumado los tres no es para débiles. Mejorar vuestra vida para conocer la verdadera alegría y optimizar vuestras habilidades para poder dominar vuestro campo puede ser incómodo muchas veces, seamos sinceros. Pero yo he aprendido una cosa fundamental: el dolor del crecimiento es mucho menor que los costes devastadores del arrepentimiento.

—¿Dónde has aprendido eso? —preguntó el artista garabateando las palabras en su cuaderno.

—No te lo puedo explicar. Todavía —respondió el sintecho aumentando el misterio sobre dónde había descubierto muchos de sus conocimientos.

La emprendedora dio la espalda al artista y anotó sus pensamientos en su dispositivo. El sintecho metió la mano en un bolsillo de su camisa a cuadros llena de agujeros y sacó una ficha muy desgastada. La sostuvo como haría un niño para mostrársela a su maestra.

—Una persona distinguida me la dio cuando era mucho más joven, porque estaba creando mi primera empresa. Me parecía mucho a vosotros, chavales: tenía muchos sueños y estaba decidido a dejar mi huella en este mundo. Estaba deseando demostrar mi valía y rebosaba energía para dominar el terreno de juego. Los primeros cincuenta años de nuestras vidas consisten más en legitimarnos, ¿sabéis? Nos forjamos una aprobación social. Queremos que nuestros iguales nos respeten. Deseamos gustar a nuestros vecinos. Compramos todo tipo de cosas que no necesitamos y nos obsesionamos con hacer dinero que no disfrutamos realmente.

—Eso es totalmente cierto —musitó el artista asintiendo agresivamente con la cabeza y cambiando bruscamente de postura con sus rastas colgando por sus hombros.

La sala de eventos estaba ya vacía.

—Si tenemos el valor de mirar bien adentro, descubriremos que lo hacemos porque tenemos una serie de agujeros en nuestro interior. Creemos falsamente que lo material del exterior llenará el vacío que tenemos dentro. Pero eso no pasará nunca. Nunca. Pues bueno, cuando muchos de nosotros llegamos a la mitad de nuestra vida, damos un giro de 180 grados. Empezamos a darnos cuenta de que no vamos a vivir para siempre y de que nuestros días están contados. Y así, conectamos con nuestra mortalidad. Esto es importante. Nos damos cuenta de que nos vamos a morir. Empezamos a centrarnos mucho más en las cosas que de verdad son importantes. Nos volvemos más contemplativos. Empezamos a preguntarnos si hemos sido fieles a nuestros dones, si hemos sido leales a nuestros valores, si hemos conseguido avanzar en la dirección que nos parece correcta. Y pensamos sobre lo que dirán de nosotros nuestros seres queridos cuando ya no estemos. En ese momento, muchos de nosotros hacemos un gran cambio: pasamos de buscar legitimarnos en la sociedad a construir un legado significativo. Los últimos cincuenta años nos centramos menos en el yo y más en el nosotros. Menos en el egoísmo y más en servir a los demás. Dejamos de añadir cosas nuevas a nuestras vidas y empezamos a quitar y a simplificar. Aprendemos a saborear la belleza sencilla, nos sentimos agradecidos por los pequeños milagros, apreciamos el valor inapreciable de la paz mental, pasamos más tiempo cultivando las conexiones humanas y llegamos a entender que quien gana es el que más da. Y lo que queda de tu vida entonces se convierte en la sola dedicación a amar la vida como tal, y tu única ocupación es ser amable con los demás. Y esto tiene el potencial de convertirse en tu puerta de entrada a la inmortalidad.

—Es un hombre muy especial —susurró la emprendedora—. No me había sentido tan optimista, tan energética ni tan conectada desde hacía meses. Mi padre solía guiarme en las épocas difíciles —dijo al artista—. Desde que falleció, no tengo a nadie en quien apoyarme.

—¿Qué le pasó? —le preguntó el artista.

—Ahora mismo me siento un poco frágil, aunque me encuentro más fuerte que cuando he llegado esta mañana. Solo puedo decir que se quitó la vida. Mi padre era un hombre excelente, un pionero de los negocios de mucho éxito. Pilotaba aviones, coches de carreras y adoraba el buen vino. ¡Era un hombre tan vital! Pero un día, su socio se lo quitó todo, de un modo muy similar a la situación horrible que estoy viviendo yo ahora mismo. El caso es que el estrés y el duro golpe de ver su mundo venirse abajo lo llevaron a hacer algo que jamás habría imaginado. Supongo que no era capaz de ver una salida —reveló la emprendedora con la voz entrecortada.

—Puedes contar conmigo —le dijo el artista con ternura.

Y mientras pronunciaba estas palabras, se llevó una mano al corazón, cuyo dedo meñique lucía un anillo hippie, y habló sonando a la vez como un caballero y como un bohemio.

El sintecho interrumpió aquel momento tan íntimo que estaban compartiendo.

—Tomad, leed esto —les propuso, extendiéndoles su ficha—. Os será útil cuando alcancéis vuestro siguiente nivel de rendimiento y viváis todo lo que os traiga esta aventura hacia el liderazgo humano, el dominio personal y la creación de una carrera inusualmente productiva.

En letra de color rojo sobre un papel amarillento por el paso de los años, la ficha rezaba: «*Todo cambio es duro al principio, desordenado a la mitad y precioso al final*».

—Es muy bueno —señaló la emprendedora—. Una información muy valiosa para mí. Gracias.

El artista siguió reproduciendo su copia clandestina de la presentación del Guía:

> Cada uno de vosotros lleva un genio silencioso y un héroe triunfante en su corazón. Podéis tachar las palabras de este viejo inspirador de idealistas si lo deseáis. Pero yo estoy orgulloso de ser un idealista. Nuestro mundo necesita más de los nuestros. Y, sin embargo, también soy realista. Y la verdad es esta: la mayoría de la gente del planeta no piensan mucho en ellos mismos, por desgracia. Protegen su identidad con su forma de

ser externa. Valoran sus logros a partir de lo que han ganado en lugar de tener en cuenta la personalidad que han cultivado. Se comparan a sí mismos con los ejemplos orquestados (y falsos) de la gente a la que siguen. Miden su valía a partir de lo que vale su red. Y son secuestrados por la falsa idea de que, cualquier cosa que no se haya hecho nunca, no se puede hacer, agotando de este modo las enormes y estimulantes posibilidades que sus vidas están destinadas a brindarles. Esto explica que la mayoría de ellos se esté hundiendo en las arenas movedizas de la incertidumbre, el aburrimiento, la distracción y la complejidad.

—Vaya reinas del drama —volvió a interrumpir el sintecho—. A eso lo llamo estar contagiado con el virus *victimitis excusitis*. Lo único que hacen las personas infectadas es quejarse de lo mal que les va en lugar de utilizar su poder para arreglar las cosas. Toman en lugar de dar, critican en lugar de crear, y se preocupan en lugar de trabajar. Desarrollad anticuerpos para impedir que ninguna forma de mediocridad contagie vuestra jornada laboral y vuestra vida privada. No seáis nunca reinas del drama.

La emprendedora y el artista se echaron una mirada y estallaron en una risa nerviosa, tanto por las palabras que usaba el estrafalario desconocido como porque este había levantado su mano con el gesto de la paz mientras lo decía. Si hubierais estado allí con ellos, también habríais pensado que era un tipo raro. A continuación, siguieron escuchando la grabación donde el Guía pronunciaba las siguientes palabras con aire dramático:

Quiero ser claro: cada día, durante el resto de vuestras vidas, os encontraréis la oportunidad de mostrar vuestro liderazgo, estéis donde estéis y en todo lo que estéis haciendo.

El liderazgo no está reservado para los ídolos mundiales o para los colosos del mercado. Es un terreno en el que todos pueden jugar. Porque el liderazgo no consiste tanto en ostentar un título formal, en tener una gran oficina y dinero en el banco como en mostrar la determinación de dominar en todo lo que hacéis, y en quienes sois. Consiste en resistir a la tiranía de lo ordinario, en impedir que la negatividad se apropie de vuestra capacidad de asombro y en evitar que cualquier forma de esclavitud de la mediocridad infeste vuestras vidas. El liderazgo consiste en marcar la diferencia justo desde donde estáis. El verdadero liderazgo consiste en aportar al mundo un trabajo valiente de genialidad ejemplar, con un alcance, una innovación y una ejecución que pongan todo vuestro mundo patas arriba, y que sea tan asombrosamente sublime que sobreviva a la prueba del tiempo.

Y no trabajéis nunca solo por los beneficios. Trabajad por el impacto. Proponeos firmemente aportar un valor sincero capaz de ofrecer una magia sin precedentes que limite con lo poético. Demostrad la expresión plena de lo que un ser humano es capaz de crear. Desarrollad la paciencia necesaria para seguir adelante con vuestro compromiso con resultados de primera, aunque solo generéis una única obra maestra en toda vuestra vida. Lograr tan solo esta hazaña hará que el viaje de vuestras vidas haya valido la pena.

Sed virtuosos. Destacad. Buscad la excepcionalidad. La élite del 5 % está mucho menos preocupada por la fama, el dinero y la aprobación e invierte mucho más en pelear por encima de su peso, en explotar al máximo sus dones y en crear el tipo de productividad que inspire, y ayude, a millones de personas. Es por eso que suelen ganar millones. Así que no actuéis sin pensar, de un modo automático. *Generad vosotros el cambio.*

El sintecho había cerrado los ojos y estaba en el suelo haciendo una serie de flexiones con un solo brazo. Al mismo tiempo, cantaba: «Controla tus mañanas, impulsa tu vida».

La emprendedora y el artista se quedaron boquiabiertos.

—Uno de mis libros favoritos es *El profeta* —musitó el artista—. Es uno de los libros de poesía más vendidos de la historia. Una vez leí que Kahlil Gibran llevó el manuscrito consigo durante cuatro años y lo fue retocando constantemente antes de entregárselo a su editor, para conseguir una obra de arte lo más pura posible. Recuerdo todavía las palabras exactas que dijo durante una entrevista sobre su proceso creativo porque me ayudan mucho cuando estoy en el estudio. Sus palabras me mantienen centrado en la búsqueda de un mayor poder artístico, aunque lucho mucho contra la procrastinación. Como he dicho antes, soy bastante bueno, pero sé que puedo ser mucho mejor. Solo necesito derrotar a mi propio sabotaje.

—¿Qué fue lo que dijo? —preguntó el sintecho, ahora de pie y jugueteando con su enorme reloj. Unas gotas de sudor serpenteaban por su cara angulosa.

—Esto es exactamente lo que dijo —respondió el artista—: «Quería estar seguro, muy seguro, de que cada una de sus palabras era la mejor que podía ofrecer».

—Es la bomba —repuso el sintecho—. Esa es la norma a la que se ciñen los mejores.

De repente se oyó al Guía tosiendo en la grabación. Las palabras que siguieron parecían resistirse a ser pronunciadas, como un bebé reticente a abandonar la seguridad del útero cálido y seguro de su amorosa madre.

Cualquiera puede convertirse en un líder cotidiano yendo a trabajar como yo aconsejo hacer. Cuando es fácil y, sobre todo, cuando es difícil. A partir de hoy. Y si lo hacéis, la victoria está garantizada. Y debo añadir que no existe ni una sola persona en el mundo que no pueda elevar radicalmente su pensamiento, su rendimiento, su vitalidad, su prosperidad y su felicidad de por vida diseñando una serie de profundos rituales diarios y practicándolos hasta que se conviertan en algo absolutamente natural. Y esto me lleva al principio más importante de mi charla: el punto de partida más importante para el éxito en vuestro trabajo y para disfrutar de una vida espléndida es unirse a lo que llamo el Club de las 5 de la mañana. ¿Cómo podéis alcanzar un nivel de primera clase si no os reserváis un tiempo cada mañana para poder alcanzar lo sublime?

La emprendedora tomaba notas frenéticamente, con más intensidad que nunca. La cara del artista tenía dibujada una sonrisa que parecía decir «con esto me siento fuerte». El sintecho eructó. Después volvió a echarse al suelo y adoptó una postura en plancha como las que suelen hacer en el gimnasio los amantes de la musculación.

Se oía al Guía toser cada vez con más fuerza. A continuación se produjo una pausa sobrecogedora y prolongada.

Tras ella, el orador pronunció estas palabras, vacilante. Jadeaba notablemente. Su voz empezó a temblar como la de un teleoperador novato en su primera llamada de ventas.

Levantarse a las 5 de la mañana es sin duda la Madre de todas las rutinas. Unirse al Club de las 5 de la mañana es el único comportamiento humano que se erigirá sobre todos los demás. Este régimen es el motor definitivo que os convertirá en un modelo imbatible de capacidad. El modo en que comienzas el día determina el grado de concentración, energía, entusiasmo y excelencia de los que dispondréis. Cada mañana es una página en la historia que se convierte en vuestro legado.

Cada nuevo amanecer es una nueva oportunidad para desatar vuestra genialidad, para liberar vuestra potencia y para jugar en las mejores ligas con resultados de superestrella. Ese poder está en vosotros y se deja ver con los primeros rayos del día. No permitáis que los dolores del pasado y las frustraciones del presente disminuyan vuestra gloria, sofoquen vuestra invencibilidad y asfixien al facilitador de posibilidades que merodea en vuestro yo supremo. El mundo busca tumbaros constantemente: levantaos. Nuestra época desea que estéis a oscuras: encontrad vuestra luz. El tiempo os hipnotiza para que olvidéis vuestros dones: reclamad vuestro genio. Nuestro mundo nos exige eso a cada uno de nosotros. Ser campeones en nuestros oficios, luchadores en nuestro crecimiento y guardianes del amor incondicional por toda la humanidad.

Mostrad respeto y compasión por todo el mundo que ocupa este planeta diminuto, independientemente de su credo o de su color. Elevaos en medio de una civilización en la que muchos hacen acopio de energía para derribar al prójimo. Ayudad a los demás a sentir las maravillas que duermen en vuestro interior. Mostrad las virtudes que deseamos que prosperen en los demás. Todo lo que estoy diciendo está dirigido a la parte de vosotros que no se ha echado a perder, a esa parte que vivía en vuestro interior antes de que os enseñaran a tener miedo, a acumular y a desconfiar. Vuestro trabajo como héroe de vuestra vida, como triunfador creativo es cambiar la cultura, y como ciudadano de la Tierra, buscad esta dimensión en vosotros mismos. Y, una vez lo hayáis conseguido, pasad el resto de vuestros días reconectando con ello.

Aceptad esta oportunidad para dominar la naturaleza humana y os prometo que el resto de vuestros días se infundirán de la sincronía del éxito y de una magia orquestada más allá de las fronteras de la lógica. Y los ángeles más sublimes de vuestro mayor potencial comenzarán a visitaros habitualmente. De hecho, una serie de milagros aparentemente imposibles descenderán hasta vuestros sueños más genuinos provocando que se cumplan los mejores de ellos. Y evolucionaréis hasta convertiros en uno de esos espíritus únicos y geniales que mejoran el mundo entero con solo caminar entre los demás.

La sala de conferencias ya estaba a oscuras. La empresaria exhaló un suspiro del tamaño de la Ciudad de México. El artista permanecía inmóvil. El sintecho comenzó a llorar.

A continuación se subió a una silla, alzó las manos como un predicador y estalló con estas palabras del dramaturgo irlandés George Bernard Shaw:

Este es el verdadero goce de la vida, ese ser utilizado con un propósito que uno mismo reconoce como importante. Ese ser una fuerza de la naturaleza, y no un montoncito febril y egoísta de malestares y molestias que se queja de que el mundo no se consagra a hacerlo feliz.

Soy de la opinión de que mi vida pertenece a toda la comunidad, y de que mientras viva es mi privilegio hacer por esta todo lo que pueda.

Cuando muera, quiero estar completamente agotado, pues cuanto más duramente trabajo, más vivo. Gozo de la vida por la vida misma. Para mí la vida no es una «pequeña velita». Es una antorcha espléndida que sostengo con fuerza, y quiero que arda con el mayor brillo posible antes de entregarla a las futuras generaciones.

El sintecho cayó de rodillas, besó las cuentas sagradas de su collar y siguió llorando.

5

Una aventura estrambótica hacia el dominio de la mañana

> Todo el mundo tiene la fortuna entre las manos, como un escultor que maneja el material que transformará en una figura... Es necesario aprender y cultivar atentamente la habilidad para moldear el material y darle la forma que queramos.
>
> Johann Wolfgang von Goethe

—Si os interesa —dijo el sintecho—, estaré encantado de pasar un par de mañanas entrenándoos en mi propiedad de la playa. Os enseñaré mi rutina privada por las mañanas y os explicaré por qué es esencial refinar al máximo el modo en que transcurre vuestra primera hora para conseguir el dominio personal y lograr un rendimiento excepcional en vuestros negocios. Quiero hacer esto por vosotros, chavales. Vuestras vidas empezarán a llenarse de gloria, y en muy poco tiempo. Será divertido el camino conmigo. No será siempre fácil, como ha dicho el viejo de la charla. Pero sí valioso, prolífico y hermoso. Y puede que incluso tan maravilloso como la Capilla Sixtina.

—Lloré la primera vez que la vi —dijo el artista acariciándose la perilla.

—Miguel Ángel era un tipo malo. Y lo digo en el buen sentido —respondió el sintecho jugando él también con su sucia barba. Después se levantó la camisa mostrando unos abdominales dignos de un dios griego. Un largo dedo de su mano mugrienta recorrió sus contornos como una gota de lluvia se deja caer en zigzag por el tallo de una rosa después de un chaparrón un día de mayo.

—¿Qué me estás contando? —gritó el artista con el entusiasmo de un gato suelto en una pajarería—. ¿Cómo demonios has logado tener eso?

—Desde luego, no lo he conseguido con una de esas máquinas de abdominales de plástico que venden en los programas de teletienda. Con trabajo duro, solo así puedes llegar a tener unos músculos tan esbeltos y definidos. Muchas flexiones, dominadas, planchas, sentadillas y sesiones cardiovasculares llenas de sudor. —El sintecho sacó una billetera de piel visiblemente cara y extrajo de ella un trozo de plástico con un dibujo. Era este, aquí podéis ver exactamente lo que la emprendedora y el artista vieron en ese momento:

Sin esperar ninguna respuesta de sus dos interlocutores, el desaliñado sintecho continuó hablando:

—Compromiso, disciplina, paciencia y trabajo. Valores en los que pocos creen en esta época en la que muchos piensan que tienen derecho a que una vida de riqueza, productividad y plenitud se plante delante de sus narices un día como un gorrión al inicio de la primavera. Y esperan que la gente a su alrededor invierta el esfuerzo que les corresponde a ellos. ¿Qué tipo de liderazgo es ese?

»A veces veo nuestro mundo como una sociedad de adultos comportándose como niños pequeños y malcriados. No lo juzgo, solo lo digo. No me quejo, solo lo dejo ahí. A ver, muchachos, lo que estoy intentando decir mientras dejo que echéis un vistazo a mi preciosa tableta de chocolate es lo siguiente: *Si no trabajas, no consigues nada*. Menos hablar y más hacer, es lo que yo digo. Ah, y mirad esto.

El sintecho se giró y se desabrochó la agujereada camisa; en su espalda tersa y estriada llevaba un tatuaje que rezaba: «Las víctimas adoran el ocio. Los vencedores adoran la educación».

—Venid a mi casa a pasar un rato, está en una pequeña y mágica isla en medio de un océano fantástico, a cinco horas de la costa de Ciudad del Cabo. —Y le dio a la emprendedora la tarjeta de plástico con la escena marina grabada—. Esos son mis delfines —añadió señalando alegremente aquella imagen dibujada a mano.

—El viaje valdrá mucho la pena —continuó—. Será la aventura de vuestra vida, os lo aseguro. Allí os esperan algunos de los momentos más valiosos y sensacionales que jamás viviréis. Tenéis que confiar en mí, chavales. Os enseñaré todo lo que sé sobre el mejor ritual matutino. Os ayudaré a los dos a convertiros en miembros del Club de las 5 de la mañana. Aprenderéis a levantaros pronto, con regularidad, y así avanzaréis mucho más hasta el mediodía de lo que avanza la mayoría en una semana y optimizaréis vuestra salud, vuestra felicidad y vuestra tranquilidad. Hay una razón por la que muchos de los grandes triunfadores del mundo se levantan antes que el sol: *es la parte más especial del día*. Os explicaré cómo utilicé este método revolucionario para levantar mi imperio. Y, para ser claro, los imperios pueden tener muchas formas, y la económica es solo una de ellas. También podéis crear imperios de arte, productividad, humanidad, filantropía, libertad personal e incluso espiritualidad. Os transmitiré prácticamente todo lo que he tenido la suerte de aprender del mentor que transformó mi vida. Descubriréis tantas cosas nuevas... Os conmoverán profundamente. Veréis el mundo con un par de lentes totalmente nuevas. También degustaréis la mejor comida y presenciaréis los atardeceres más espectaculares. Chavales, podréis nadar en el mar, bucear con los delfines y sobrevolar en mi helicóptero campos de caña de azúcar bailando con el viento. Y si aceptáis mi invitación sincera a visitarme, insisto en que os quedéis en mi casa.

—Madre mía, estás de broma, ¿no? —exclamó el artista atónito. Se iba haciendo cada vez más evidente que, como muchos en su campo, era una persona muy emocional, infinitamente atenta y portadora de una sensibilidad nacida de un dolor latente. Las personas que son más sensibles que los demás suelen creer que están malditas. Pero, en realidad, se les ha concedido un don: un regalo que les permite sentir cosas que los demás se pierden, experimentar los deleites que la mayoría ignora y ver el esplendor en momentos corrientes. Sí, ese tipo de personas sufren heridas con mayor facilidad, pero también son las únicas capaces de crear grandes sinfonías, de diseñar edificios deslumbrantes y de encontrar curas para los enfermos. Tolstói dijo una vez: «Solo las personas que son capaces de amar con fuerza pueden también sufrir grandes dolores»; y el poeta sufí Rumi escribió: «Tienes que seguir rompiendo tu corazón hasta que se abra». El artista parecía personificar estas opiniones.

—Pues no, de broma nada, chicos —dijo el sintecho con entusiasmo—. Tengo una casa cerca de un pueblo llamado Soledad. Y ya veréis que el nombre es muy acertado. Solo cuando te alejas del ruido y el caos y te encuentras con el silencio y la tranquilidad, recuerdas quién (y qué) estás destinado a ser. Decid sí a la vida. ¡Y vamos allá! Como ha dicho el gurú en el escenario, la magia se te aparecerá cuanto más aproveches las grandes oportunidades que te vas encontrando, como por accidente, a lo largo del camino. No puedes ganar en un juego al que no juegas, ¿no es así? En realidad, la vida te cuida, incluso cuando no lo parece. Pero tú también tienes que hacer tu parte y apostarlo todo cuando se abren ventanas de oportunidad. Ah, y si venís a mi casa de la isla, lo único que os pido es que os quedéis el tiempo suficiente para que pueda enseñaros la filosofía y la metodología que compartió conmigo mi mentor secreto. Unirse al Club de las 5 de la mañana requiere algo de tiempo.

El sintecho hizo una pausa antes de añadir:

—También voy a correr con todos vuestros gastos. Está todo cubierto. Hasta enviaré mi avión privado a recogeros, si os mola la idea, chavales.

La emprendedora y el artista se miraron extrañados, confundidos y con total incertidumbre.

—¿Te importa dejarnos solos a mi amiga y a mí, colega? —le preguntó el artista con el cuaderno en la mano.

—Qué va, pues claro. Tomaos el tiempo que os haga falta. Yo me vuelvo a mi asiento a hacer un par de llamadas a mi equipo ejecutivo —respondió alejándose el sintecho.

—Esto es absurdo, es una burrada —le dijo el artista a la emprendedora—. Estoy de acuerdo contigo a tope en que este hombre tiene algo especial. Incluso mágico. Sé que parece una locura. Y sí que me fascina ese mentor que no para de mencionar, ese profesor que parece como un maestro total de la vida moderna. Tengo que admitir que este hombre de la calle tiene una sabiduría enorme, eso está claro. Y es obvio que tiene mucha experiencia. ¡Pero míralo! Joder, si parece que está completamente tirado. Tiene pinta de no haberse duchado en semanas. Lleva la ropa desgarrada. Eso es friki no, lo siguiente. Y dice cosas de chalado. No tenemos ni idea de quién es. Esto puede ser realmente peligroso. Él puede ser peligroso.

—Sí. Desde luego, esto es muy raro. Todo lo que ha pasado aquí hoy es muy raro —corroboró su compañera. La cara hirsuta de la emprendedora se suavizó, aunque su mirada seguía siendo melancólica—. Estoy en un punto de mi vida en el que necesito hacer grandes cambios —le confió—. No puedo seguir así. Entiendo lo que quieres decir. Llevo sospechando de casi todo el mundo y de casi todo desde que perdí a mi padre cuando tenía once años. Para una niña, crecer sin un padre es algo increíblemente aterrador. Para ser sincera, sigo conservando gran parte de aquel trauma emocional. Pienso en él cada día. Las relaciones amorosas que he tenido han sido malas. He tenido muchos problemas de autoestima y he tomado decisiones pésimas en mis relaciones.

»Hace un año o así empecé a ver a un terapeuta que me ayudó a entender por qué me estaba comportando de ese modo —continuó la emprendedora—. Los psicólogos le llaman el «síndrome del padre ausente». Muy dentro de mí seguía teniendo un miedo enorme al abandono y a todas las inseguridades que vienen con esa herida. Sí, todo ello me hacía ser extremadamente dura en el exterior, incluso despiadada en ocasiones. El resentimiento por la pérdida de mi padre me dio el impulso y la ambición. Pero la pérdida también me dejó vacía por dentro. Estoy aprendiendo que he estado intentando llenar el vacío que él dejó, cuando se fue, esforzándome hasta la extenuación en el trabajo, creyendo que cuando sea aún más exitosa recuperaré el amor que perdí. He estado intentando llenar mis huecos emocionales yendo a la caza de más dinero, como una adicta a la heroína que necesita colocarse. He vivido sedienta de estatus social y hambrienta de reputación en mi sector, y me he evadido en Internet buscando un entretenimiento rápido en lugar de hacer cosas que verdaderamente importan. Como te decía, me estoy dando cuenta de que gran parte de mi comportamiento se debe al miedo provocado por los problemas que tuve en mi juventud. Me ha parecido muy inspirador lo que ha dicho el Guía de que nunca hay que hacer las cosas por el dinero, sino que hay que convertirse en el mejor líder y en la mejor persona por el sentido que eso tiene en sí mismo, por la oportunidad de crecimiento que supone y para intentar cambiar el mundo. Sus palabras me dan mucha esperanza. Quiero vivir de esa manera, pero ahora mismo no sé por dónde empezar. Y lo que ha pasado recientemente en mi empresa me pone entre la espada y la pared. La verdad es que la vida no me va nada bien ahora mismo. He venido a esta charla solo porque mi madre me dio una entrada gratuita. Y estoy desesperada por conseguir un cambio.

La emprendedora respiró profundamente.

—Lo siento —se disculpó avergonzada—. Apenas te conozco, no sé por qué te estoy contando todo esto. Supongo que me has inspirado confianza, no estoy segura de por qué. Debe de parecerte inapropiado, lo siento.

—En absoluto —dijo el artista. Su lenguaje corporal revelaba que la escuchaba con atención. Ya no jugueteaba ansiosamente con la perilla ni con las rastas.

—La gente siempre se sincera cuando habla con taxistas o con gente que no conoce demasiado, ¿verdad? —continuó la emprendedora—. Lo que intento decir es que estoy preparada para una transformación. Y mi intuición me dice que ese señor harapiento, el mismo que quiere enseñarnos cómo una excelente rutina matinal puede crear imperios de la creatividad, la productividad, las finanzas y la felicidad, puede ayudarme realmente. Y creo que nos puede ayudar a los dos. Recuerda el reloj que llevaba —añadió.

—Me gusta —dijo el artista—. Es todo un personaje. Me encanta que unas veces se exprese tan poéticamente y otras, tan apasionadamente. Piensa tan claramente y cita a George Bernard Shaw como si su vida dependiera de ello. Mola. Pero aun así, no me inspira tanta confianza —admitió el artista volviendo a darse un puñetazo en la mano—. Podría haberle robado el reloj a algún rico idiota.

—Mira, entiendo lo que dices —respondió la emprendedora—. Una parte de mí opina igual. Tú y yo también nos acabamos de conocer. No estoy segura de cómo sería este viaje contigo. Espero que no te importe que diga eso. Pareces una buena persona. Un poco brusco, quizá, pero creo que entiendo el porqué. Y aun así creo que tienes un buen fondo. Lo sé.

El artista parecía gratamente satisfecho. Echó un vistazo al sintecho, que estaba comiendo rodajas de aguacate de una bolsa de plástico.

—Tendré que ver cómo organizar mi agenda para estar fuera de la oficina y pasar tiempo… con él —comentó la emprendedora señalando al sintecho. El hombre masticaba ruidosamente mientras hablaba por un teléfono arcaico y miraba el techo—. Me está empezando a gustar la idea de pasar un tiempo cerca de un pueblo llamado Soledad en una pequeña isla, comiendo bien y nadando con delfines salvajes. Me parece que puede ser una aventura fantástica. Vuelvo a sentirme viva de nuevo.

—Bueno, la verdad es que, dicho así, a mí también me está gustando cómo suena —dijo el artista—. Empiezo a pensar que todo esto es una locura maravillosa. Una oportunidad especial para acceder a un universo de originalidad completamente nuevo. Podría ser lo mejor para mi arte. Me recuerda a lo que dijo el escritor Charles Bukowski: «Algunas personas nunca enloquecen. Tendrán unas vidas realmente horribles». Y el Guía también nos animaba a salirnos de los límites de nuestras vidas normales para poder alcanzar nuestros dones, talentos y fortalezas. De alguna manera, el instinto también me dice que lo haga. Así que si tú vas, yo también iré.

—Bueno, pues ¿sabes qué? Me tiro a la piscina. Está decidido, acepto. ¡Vamos! —exclamó la emprendedora.

—Me apunto —asintió el artista.

Los dos se levantaron de sus asientos y se acercaron al sintecho, que ahora permanecía sentado con los ojos cerrados.

—¿Qué estás haciendo ahora? —le preguntó el artista.

—Una visualización de todo lo que quiero ser y de la vida de nivel superior que quiero crear. Una vez, un piloto de combate turco me dijo que, antes de cada vuelo hacía lo que él llamaba «volar antes de echar a volar». Lo que quería decir es que repasaba meticulosamente el modo en que él y su equipo querían que se desarrollara la misión en su imaginación, y esto les ayudaba a llevar a la práctica sin fallos aquella visión de perfección. Tu disposición mental es una herramienta enormemente potente para alcanzar la genialidad, una productividad prodigiosa y una victoria creativa, además de tu disposición emocional, física y espiritual. Si aceptáis mi invitación, os enseñaré todos esos magníficos conceptos. Bueno, y volviendo a por qué tenía los ojos cerrados. Casi todas las mañanas visualizo mi desempeño ideal para el día que empieza. También profundizo en mis emociones para experimentar cómo me sentiré cuando logre los objetivos que me he propuesto. Me encierro en un estado de seguridad total en el que cualquier atisbo de error es del todo imposible. Después, salgo y lo hago todo lo mejor posible para vivir ese día perfecto.

—Interesante —la emprendedora estaba fascinada.

Este es uno de los POS que me marco diariamente para rendir al máximo. La ciencia está confirmando que esta práctica me ayuda a mejorar mi genoma activando genes que antes estaban dormidos. Tu ADN no es tu destino, ¿sabes? No os preocupéis, chicos. Aprenderéis muchas cosas sobre el innovador campo de la epigenética cuando estéis en la isla. También aprenderéis muchas cosas hermosas sobre la neurociencia para multiplicar vuestro éxito en esta época en la que la atención se dispersa, para que las armas de distracción masiva no destruyan todo lo asombroso que hay en vosotros. Os revelaré todo lo que he descubierto para crear proyectos que están tan perfectamente diseñados que perdurarán durante generaciones. Oiréis hablar de modos fabulosos de blindar vuestra concentración mental y de proteger vuestra energía física. Descubriréis cómo los mejores empresarios del mundo construyen las empresas que dominan el mercado y aprenderéis un sistema calibrado que los seres humanos más felices del planeta aplican cada mañana para crear una vida que roza lo mágico. Ay, y por si os lo estabais preguntando, un POS es un procedimiento operativo estándar. Es un término que usaba mi consejero especial cuando hablaba sobre las estructuras diarias necesarias para triunfar en el juego de la vida. ¿Entiendo que venís?

—Sí, vamos —confirmó la emprendedora con tono animado—. Gracias por la oferta.

—Sí, gracias, tío —añadió el artista, que parecía haberse recompuesto.

—Por favor —dijo honestamente la emprendedora—, enséñenos aboslutamente todo lo que sabe sobre la rutina matinal de los líderes y empresarios más significativos. Ansío mejorar mi rendimiento y mi productividad diaria. También necesito su ayuda para reestructurar mi vida. Para ser sincera, hoy me siento inspirada como hacía tiempo que no me sentía. Pero no estoy en mi mejor momento.

—Sí, tronco —dijo el artista—. Cuéntanos tus secretos para seguir una rutina matinal que me ayude a convertirme en el mejor pintor. Es que, tío, sé que puedo llegar a serlo. —Hablaba agitando el cuaderno en el aire—. Mándanos tu avión y llévanos a tu pueblo. Danos unos cocos y déjanos montar en tus delfines. Y mejora nuestras vidas. Nos apuntamos.

—Nada de lo que vais a descubrir tiene que ver con la motivación —señaló el desaliñado señor con una seriedad que no había mostrado antes—. Todo esto no trata de otra cosa que de transformación. Y esta transformación se basará en datos contrastados, en las últimas investigaciones y en una táctica tremendamente práctica probada sobre el terreno en las trincheras más exigentes de la industria. ¡Preparaos para la mayor aventura de vuestra vida, chavales!

—Excelente —contestó la emprendedora ofreciéndose a estrechar la curtida mano de aquel extraño—. Tengo que admitir que toda esta situación ha sido muy rara para los dos, pero, por alguna razón, ahora confiamos en usted. Y sí, estamos totalmente abiertos a esta nueva experiencia.

—Es muy amable por tu parte que hagas esto por nosotros. Gracias —soltó abruptamente el artista. Parecía algo sorprendido por haber adquirido repentinamente un tono tan cortés.

—Genial. Sabia decisión, muchachos —les respondió cálidamente—. Por favor, presentaos mañana por la mañana en la puerta de este centro de conferencias. Traed ropa para unos cuantos días, eso es todo. Como ya os he dicho, yo me encargaré de todo lo demás. Los gastos corren por mi cuenta. Y gracias a vosotros.

—¿Por qué nos da las gracias? —preguntó la emprendedora.

El sintecho sonrió y se rascó la barba pensativo.

—En su último sermón antes de ser asesinado, Martin Luther King, Jr. dijo: «Todo el mundo puede ser grande... porque cualquiera puede servir. No hace falta un título universitario para servir. No hace falta hacer concordar el sujeto con el predicado para servir. Solo hace falta un corazón lleno de gracia. Un alma creada por el amor».

El sintecho se limpió un trocito de aguacate de la comisura de los labios y siguió hablando.

—Una de las grandes lecciones que he aprendido con los años es que dar a los demás es un regalo que puedes darte a ti mismo. Aumenta la dicha de los demás y tú obtendrás una dicha aún mayor. Mejora la situación de tus congéneres y, naturalmente, tu propia situación mejorará. El éxito está bien, pero trascender es la bomba. La generosidad, no la escasez, es propia de los hombres y mujeres grandiosos que han hecho de nuestro mundo un lugar mejor. Y necesitamos líderes, líderes puros y no narcisistas obsesionados con sus propios intereses, como nunca antes.

El sintecho miró a su gran reloj una última vez.

—No os podréis llevar vuestros títulos, vuestro patrimonio ni vuestros juguetes caros a la tumba, ¿sabéis? Aún no he visto nunca un camión de mudanzas siguiendo a un coche fúnebre de camino a un velatorio —bromeó con una risita.

Los dos interlocutores sonrieron.

—Es un tesoro —susurró la emprendedora.

—Un tesoro total —asintió el artista.

—Deja de decir «total» todo el rato —dijo la emprendedora—. Empieza a ser un poco irritante.

El artista se quedó un poco sorprendido.

—De acuerdo.

—Lo único importante en tu último día en la Tierra es el potencial que has aprovechado, el heroísmo que has demostrado y las vidas humanas que has honrado —dijo con elocuencia el sintecho. Después se quedó en silencio y respiró profundamente—. Bueno, gente, es increíble que vengáis, lo pasaremos guay.

—¿Puedo llevar mis pinceles? —preguntó educadamente el artista.

—Solo si quieres pintar en el paraíso —respondió el sintecho guiñándole un ojo.

—¿Y a qué hora nos vemos aquí fuera mañana por la mañana? —preguntó la emprendedora colgando su bolso de su hombro fino y huesudo.

—A las 5 de la mañana —les informó el sintecho—. Controla tus mañanas, impulsa tu vida.

Después, desapareció.

6

La cima de la productividad, el virtuosismo y la invencibilidad

> Tu tiempo es limitado, no lo malgastes viviendo la vida de alguien distinto. No te quedes atrapado en el dogma, eso es vivir como otros piensan que deberías vivir. No dejes que los ruidos de las opiniones de los demás acallen tu propia voz interior. Y, lo que es más importante, ten el coraje para seguir a tu corazón y tu intuición. Ellos ya saben de algún modo en qué quieres convertirte realmente.
>
> STEVE JOBS

—Estoy tan cansada —murmuró la emprendedora con la energía de una tortuga en un día de vacaciones, mientras sujetaba una taza de café—. Creo que este viaje va a ser más duro de lo que pensaba. Empiezo a sentir que estoy entrando en un mundo nuevo. Tal y como os dije ayer tras el seminario, estoy lista para cambiar. Preparada para un nuevo comienzo. Pero también me siento un poco inquieta por todo esto. Esta experiencia que hemos aceptado podría ser peligrosa.

—Pues yo estoy muerto, colega —dijo el artista—. Si hay algo que odio es estar despierto tan temprano. Esto ha sido una idea terrible.

Las dos almas valientes estaban de pie en el pasillo exterior de la sala donde, el día anterior, el Guía había puesto en práctica sus habilidades y había roto muchos corazones con su desmayo.

Eran las 4:49 de la madrugada.

—No vendrá —bramó el artista secamente. Iba de negro y llevaba anudado un pañuelo rojo de lunares en la muñeca izquierda. Y las mismas botas que el día anterior, las australianas. Lanzó un generoso escupitajo a la calle desolada. Miró al cielo con los ojos entrecerrados. Y luego cruzó sus brazos tatuados.

La emprendedora tenía una bolsa de nailon en el hombro. Lucía con estilo una blusa de seda con mangas anchas, vaqueros azules de diseño y un par de sandalias de tacón alto, como las que llevan las supermodelos y que suelen combinar con las gafas que llevarían para ver el atardecer en las islas Griegas. Apretó los labios y las líneas de su cara se entrecruzaron dándole un aire interesante.

—Ya verás como el sintecho es de los que no aparecen —dijo con cara de desprecio—. Me da igual este reloj. No importa que tenga tanta labia. No significa nada ahora que este tipo me recuerde a mi padre. Dios, estoy agotada. Seguramente estaba en el seminario porque necesitaba un lugar donde descansar durante unas horas. Probablemente había oído hablar del Club de las 5 de la mañana porque habría oído (y robado) esa idea de la presentación del Guía. Y el jet privado del que hablaba seguramente formaba parte de su alucinación favorita.

La emprendedora había vuelto a su habitual actitud escéptica, escondiéndose dentro de su caparazón. No había ni rastro de la esperanza del día anterior.

Pero entonces, un par de faros halógenos de increíble potencia atravesaron ese muro de oscuridad.

Los dos compañeros se miraron el uno al otro. La emprendedora esbozó una sonrisa.

—De acuerdo. Puede que el instinto sea mucho más inteligente que la razón —murmuró para sí misma.

Un Rolls-Royce reluciente de color carbón se detuvo en la curva. De un modo rápido y eficaz, un hombre con un uniforme blanco descendió del sedán y saludó a los dos con una educación a la vieja usanza.

—Buenos días tenga usted, señora. Y usted también, caballero —enunció con acento británico mientras ponía sus bolsas en el interior del vehículo con un hábil lanzamiento.

—¿Y el indigente? —preguntó el artista con el tacto de un ermitaño que jamás se ha relacionado con los demás.

El chófer no pudo contener la risa, pero recuperó la compostura rápidamente.

—Lo siento, caballero. Es cierto, se podría decir que el señor Riley lleva un atuendo muy humilde. Lo hace cuando siente la necesidad de «bajar a la arena», así es como él llama a esta práctica. Lleva una vida especialmente exclusiva la mayor parte del tiempo y es un hombre que está acostumbrado a conseguir todo lo que quiere. Así que, de vez en cuando, hace cosas para asegurarse que su modestia y humildad siguen en su lugar. Confieso que eso forma parte de su encanto. El señor Riley me ha pedido que les diera esto.

El chófer mostró dos sobres hechos con papel de la mejor calidad. Tras abrirlos, la emprendedora y el artista se encontraron con estas palabras:

¡Eh, chavales! Espero que estéis fetén. No quería asustaros ayer. Es que tenía que poner los pies en el suelo. Epicteto, uno de mis filósofos favoritos, escribió: «Mas un toro no se hace tal de repente, ni tampoco un hombre se hace hidalgo, sino que antes hay que encerrarse, prepararse y tirarse uno de ligero a lo que no le cuadra».

> *La incomodidad voluntaria, ya sea mediante la ropa que vestía ayer, ayunando una vez a la semana, o durmiendo en el suelo una vez al mes, me mantiene fuerte, disciplinado y centrado en las prioridades importantes sobre las que he construido mi vida. Bueno gente, que tengáis un vuelo genial, nos veremos pronto en el Paraíso. Abrazos.*

El chófer continuó:

—Por favor, tengan en cuenta que las apariencias pueden ser engañosas, la ropa no transmite el carácter de cada uno. Ayer conocieron a un gran hombre. Las apariencias no revelan la calidad de una persona.

—Supongo que el afeitado tampoco —dijo el artista mientras golpeaba con una de sus botas negras el brillante símbolo de Rolls-Royce del centro de una llanta.

—El señor Riley nunca le diría lo que yo le voy a decir porque es demasiado cortés y decente. Pero resulta que el caballero al que se refiere como «indigente» es una de las personas más ricas del mundo.

—¿Está hablando en serio? —preguntó la emprendedora con los ojos fuera de las órbitas.

—Sin lugar a dudas. —El chófer sonrió educadamente abriendo una puerta y agitando su mano enguantada en un gesto que invitaba a ambos pasajeros a entrar en el coche.

Los asientos desprendían ese olor a almizcle de la piel nueva. Los embellecedores de madera parecían hechos a mano por una familia de artesanos que ha forjado su reputación gracias a esta obsesión.

—El señor Riley hizo su fortuna hace muchos años, en varias empresas comerciales. También fue uno de los primeros inversores de una empresa que hoy goza de admiración a nivel internacional. La discreción me impide mencionar el nombre y, si el señor Riley se enterara de que he estado hablando de asuntos económicos con ustedes, quedaría sumamente decepcionado conmigo. Sus instrucciones fueron simplemente tratarles con el mayor cuidado y garantizarles que es un hombre sincero y fiable. Y velar por que lleguen ustedes sin problema al hangar 21.

—¿Al hangar 21? —preguntó el artista sentándose lánguidamente en aquel vehículo opulento como si fuera una estrella del rock acostumbrada a este medio de transporte.

—Es allí donde se encuentra la flota de aviones del señor Riley —indicó brevemente el chófer.

—¿Flota? —preguntó la emprendedora con unos hermosos ojos castaños abiertos de par en par y con una mirada llena de curiosidad.

—Sí —fue la única respuesta que se permitió el chófer.

Se produjo un silencio a medida que el chófer avanzaba por las calles con las primeras luces del alba. El artista miraba por la ventana mientras hacía girar una botella de agua en una mano. Hacía muchos años que no veía un amanecer.

—Es algo muy especial, verdaderamente hermoso —admitió—. A esta hora del día todo está en paz. Ningún ruido. Cuánta calma. Aunque me sienta cansado ahora mismo, puedo pensar mucho mejor. Las cosas parecen más claras. No me cuesta nada centrar la atención. Parece que el resto del mundo está durmiendo. Qué tranquilidad.

Una caballería de rayos de tonos ámbar, la paleta etérea del amanecer y la tranquilidad de este momento lo mantuvieron animado. La emprendedora examinaba al conductor.

—Cuéntenos más cosas sobre su jefe —le pidió, jugando constantemente con su teléfono mientras hablaba.

—No puedo decirles mucho más. Tiene una fortuna de miles de millones de dólares. La mayor parte de su dinero lo ha donado a organizaciones benéficas. El señor Riley es la persona más fascinante, generosa y compasiva que conozco. También tiene una gran fuerza de voluntad y una serie de valores inquebrantables, como la honestidad, la empatía, la integridad y la lealtad. Y, por supuesto, es un espécimen muy excéntrico, si me permiten el atrevimiento.

—Ya nos hemos dado cuenta —asintió la emprendedora—. Pero me interesa saber qué le hace decir que es excéntrico.

—Ya lo verán ustedes —respondió el conductor escuetamente.

Al poco tiempo el Rolls llegó a un aeropuerto privado. No había ni rastro del señor Riley. El conductor aceleró hasta llegar a un avión de color marfil e inmaculado. Solo tenía algo de color en la cola. En un tono naranja, se veían tres caracteres: «C5M».

—¿Qué significa «C5M»? —preguntó la emprendedora sujetando con firmeza su teléfono.

—El Club de las 5 de la mañana. «Controla tus mañanas, impulsa tu vida». Es una de las máximas que el señor Riley aplica a sus numerosas empresas en las que tiene intereses. Y ahora, muy a mi pesar, es aquí donde debo decirles *adieu*. *Au revoir* —dijo antes de subir los equipajes al reluciente avión.

Dos miembros de la tripulación conversaban cerca de la escalera de metal que llevaba a la cabina. Una auxiliar de vuelo de maneras refinadas facilitó una toalla caliente a la emprendedora y al artista y les ofreció café en una bandeja de plata.

—*Dóbroye utro* —dijo saludándolos en ruso.

—Ha sido un verdadero placer conocerles —les gritó el chófer ya desde el coche—. Transmitan mis mejores deseos al señor Riley cuando lo vean. Y diviértanse en Mauricio.

—¿Mauricio? —exclamaron los dos compañeros, tan sorprendidos como un vampiro despertando con un diente de ajo.

—Es increíble —dijo el artista subiendo hacia la cabina—. ¡Mauricio! Siempre he querido ir a esa isla y he leído algunas cosas sobre ella. Es un lugar muy concurrido. Tiene un toque francés y es tremendamente hermosa. Y, por lo que dicen, allí viven muchas de las personas más cálidas y felices de la Tierra.

—Yo también estoy de piedra —dijo la emprendedora dando sorbos al café e inspeccionando la cabina del avión. Estudió a los pilotos mientras estos llevaban a cabo los preparativos del vuelo—. Yo también he oído decir que Mauricio es espléndida y que la gente allí es súper agradable, servicial y avanzada espiritualmente.

Tras un despegue perfecto, el avión de primera clase se adentró flotando en las nubes. Cuando alcanzaron la altitud de crucero les sirvieron champán premium, les recomendaron probar el caviar y les ofrecieron una selección de platos exquisitos. La emprendedora se sentía feliz y apenas notaba el peso del cruel intento de sus inversores de arrebatarle la empresa. Es cierto que quizá no era el momento más adecuado para tomarse unas vacaciones y aprender la filosofía del Club de las 5 de la mañana y aquella metodología que había ayudado al señor Riley a ascender como un cohete hasta convertirse en un as de los negocios y en un filántropo mundial. O quizá, aquel era el momento perfecto para alejarse de su realidad habitual y descubrir cómo empiezan el día las personas más exitosas, influyentes y felices del planeta.

Tras dar unos sorbos al champán, la emprendedora vio una película y después se quedó profundamente dormida. El artista llevaba un libro titulado *Michelangelo Fiorentino et Rafael da Urbino: Masters of Art in the Vatican*. Lo estuvo leyendo varias horas. Seguro que te puedes imaginar lo feliz que se sentía.

El avión sobrevoló varios continentes enormes y terrenos de todo tipo. El vuelo transcurrió según lo previsto y el aterrizaje fue tan fluido como lo estaban siendo todos los demás aspectos de aquella experiencia.

—*Bienvenue au Île Maurice* —anunció el capitán por el sistema de comunicación mientras el avión rodaba por la pista recién pavimentada—. *Merci beaucoup*. Bienvenidos a Mauricio y al Aeropuerto Internacional Sir Seewoosagur Ramgoolam —continuó, con la confianza de alguien que ha pasado la mayor parte de su vida en el cielo—. Ha sido un privilegio volar con dos personas tan importantes como ustedes. Volveremos a verlos en unos días, según nos ha informado el asistente personal del señor Riley acerca de su itinerario. Gracias de nuevo por volar con nosotros y esperamos que el viaje les haya resultado excelente y, por encima de todo, seguro.

Un todoterreno negro impoluto resplandecía sobre el asfalto mientras la auxiliar de vuelo acompañaba a sus pasajeros especiales hacia aquel vehículo en marcha.

—En breve recibirán su equipaje. No se preocupen, les llegará a sus habitaciones de invitados de la finca de la playa del señor Riley. *Spasibo* —añadió con un tono elegante y un saludo formal.

—Todo esto es de película —observó la emprendedora tomando alegremente unos selfis, posando inusitadamente como una modelo.

—Es total —respondió el artista saboteándole las fotos sacando la lengua como hizo Albert Einstein en aquella famosa fotografía que traicionaba su seriedad como científico y revelaba su ilimitado e infantil sentido de asombro.

A medida que el Range Rover avanzaba por la carretera, las cañas de azúcar se mecían con la fragante brisa del océano

Índico. El silencioso chófer llevaba una gorra blanca como la que visten los botones de los hoteles de cinco estrellas y un uniforme gris oscuro bien planchado que sugería una profesionalidad infravalorada pero refinada. Nunca olvidaba desacelerar cuando bajaba el límite de velocidad y se aseguraba de señalizar cada uno de sus movimientos. Aunque era evidente que era un hombre de edad avanzada, conducía el vehículo por la carretera con la precisión de un joven aprendiz dispuesto a convertirse en el mejor. Durante todo el viaje, su atención permaneció fijada en el asfalto en una especie de trance destinado a garantizar la seguridad de sus pasajeros llevándolos a su destino con una eficacia óptima.

Pasaron por varias aldeas pequeñas que tenían un aspecto atemporal. Las calles estaban delimitadas por buganvillas, perros callejeros con ademanes de ser los reyes de la carretera permanecían inmóviles sobre la línea divisoria retando al todoterreno a ver quién era el último en apartarse mientras los niños jugaban en el césped de sus pequeños jardines con irreflexivo desenfreno. Se oían gallos cantando de vez en cuando, y ancianos con sencillos gorros de lana, pocos dientes y piel del color avellana descansaban en sillas de madera destartaladas. Parecían tener demasiadas horas libres al día, estar cansados de las dificultades de la vida pero llenos de la sabiduría de haber vivido intensamente. Coros de pájaros cantaban melódicamente, y las mariposas parecían aletear por todas partes.

El todoterreno serpenteó por una de esas pequeñas comunidades, un muchacho delgado con unas piernas que parecían ser demasiado largas para su cuerpo pedaleaba sobre una bicicleta playera con el asiento demasiado alto para su chirriante cuadro metálico. En otra de esas aldeas, un grupo de adolescentes en camisetas de tirantes, pantalones cortos de surf y chanclas seguían por la carretera a un hombre con pantalones de camuflaje verdes que llevaba una camiseta con la frase «El mejor pollo a la parrilla» impresa en la espalda.

Todo parecía moverse a un ritmo isleño. La gente parecía alegre. Desprendían una vitalidad radiante nada común en las vidas sobrecargadas de trabajo, dominadas por las máquinas y a veces vacías que muchos de nosotros vivimos. Las playas eran de una belleza indescriptible. Los jardines, completamente maravillosos. Y toda aquella escena gauguiniana estaba decorada por una serie de montañas que parecían talladas por un escultor florentino del siglo XVI.

—¿Ven esa estructura de ahí arriba? —dijo el chófer rompiendo su silencio y señalando una formación de rocas en la cima de uno de los picos que parecía una figura humana—. Se llama Pieter Both. Es la segunda montaña más alta de Mauricio. ¿Ven aquella cima? Parece una cabeza humana, ¿verdad? —comentó señalando hacia arriba en dirección a la estructura.

—Lo parece totalmente —respondió el artista.

—Cuando estábamos en primaria —continuó el chófer—, nos contaron la historia de un hombre que se quedó dormido al pie de la montaña. Al oír unos sonidos extraños, se despertó y se encontró hadas y ángeles bailando a su alrededor. Aquellas criaturas ordenaron al hombre que no contara nunca a nadie lo que acababa de ver, o se convertiría en piedra. Él accedió, pero, más tarde, debido al entusiasmo que le produjo aquella experiencia mística que había presenciado, rompió su promesa y contó a mucha gente su afortunado encuentro. Las hadas y los ángeles, tremendamente molestos, lo convirtieron en una piedra. Y su cabeza se hinchó y subió hasta el pico de la majestuosa montaña que tienen ante ustedes, recordando a todos los que la ven que deben mantener sus promesas. Y cumplir su palabra.

El todoterreno callejeaba por otro pueblo. Bajo el porche de una casa, dos chicos y tres chicas adolescentes con flores blancas y rosadas en el pelo bailaban alegremente al son de una música que sonaba por un pequeño altavoz. De fondo, se oía ladrar a otro perro modestamente.

—Una gran historia —señaló la emprendedora. Su ventanilla estaba abierta y su ondulado cabello moreno revoloteaba al viento. Su cara, normalmente tensa y arrugada, se veía ahora lisa y suave. Pronunciaba todo más lentamente. Una paz sin precedentes emergía de su voz. Una de sus manos reposaba sobre el asiento, no muy lejos de donde yacía la mano del artista, llena de minuciosos tatuajes en los dedos índice y corazón.

—Mark Twain escribió: «Primero se hizo Mauricio, y después el cielo; y el cielo se copió de Mauricio» —comentó el conductor del vehículo, animándose después de permanecer tanto tiempo distante. Parecía tan orgulloso de estas palabras como un presidente el día de su ceremonia de investidura.

—No había visto nunca nada como esto —dijo el artista, cuya hostilidad de hombre duro había dado paso a un semblante más relajado, despreocupado y tranquilo—. Y las vibraciones que estoy sintiendo aquí están moviendo algo profundamente creativo dentro de mí.

La emprendedora se quedó mirando al artista durante un tiempo algo más largo de lo que la buena educación permite. Después miró hacia otro lado, hacia el mar. Pese a sus esfuerzos, no pudo evitar sonreír con dulzura.

Oyeron cómo el conductor susurraba al comunicador del todoterreno: «cinco minutos para llegar». Después, este entregó a cada uno de los pasajeros una tablilla que parecía hecha de oro.

—Por favor, examínenlas —les dijo.

En aquel metal aparentemente precioso había grabadas cinco frases. Ese es el aspecto que tenían las tablillas:

REGLA N.º 1
La adicción a la distracción es el fin de tu producción creativa. Los creadores de imperios y los que escriben la historia dedican una hora a sí mismos antes del amanecer, en la serenidad que escapa a las garras de la complejidad, y se preparan para un día de primera.

REGLA N.º 2
Las excusas no crean ningún genio. Que no hayas adoptado el hábito de levantarte temprano antes no significa que no puedas hacerlo ahora. Deshazte de todo el raciocinio y recuerda que las pequeñas mejoras diarias, si se hacen de forma constante, conllevan con el tiempo unos resultados asombrosos.

REGLA N.º 3
Todo cambio es duro al principio, desordenado a la mitad y precioso al final. Todo lo que ahora te parece fácil, al principio te pareció difícil. Con una práctica constante, levantarte con el sol se convertirá en algo normal y automático para ti.

REGLA N.º 4
Para obtener los resultados de la élite del 5 %, debes empezar a hacer lo que el 95 % de la gente está poco dispuesta a hacer. Cuando empieces a vivir así, la mayoría te dirá que estás loco. Recuerda que el precio de la grandeza es ser etiquetado de extravagante.

REGLA N.º 5
Cuando tengas ganas de rendirte, continúa.
El triunfo ama a los implacables.

El vehículo avanzó lentamente entre una hilera ordenada de casas blancas en la costa con las luces apagadas. En la entrada polvorienta de una casa había aparcada una pequeña camioneta. Había equipos de buceo desperdigados por el jardín delantero de otra casa. Frente a la última casa, una pandilla de niños jugaba en un patio, con risas histéricas por el puro gozo del juego.

De pronto vieron el mar, verdoso y azulado con sus olas coronadas por la espuma susurrando *sshhhhhh* antes de chocar con la arena de la orilla. El aire tenía ahora un olor a vida marina, aunque dulce como un néctar con tonos inesperados de canela. En un muelle de tablones anchos había un hombre delgado como un fideo y barbudo como Papá Noel, que vestía unos pantalones color caqui arremangados y pescaba descalzo para la cena de su familia. Sobre su vieja cabeza descansaba un casco de motocicleta.

El sol, esa esfera glamurosa de radiación cegadora que emitía rayos y reflejos líquidos amarillos sobre el agua acogedora que tenía delante, empezaba a ponerse. Las aves seguían cantando. Las mariposas seguían volando. Era una escena sumamente mágica.

—Hemos llegado —anunció el chófer en el intercomunicador de una valla metálica que parecía construida para dejar fuera la vida salvaje más que para impedir la entrada a los intrusos.

La puerta se abrió. Lentamente.

El todoterreno avanzó por una carretera repleta a ambos lados de buganvillas, hibiscos, plumerias y *Trochetia boutoniana*, la flor nacional de Mauricio. El conductor abrió su ventanilla dejando entrar una brisa marina que trajo un aroma arremolinado a jazmín fresco y a fragantes rosas. Los jardineros, con sus elegantes uniformes, agitaban sus manos saludando sinceramente. Uno de ellos exclamó *Bonjour* al pasar el vehículo. Otro dijo *Bonzour* al ver a dos grandes palomas saltar por un camino de piedra.

La casa del millonario era discreta, con un diseño chic en primera línea de playa. Era una mezcla entre chalet colonial y casa de campo sueca. Era sensacionalmente hermosa y estaba completamente apartada.

Un enorme porche se extendía desde la parte trasera de la casa y se adentraba en el océano. Una bicicleta de montaña llena de barro descansaba apoyada en una pared. Una tabla de surf yacía al final del aparcamiento. La única floritura arquitectónica eran las enormes ventanas, que se extendían del suelo al techo. En una de las terrazas, adornada meticulosamente con flores preciosas, les esperaba un carrito con entremeses, un surtido de quesos y un servicio de té al limón con rodajas de jengibre cortadas con precisión. Unos peldaños grises desteñidos por el sol descendían hasta una playa encantadora, como las que aparecen en las revistas de viajes.

En medio de toda aquella exquisitez, una figura aislada permanecía de pie sobre una arena blanca como el marfil. No hizo ni un movimiento. Guardaba un rigor perfecto.

Era un hombre alto como la torre Eiffel, con el torso desnudo y bronceado, y unos pantalones cortos holgados con estampado de camuflaje. Unas sandalias amarillo canario y unas estilosas gafas de sol, como las que se venden en la Via dei Condotti de Roma, completaban su aspecto entre surfero zen y la última moda del Soho. Su silueta se reflejaba en el mar, fija como una estrella en el gran firmamento africano.

—Mira —dijo la emprendedora señalando—. Por fin volvemos a ver a nuestro anfitrión, el ilustre señor Riley —señaló enérgicamente, acelerando el ritmo y bajando apresuradamente las escaleras de madera que llevaban a la playa—.

¡Míralo! Ahí, de pie, junto al agua, tomando el sol y disfrutando plenamente de la vida. Te dije que era especial. ¡Estoy tan contenta de haber confiado en mi instinto y de haber accedido a esta maravillosa escapada! Ha cumplido su palabra, cuando tanta gente dice cosas que nunca cumple y hace promesas que no puede mantener. Ha sido muy consecuente. Nos ha tratado muy bien. Ni siquiera nos conoce y está intentando ayudarnos de verdad. No me cabe la menor duda de que nos apoyará. Date prisa, ¿quieres? —instó con un gesto a su compañero, que la seguía lentamente—. ¡Quiero darle un abrazo enorme al señor Riley!

El artista soltó una carcajada al ver cómo una pequeña lagartija cruzaba un ancho tablón. Se quitó la camiseta negra en medio de aquella luz deslumbrante y dejó ver su barriga de buda y sus pechos del tamaño de mangos carnosos.

—Yo también. Sí que predica con el ejemplo. Colega, necesito tomar un poco el sol —murmuró el pintor acelerando el paso para acercarse a la emprendedora. Le costaba trabajo respirar.

A medida que los dos huéspedes se acercaban al hombre de la orilla de aquel complejo marítimo en estado de nirvana, vieron que no había más casas a la vista. Ni una sola. Apenas quedaban unos pocos barcos de pesca con la pintura desprendida por el paso de los años amarrados cerca de la orilla en las aguas poco profundas. Y aparte de aquel emperador de los negocios con gafas de sol italianas rindiendo culto al sol, no había ni rastro de ningún otro ser humano. Por ningún lado.

—¡Señor Riley! —gritó el artista ya en la arena, inhalando ansiosamente el aire hacia sus pulmones extraordinariamente en baja forma.

La esbelta figura permaneció tan inmóvil como el guardia de un palacio esperando la llegada de la comitiva real.

—Señor Riley —repitió la emprendedora entusiasmada.

No hubo respuesta. El hombre siguió mirando hacia el mar y hacia los buques de transporte del tamaño de estadios de fútbol desperdigados por el horizonte.

El artista llegó hasta su bronceada espalda y le dio tres pequeños toquecitos en el hombro izquierdo. De repente, la figura se dio la vuelta. Los dos visitantes se quedaron sin aliento. La emprendedora se llevó una de sus finas manos a la boca. El artista retrocedió bruscamente de forma instintiva y se cayó en la arena.

Ambos se quedaron estupefactos con lo que vieron.

Era el Guía.

7

La preparación para la transformación comienza en el paraíso

> Un niño no tiene problema en creer lo increíble, tampoco el genio o el loco. Somos el resto, quienes con nuestros grandes cerebros y nuestros pequeños corazones, dudamos, repensamos y no avanzamos.
>
> STEVEN PRESSFIELDE

—¡Vaya! —exclamó la emprendedora con una sonrisa que entremezclaba sorpresa y deleite—. Estuvimos en su seminario... Estuvo brillante en aquel escenario —logró expresar al final, pasando con una soltura increíble de una ligera incredulidad a aquella actitud de empresaria máster del universo a la que estaba más acostumbrada—. Dirijo una compañía tecnológica. Somos lo que los eruditos de nuestro sector llaman «un cohete» por el crecimiento exponencial que estamos teniendo. Las cosas iban fenomenal hasta hace un tiempo...

La voz de la emprendedora se fue apagando. Apartó la mirada del Guía y miró al artista. Por un momento jugó nerviosamente con sus pulseras. Las líneas de su cara se volvieron más vívidas. Y su rostro desprendió una mirada pesada, cansada y herida en aquel instante, en aquella playa espectacular.

—¿Qué sucedió con tu empresa? —preguntó el Guía.

—Algunas de las personas que invirtieron en mi empresa creyeron que yo tenía demasiada participación en ella. Querían tener más. Son gente súper codiciosa. Así que manipularon a mi equipo ejecutivo, convencieron a los empleados más importantes de que se manifestaran en mi contra y ahora están intentando expulsarme de la empresa. Ese lugar es toda mi vida —dijo la emprendedora sofocada.

Un banco de peces tropicales de suntuosos colores pasó nadando por las aguas poco profundas junto a la orilla.

—He pensado en quitarme la vida —continuó—. Hasta que fui a su seminario. Los conocimientos que compartió me dieron esperanza. Muchas de sus palabras hicieron que volviera a sentirme fuerte. No estoy segura de qué fue, pero usted me empujó a creer en mí misma y en mi futuro. Quiero darle las gracias —abrazó al Guía—. Usted me ha iniciado en el camino para mejorar mi vida.

—Muchas gracias por tus generosas palabras —respondió el Guía con una apariencia completamente distinta de la que tenía la última vez que lo vieron la emprendedora y el artista. No solo ofrecía aquel aspecto saludable de la gente que pasa un tiempo al sol, ahora se mantenía perfectamente de pie y había ganado algo de peso—. Te agradezco lo que me dices —continuó el Guía—. Pero lo cierto es que yo no te he iniciado en esta búsqueda para mejorar tu vida. Eres tú quien está cambiando tu vida iniciando el proceso de aplicar mis ideas y mis métodos, implementando mis enseñanzas. A la gente le gusta mucho hablar. Te cuentan todas sus ambiciones y aspiraciones. No lo juzgo, solo lo digo. No me quejo, solo lo dejo ahí: *la mayoría de la gente sigue siendo la misma toda su vida.* Tienen demasiado miedo de cambiar su modo de actuar. Están casados con la complacencia de lo ordinario, impedidos por los grilletes de la conformidad y se resisten a todas las oportunidades de crecimiento, evolución y elevación personal. Hay tantas buenas personas entre nosotros tan asustadas que rechazan el reto de sus vidas de salir al mar azul de la posibilidad donde les esperan la perfección, la valentía y la audacia. Tú has tenido la sabiduría de actuar sobre parte de la información que compartí. Formas parte de una ínfima minoría de gente viva dispuesta a hacer lo que sea por convertirse en un mejor líder, productor y ser humano. Bien por ti. Sé que la transformación no es cosa fácil. Pero la vida de la oruga debe terminar para que la mariposa brille en todo su esplendor. Para que pueda nacer tu mejor «yo», tu viejo «yo» debe morir. Has sido lo bastante inteligente como para no esperar a tener las condiciones ideales para entrar en un mundo del trabajo y en una vida privada de excelencia duradera. El gran poder se libera con un simple inicio. Cuando empieces a cerrar el círculo abierto por tus grandes aspiraciones volviéndolas realidad, una fuerza heroica secreta se dará a conocer en tu interior. La naturaleza percibe tu esfuerzo y responde a tu compromiso con victorias inesperadas. Tu fuerza de voluntad crece. Tu confianza se dispara. Y tu genialidad se eleva. Dentro de un año estarás muy contenta por haber empezado hoy.

—Gracias —dijo la emprendedora.

—He oído a un hombre decir que necesitaba perder peso antes de poder empezar a correr. Imaginaos. Perder peso para iniciar el hábito de correr. Es como un escritor que espera a que le llegue la inspiración para comenzar un libro, o un director que espera una promoción para ser líder en su campo, o una *startup* que espera una financiación total antes de lanzar un producto que revolucione el mercado. El flujo de la vida recompensa la acción positiva y castiga la duda. En fin, estoy encantado de haberte ayudado a levantarte, aunque sea un poco. Parece que estás en un momento difícil pero emocionante de tu aventura personal. Ten en cuenta que un mal día para el ego es un día genial para el alma. Y lo que la voz de tu miedo asegura que es una mala época, la luz de tu sabiduría sabe que es un regalo espléndido.

—Creíamos que había muerto —anunció la emprendedora sin filtros—. Gracias a Dios que está bien. Es usted muy modesto.

—Creo que el más modesto es el más grande. Los líderes natos están tan seguros de sí mismos que su principal objetivo es elevar a los demás. Tienen tanta autoestima, alegría y paz de espíritu que no necesitan anunciar su éxito a la sociedad en un débil intento de sentirse mejor. Existe también una gran diferencia entre el poder real y el poder ficticio —explicó el Guía, bajando aún más el tono de gurú que le había hecho tan famoso en todo el mundo—. Nuestra cultura nos dice que persigamos títulos y baratijas, aplausos y aclamaciones, dinero y mansiones. Y todo eso está bien siempre que no dejes que te laven el cerebro hasta el punto de que esas cosas definan tu valía como ser humano. Disfruta de ellas, pero no les cojas demasiado apego. Puedes tenerlas, pero no dejes que tu identidad se base en ellas. Aprécialas, pero no dependas de ellas. No son más que formas de poder ficticio que nuestra civilización nos programa para creer que debemos perseguirlas para conseguir el éxito y la serenidad. Y lo cierto es que, si pierdes una de esas cosas, el poder sustitutivo que habías confiado en ellas se evapora. Se desvanece en ese instante, revelándose como la ilusión que era.

—Siga hablando, por favor —la emprendedora absorbía cada palabra.

—El poder real nunca proviene de algo externo —continuó el Guía—. Hay mucha gente que tiene mucho dinero y que no es muy rica. Puedes utilizar este argumento con el banco —declaró el Guía descalzándose y colocando cuidadosamente sus brillantes chanclas amarillas en la arena—. El poder genuino, que es el material del que están hechas las leyendas, no surge de quien eres por fuera ni de lo que posees de manera externa. El mundo está perdido. El poder verdadero y perdurable se expresa cuando tomas contacto con tus dones originales y cuando llevas a la práctica tus talentos más espléndidos como ser humano. Las verdaderas riquezas se consiguen viviendo con las nobles virtudes de la productividad, la autodisciplina, el coraje, la honestidad, la empatía y la integridad, así como siendo capaz de dirigir tu día en lugar de seguir al rebaño como la oveja que nuestra sociedad enferma nos enseña a ser. Actualmente hay demasiadas personas que son borregos. La buena noticia es que ese tipo de poder está abierto a cualquier persona viva en nuestro planeta. Puede que hayamos olvidado esta forma de potencia y renegado de ella, porque la vida nos ha herido, decepcionado y confundido. Pero sigue estando ahí, esperando a establecer una relación con nosotros. Y a desarrollarla. Todos los grandes maestros de la historia poseían muy pocas cosas, ¿sabéis? Cuando Mahatma Gandhi murió, tenía unas diez cosas, incluyendo sus sandalias, un reloj, sus gafas y un sencillo bol para comer. La Madre Teresa, tan próspera de corazón y rica de poder verdadero para influir en millones de personas, murió en una sala diminuta sin prácticamente ningún bien terrenal. Cuando viajaba, llevaba todas sus cosas en una bolsa de tela blanca.

—¿Por qué será que muchos héroes de la humanidad tienen tan poco? —preguntó el artista acomodándose en la arena.

—Porque ellos han alcanzado un nivel de madurez individual que les ha permitido ver la futilidad de pasarse la vida persiguiendo objetos que al final no valen para nada. Y han cultivado su forma de ser hasta tal punto que ya no tienen la necesidad común de llenar los vacíos de su interior con distracciones, atracciones, evasiones y lujos. A medida que se fue desmaterializando su apetito por las posesiones superficiales, fueron volviéndose más hambrientos de búsquedas sustanciales, como dignificar su visión creativa, expresar su genio inherente y vivir según un plan moral más elevado. Eran conscientes instintivamente de que ser inspirador, magistral y valiente son trabajos que se llevan a cabo en el interior. Y una vez has accedido al poder verdadero, los sustitutos externos resultan insignificantes comparados con el sentimiento de satisfacción que proporciona este tesoro. Ah, y todos esos pesos pesados de la historia, cuando descubrieron su naturaleza suprema, se dieron cuenta de que una de las finalidades principales de una vida hermosamente diseñada es la contribución. El impacto. La utilidad. El servicio. Lo que los empresarios llamarían «desbloquear el valor del accionista». Como dije en mi seminario antes de caer al suelo, «liderar significa servir». El filósofo sufí Rumi lo dijo de un modo mucho más brillante cuando observó: «Renuncia a la gota, conviértete en el océano».

—Gracias por compartirlo con nosotros —dijo la emprendedora con sinceridad, sentándose junto al artista en la arena y colocando una de sus manos cerca de donde reposaba una de las del artista.

—Me alegro de ver que se encuentra mejor —comentó el artista, que se había quitado las botas. Iba sin calcetines. Tumbado en la arena como un gato tendido al sol, preguntó—: ¿Qué demonios fue lo que le sucedió?

—Agotamiento —confesó el Guía—. Demasiadas ciudades, demasiados aviones, demasiadas apariciones en los medios, demasiadas presentaciones. Me va como anillo al dedo mi misión de ayudar a la gente a acelerar su liderazgo, activar sus dones y convertirse en los héroes de sus vidas. Sé de lo que hablo. —En ese momento, el Guía se quitó sus estilosas gafas de sol y extendió una mano a sus dos pupilos—: Es un placer conocerlos a los dos.

—Igualmente, amigo —respondió el artista—. Su obra me ha ayudado a superar algunos momentos difíciles.

Mientras el artista decía estas palabras, vio un catamarán lleno de turistas con ropa de fiesta navegando a cierta distancia. Otro banco de peces llamados *capitaines*, pasó nadando por las aguas cristalinas. El Guía los examinó, sonrió y continuó.

—Os preguntaréis qué estoy haciendo aquí.

—Cierto —dijo la emprendedora quitándose los zapatos y enterrando los pies en la blanca arena junto a su compañero.

—Bueno, llevo aconsejando al señor Riley desde que tenía treinta y tres años. Todos los atletas profesionales tienen entrenadores de alto rendimiento, y los empresarios extraordinarios también. No puedes convertirte en un icono tú solo. Cuando nos conocimos, él estaba empezando, pero incluso entonces comprendía que, cuanto más aprende uno, más puede conseguir. El crecimiento es el verdadero deporte que practican los mejores, cada día. La educación es realmente una vacuna contra la perturbación. Y a medida que os volváis mejores, tendréis mejores posesiones, en todos los ámbitos de vuestra vida. Yo llamo a esto la Actitud 2×3×: para duplicar tus ingresos y tu impacto, triplica tu inversión en dos áreas centrales, tu virtuosismo personal y tu capacidad profesional.

—Me encanta —dijo el artista rascándose su flácida barriga. Después se arrancó una uña rota del pie.

—El señor Riley comprendió muy pronto que, para llegar a ser el mejor, es necesario contar con la mejor ayuda. Nos hemos hecho grandes amigos con los años. Hemos compartido grandes alegrías, como comidas de cinco horas con ensaladas de palmitos, gambas a la parrilla y excelente vino francés aquí en su playa privada.

El Guía alargó los brazos al aire. Miró hacia las poderosas montañas. Permaneció en silencio un momento.

—Y hemos sufrido dolores profundos juntos también, como la vez que mi amigo enfermó de cáncer al cumplir cincuenta años. Parecía que tenía todo lo que un hombre podía desear. Pero al ser despojado de su salud, se dio cuenta de que no tenía nada. Aquello lo transformó. La salud es la corona que luce la gente sana y que solo ven los enfermos, ¿sabéis? O, como dice la tradición, cuando somos jóvenes sacrificamos nuestra salud a cambio de la riqueza y cuando nos hacemos mayores y sabios sacrificamos toda nuestra riqueza por un día de buena salud. Nadie quiere ser la persona más rica del cementerio, claro. Pero ganó la batalla —añadió el Guía con la mirada fija en los ruidosos turistas de la fiesta del catamarán—. Se defendió como se defiende siempre contra todo lo que intenta derrotar a sus sueños. Stone es un hombre extraordinario. Le quiero como a un hermano. En fin, me alegro sinceramente de haberos conocido —siguió el Guía—. Sabía que veníais. El señor Riley está deseando compartir con vosotros lo que os prometió acerca de alcanzar la máxima productividad, conseguir un rendimiento excepcional y crear la vida que deseéis adoptando una rutina matinal superior. Me gusta ver que está devolviendo el favor y compartiendo lo que le enseñé. Os encantarán las ideas y modelos de aprendizaje que os mostrará. El Club de las 5 de la mañana será revolucionario para los dos. Sé que suena increíble, pero verse expuesto a la metodología que Stone está a punto de enseñaros provocará cambios excelentes en vuestro interior.

El mero hecho de recibir toda la información despertará algo especial en vosotros.

El Guía se puso sus elegantes gafas de sol.

—En fin, el señor Riley me pidió que os dijera que os sintáis como en vuestra casa durante estos días. No me veréis mucho porque estaré buceando, navegando y pescando la mayor parte del tiempo. La pesca es una de las cosas que más amo en la vida. No solo vengo a Mauricio para asesorar al hombre maravilloso y genial que estáis a punto de conocer, vengo también para recuperarme y alejarme de este mundo nuestro tan excesivamente complicado, cargado de dificultades, economías dañadas, industrias saturadas y decadencia mental, por mencionar solamente algunos de los factores que amenazan con destruir nuestra creatividad, energía, rendimiento y felicidad. Vengo para renovarme y cargar las pilas. Una producción de élite sin unas vacaciones tranquilas provoca un largo agotamiento. El descanso y la recuperación no es ningún lujo para las personas entregadas a la perfección, sino una necesidad. Llevo muchos años enseñando ese principio y, sin embargo, me he olvidado de él, y por ello pagué el precio durante la charla. También he aprendido que la inspiración se alimenta del aislamiento, lejos de la distracción digital incesante y del exceso salvaje de comunicación que domina las horas de la mayoría de la gente. Debéis saber también que vuestro genio natural se revela cuanto más dichosos sois. Las ideas que pueden cambiar el mundo surgen cuando estamos descansados, relajados y a gusto. Este pequeño lugar en el océano Índico me ayuda a recuperar el acceso a la mejor parte de mí. También es un auténtico santuario de seguridad, belleza asombrosa y gastronomía increíble, su gente es muy afectuosa y sigue llevando sus emociones a flor de piel. Adoro a los mauricianos. La mayoría de ellos sigue sabiendo apreciar los placeres más simples de la vida, como una comida en familia o un baño con los amigos tras el cual poder compartir un pollo asado comprado en el supermercado y regado con una lata helada de Phoenix.

—¿Phoenix? —preguntó el artista.

—Es la cerveza de Mauricio —respondió el Guía—. Y debo decir que siempre me voy de esta isla cien veces más fuerte, rápido, centrado y animado. Realmente trabajo duro en mi día a día. Espero que esto no suene muy vanidoso, pero me preocupa mucho mejorar la sociedad y estoy muy comprometido con hacer todo lo que esté en mi mano para reducir la codicia, el odio y el conflicto. Venir aquí me permite rehacerme. Reconectar con lo que es importante, para poder volver y trabajar para el mundo. Todos trabajamos para el mundo, ¿sabéis? En fin, pasadlo bien. Y gracias de nuevo por venir a mi seminario y por vuestras palabras positivas. Para mí significan más de lo que podéis imaginar. Lo fácil es criticar, cuesta más alentar. Ser un líder de gran impacto nunca requiere ser una persona irrespetuosa. Ojalá más líderes comprendieran este principio. Ah, y una cosa más —añadió el Guía quitándose arena de sus pantalones de surf de camuflaje.

—¿Sí? —preguntó la emprendedora en un tono respetuoso.

—Por favor, venid a la playa mañana por la mañana. Vuestro entrenamiento empezará entonces.

—Claro —accedió la emprendedora—. ¿A qué hora?

—A las 5 de la mañana —obtuvo como respuesta—. Controla tus mañanas, impulsa tu vida.

8

El Método de las 5 de la mañana: la rutina de los constructores del mundo

> Es bueno levantarse antes del amanecer, porque tales hábitos contribuyen a la salud, riqueza y sabiduría.
>
> ARISTÓTELES

—¡Bienvenidos al Club de las 5 de la mañana! —rugió el millonario mientras bajaba lentamente las escaleras desde su casa hacia la playa—. *Bonzour*! Eso quiere decir «buenos días» en criollo. ¡Llegáis justo a tiempo! ¡Me encanta! La puntualidad es una de las cualidades de la realeza. Al menos en mi escala de valores. Me llamo Stone Riley —declaró extendiendo con elegancia una mano para saludar a sus dos huéspedes.

Los harapos habían dado paso a unos pantalones cortos negros y a una camiseta blanca con la inscripción «Ninguna idea funciona hasta que la llevas a cabo». Iba descalzo y bien afeitado, parecía estar muy en forma y lucía un espléndido bronceado. Parecía mucho más joven de lo que aparentaba en el seminario. Llevaba una gorra de béisbol hacia atrás.

Tenía unos ojos verdes fuera de lo común, y una radiante sonrisa. Aquel hombre tenía algo muy especial.

Una paloma blanca pasó volando sobre el magnate y se quedó flotando unos segundos como por arte de magia. Después se fue. ¿Podéis imaginaros algo así? Fue como un milagro.

—Dejad que os dé un abrazo a los dos, si no os importa —dijo el millonario entusiasmado, rodeando con sus brazos a la emprendedora y al artista a la vez sin esperar una respuesta—. Sí que sois valientes, vaya que sí —murmuró—. Habéis confiado en un viejo harapiento. En un completo desconocido. Ya sé que parecía un sintecho el otro día. A ver, no es que no me importe nada mi aspecto, es que no me importa mucho —dijo riéndose de su propia falta de complejos—. Lo que pasa es que me gustan las cosas auténticas, buenas y fáciles. Las cosas de verdad. Me hace pensar en una vieja idea: tener mucho dinero no te hace diferente, solo te recuerda quién eras antes de hacer dinero.

El millonario echó una mirada al océano y se dejó bañar por los primeros rayos de aquel nuevo amanecer. Cerró los ojos y respiró profundamente. A través de su camiseta se notaban los contornos de sus marcados abdominales. A continuación, sacó una flor del bolsillo trasero de los pantalones negros. Ni la emprendedora ni el artista habían visto nunca una flor como aquella. Además, no estaba en absoluto estropeada por haber estado en el bolsillo del millonario. Algo muy extraño.

—Las flores son algo muy importante para quienes se proponen seriamente hacer magia en su trabajo y en sus vidas privadas —comenzó el magnate olfateando los pétalos—. Pues bueno, quería contaros que mi padre era granjero. Yo crecí en una granja antes de que nos mudáramos a Carolina del Sur. Éramos una familia sencilla en nuestra forma de pensar, hablar, comer y vivir. Puedes sacar a un muchacho del campo, pero no puedes sacar el campo del muchacho —añadió, mostrando un entusiasmo contagioso y una figura rodeada por el magnífico océano.

La emprendedora y el artista dieron efusivamente las gracias al millonario. Le contaron que su aventura hasta el momento había sido magnífica y le dijeron sinceramente que la isla y su exclusiva playa eran lo más hermoso que habían visto jamás.

—Es una utopía, ¿verdad? —dijo el millonario poniéndose las gafas de sol—. Soy un hombre con suerte, por supuesto. Estoy muy contento de que estéis aquí, chavales.

—Entonces ¿fue tu padre quien te transmitió el hábito de levantarte con el sol? —preguntó el artista mientras paseaban por la orilla.

Un pequeño cangrejo pasó corriendo y tres mariposas se elevaron en el aire.

De repente, el millonario comenzó a girar como un derviche. Mientras giraba, comenzó a gritar estas palabras: «Haría que lo bordaran en las cortinas de vuestra habitación: "¡Si no te levantas temprano, no puedes avanzar en nada!"».

—Eh, ¿qué está haciendo? —le preguntó la emprendedora.

—Es una magnífica cita de William Pitt, el conde de Chatham. Por alguna razón he sentido la necesidad de compartirla ahora mismo. Pues bueno, deja que responda a la pregunta sobre mi padre —dijo el millonario algo incómodo—. Sí y no. Cuando era niño veía cómo se levantaba pronto cada mañana. Como con cualquier buena rutina, lo hacía tan a menudo que se volvió imposible para él no hacerlo. Pero como la mayoría de los niños, yo me resistía a hacer lo que mi padre quería que hiciera. Siempre he tenido algo de rebeldía en mi interior. Tengo algo de pirata. En lugar de tener que pelear conmigo cada día, por alguna razón, se limitó a dejar que hiciera lo que quisiera. Así que yo solía dormir. Hasta tarde.

—Qué padre más enrollado —comentó la emprendedora, que llevaba su atuendo de yoga y seguía llevando su teléfono para anotarlo todo.

—Sí, lo era —afirmó el millonario, que rodeó cálidamente con los brazos a sus discípulos para continuar su paseo lentamente junto a la playa inmaculada.

El señor Riley continuó.

—En realidad fue el Guía quien me enseñó el Método de las 5 de la mañana. Yo era muy joven cuando lo conocí. Acababa de crear mi primera empresa. Necesitaba a alguien que me guiara, que me desafiara y que me ayudara a desarrollarme como emprendedor, triunfador y líder. Todos decían que era el mejor asesor del mundo, con diferencia. Tenía una lista de espera de tres años. Así que le llamé por teléfono cada día hasta que accedió a ser mi mentor. Él también era bastante joven entonces. Pero sus enseñanzas mostraban una sabiduría profunda, una potencia pura y un impacto lleno de ingenio muy desarrollado para su edad.

—¿Y la disciplina de levantarse temprano te sirvió? —le interrumpió el artista.

El millonario le sonrió y dejó de caminar.

—Aquella fue la única práctica que cambió (y elevó) cualquier otra práctica. Ahora los investigadores llaman a este comportamiento esencial que multiplica todos tus otros patrones regulares de rendimiento «un hábito clave». Implementarlo como una vía neural profunda me llevó bastante trabajo, un poco de sufrimiento por el camino y una máxima determinación. Seré sincero con vosotros, hubo días durante el proceso de automatizar esta rutina en los que me ponía de mal humor, días en los que la cabeza me retumbaba como un taladro y mañanas en las que solo quería seguir durmiendo. Pero una vez conseguí consolidar la costumbre de levantarme a las 5 de la mañana regularmente, mis días mejoraron (en todos los sentidos) mucho más de lo que esperaba.

—¿Cómo? —preguntaron al unísono sus dos oyentes.

La emprendedora tocó cariñosamente con un dedo el brazo del artista, como sugiriendo que estaban pasando juntos por aquella experiencia, que ahora eran un equipo y que tenía la mejor de las intenciones con él. El artista la miró fijamente. En su rostro afloró una suave sonrisa.

El millonario continuó:

—En esta época de cambios exponenciales, distracciones abrumadoras y agendas desbordantes, levantarse a las 5 de la mañana y seguir el régimen matinal que el Guía me enseñó fue mi antídoto contra la mediocridad. ¡Se acabaron las prisas por la mañana! Imaginad lo que puede mejorar vuestro día solo con eso. Comenzar vuestro día disfrutando de la tranquilidad que solo los primeros instantes de la mañana proporcionan. Empezar el día sintiéndoos fuertes, centrados y libres. Mi mente se volvió mucho más centrada a medida que pasaban los días. Los mejores hombres y mujeres, ya sean atletas, altos ejecutivos, arquitectos famosos o venerados chelistas, han desarrollado la habilidad de concentrarse en mejorar su habilidad durante largos períodos ininterrumpidos. Esta capacidad es uno de los factores especiales que les permiten generar resultados de tanta calidad en un mundo en el que mucha gente diluye su ancho de banda cognitivo y fragmenta su atención, aceptando bajos rendimientos y logros ordinarios y llevando unas vidas de una mediocridad decepcionante.

—Estoy totalmente de acuerdo —indicó el artista—. Es muy raro ver a alguien concentrarse en su arte durante muchas horas seguidas. El Guía tenía razón cuando dijo en su sesión que las personas adictas a sus teléfonos eran zombis cibernéticos. Yo los veo cada día. Es como si ya no fueran seres humanos. Parecen robots, pegados a sus pantallas. No están presentes, están medio vivos.

—Entiendo lo que dices —contestó el millonario—. Protegerse contra la distracción es algo muy necesario si queréis dominar en vuestro campo y cosechar el éxito en vuestro arte. Los neurocientíficos llaman «fluidez» a la cumbre de este estado mental del que hablamos, en el que nuestra percepción se eleva y nuestra apertura a las ideas originales aumenta y accedemos a un nivel completamente nuevo de procesar la energía. Y levantarse a las 5 de la mañana impulsa el estado de fluidez. Ah, y desde que empecé a levantarme antes de que comenzara el día, mientras casi todos dormían, mi creatividad también aumentó, mi energía se duplicó, mi productividad se triplicó, mi...

—¿En serio? —interrumpió la emprendedora, incapaz de contener su fascinación con la idea de que un simple cambio hacia una rutina matinal concreta pudiera reorganizar una vida por completo.

—Absolutamente. La honestidad ha sido una de mis convicciones centrales durante todos los años que llevo haciendo negocios. No hay nada que supere al hecho de irse a dormir pronto cada noche con una consciencia intacta y un corazón libre de preocupaciones. Supongo que foma parte de mi naturaleza como hijo de granjero —observó el millonario.

De repente, el teléfono de la emprendedora emitió el sonido de un mensaje urgente.

—Lo siento mucho, dije a mi equipo que no me llamara aquí, se lo dejé bastante claro. No tengo ni idea de por qué me molestan ahora —dijo bajando la mirada a la pantalla.

En mayúsculas, leyó esta escueta frase:

DEJA LA EMPRESA, O MORIRÁS.

La emprendedora comenzó a escribir torpemente en su teléfono. Después se le resbaló y se le cayó en la arena. De pronto comenzó a jadear.

—¿Qué ha pasado? —preguntó rápidamente el artista, notando que algo iba mal.

Al ver la cara pálida de su amiga y sus manos temblorosas, repitió con mayor intensidad y empatía:

—¿Qué ha pasado?

El millonario también parecía preocupado.

—¿Estás bien? ¿Quieres un poco de agua, necesitas algo?

—Acabo de recibir una amenaza de muerte. De... eh... mis... inversores. Quieren mi empresa. Están... eh... intentando echarme porque piensan que tengo demasiada participación. Me acaban de decir que si no me marcho... me matarán.

Al instante, el millonario se quitó las gafas de sol y las sostuvo en el aire haciendo un movimiento circular. Segundos después, dos hombres altos con auriculares y rifles salieron de detrás de unas palmeras y llegaron corriendo a la playa, rápidos como gacelas.

—¿Jefe, está bien? —preguntó firmemente el más alto de los dos.

—Sí —respondió el magnate seguro y tranquilo a sus guardias de seguridad—. Pero necesito que comprobéis esto inmediatamente. Quiero hacer esto por ti —dijo dirigiéndose a la emprendedora—. Puedo ayudarte a deshacerte de ellos.

Después, el millonario murmuró algo para sí. Y unas palomas pasaron volando.

—Sí, claro, me vendría bien algo de ayuda —respondió la emprendedora con la voz todavía temblorosa y gotas de sudor en las arrugas de su frente.

—Déjanoslo a nosotros —declaró el millonario. Después habló con sus hombres de seguridad, con amabilidad pero con un aire innegable de autoridad—. Parece que unos matones están acosando gravemente a mi invitada para hacerse con el control de su empresa. Por favor, averiguad qué es lo que traman exactamente y encontrad una solución —dijo, y luego se dirigió a la emprendedora de nuevo—: No te preocupes. Mis chicos son los mejores. *Esto no será un problema.* —El señor Riley pronunció esta última frase enfatizando cada palabra para darle un efecto más potente.

—Muchas gracias —respondió la emprendedora con alivio.

El artista sostenía su mano con delicadeza.

—¿Puedo continuar? —preguntó el millonario mientras el sol se elevaba en aquel glamuroso cielo tropical.

Sus huéspedes asintieron.

Un sirviente impecablemente vestido salió de una cabaña que había más arriba en la playa. Estaba pintada de verde con una franja blanca. Al momento, el ayudante sirivió el café más delicioso que el artista y la emprendedora habían probado en su vida.

—Un fantástico potenciador cognitivo si se consume con moderación cada mañana —explicó el millonario dando un sorbo—. Y está lleno de antioxidantes, así que el café también ralentiza el envejecimiento. Bueno, chavales, ¿por dónde íbamos? Os estaba hablando de los grandes beneficios que obtuve cuando me uní al Club de las 5 de la mañana e inicié la metodología matinal que me reveló el Guía. Se llama la *Fórmula 20/20/20* y, creedme, cuando aprendáis este concepto y lo apliquéis con persistencia, vuestra productividad, prosperidad, rendimiento e impacto aumentarán exponencialmente. No se me ocurre ningún otro ritual que haya contribuido a mi éxito y a mi bienestar tanto como este. Soy demasiado modesto en cuanto a lo que he conseguido en mi carrera empresarial. Siempre he pensado que la fanfarronería es el mayor defecto de carácter. Cuanto más poderosa es una persona realmente, menos necesidad tiene de proclamarlo. Y cuanto más fuerte es un líder, menos necesidad tiene de pregonarlo.

—El Guía nos habló un poco de sus logros —comentó la emprendedora, con un aspecto mucho más relajado.

—¡Y el excéntrico modo de vestir que mostró en la conferencia lo confirma totalmente! —exclamó el artista, exhibiendo una gran sonrisa que mostraba unos cuantos dientes rotos.

—Casi todo lo que he conseguido ha sido, sobre todo, gracias al hábito personal de levantarme a las 5 de la mañana. Me permitió convertirme en un pensador visionario. Me dio un espacio de reflexión para desarrollar una vida interior formidable. La disciplina me ayudó a estar excepcionalmente en forma, con todos los hermosos beneficios y las mejoras en el estilo de vida que conlleva tener una buena salud. Levantarme temprano también me convirtió en un líder asombroso. Y me ayudó a convertirme en una mejor persona. Incluso cuando el cáncer de próstata intentó arruinarme, fue mi rutina matinal lo que me aisló. De verdad. En la próxima lección profundizaré en la *Fórmula 20/20/20* para que sepáis qué hacer exactamente para obtener unos resultados increíbles desde que os levantáis. Chavales, no os vais a creer el poder y el valor de la información que está por venir. Estoy muy contento por vosotros. Bienvenidos al paraíso. Y bienvenidos al primer día de una vida mucho más rica.

La emprendedora durmió más profundamente aquella noche en Mauricio que en muchos años. A pesar de la amenaza que había recibido, la breve instrucción del millonario, el esplendor de aquel paisaje, la pureza del aire del océano y su creciente afecto por el artista le permitieron liberarse de muchas de sus preocupaciones. Y redescubrir un estado de calma que había olvidado hacía tiempo.

De pronto, exactamente a las 3:33 de la madrugada, oyó un golpe estruendoso en la puerta. Sabía que era aquella hora porque echó un vistazo al despertador de su mesita de noche de madera de la elegante casa de huéspedes que su anfitrión había preparado para ella. La emprendedora pensó que debía de ser el artista, quizá con problemas de *jet lag*, o sin sueño por la excelente y larga cena que habían disfrutado juntos. Sin preguntar quién era, abrió la puerta. No había nadie.

—¿Hola? —vociferó hacia el cielo estrellado.

Las olas rompían suavemente en la orilla junto a su casita, y la brisa transportaba el aroma de rosas, incienso y sándalo.

—¿Hay alguien ahí?

Silencio.

La emprendedora cerró la puerta con cuidado. Esta vez echó el pestillo. Antes de llegar a su cama, cubierta por sábanas de algodón egipcio y lino inglés, se oyeron tres poderosos golpes en la puerta.

—¿Sí? —gritó la emprendedora alarmada.

—Le traemos el café que ha pedido, señora —respondió una voz ronca.

La cara de la emprendedora volvía a estar llena de arrugas. Su corazón comenzó a latir con fuerza. Empezó a sentirse angustiada y se le hizo un nudo en el estómago. «¿Me están trayendo café a estas horas de la mañana? Increíble».

Volvió a la puerta de la casa de huéspedes, descorrió el pestillo y abrió la puerta, vacilante. Un hombre robusto con una calva desagradable y un ojo que parecía bizco se hallaba ante ella, sonriente. Llevaba un cortavientos rojo y pantalones vaqueros que le llegaban por debajo de las rodillas. De un cordel azul que le rodeaba el cuello colgaba una foto plastificada de la cara de una persona.

La emprendedora entrecerró los ojos para poder ver más claramente aquella cara en la oscuridad. Y cuando lo hizo, vio el rostro de un hombre mayor. A quien conocía muy bien. A quien quería mucho. A quien echaba muchísimo de menos. La imagen plastificada que estaba examinando era la de su padre fallecido.

—¿Quién es usted? —gritó aterrorizada la empresaria—. ¿De dónde ha sacado esta foto?

—Me envían sus socios. Lo sabemos todo sobre usted. Todo. Hemos recopilado todos sus datos personales. Hemos pirateado todos sus archivos. Hemos investigado toda su historia. —El hombre calvo del cortavientos se llevó la mano al cinturón y sacó una navaja que llevó a unos milímetros del fino y particularmente venoso cuello de la emprendedora—. No hay nadie que pueda protegerla ahora. Tenemos a todo un equipo dedicado a usted. No voy a hacerle daño... todavía. Esta vez es solo una advertencia, un mensaje en persona... Abandone su empresa. Ceda su participación y diga adiós. O le clavaré esta cuchilla en el cuello. Cuando menos se lo espere... Cuando crea que está a salvo. Quizá con ese pintor regordete amigo suyo...

El hombre alejó la navaja y la enfundó en su cinturón.

—Buenas noches, señora. Ha sido un placer conocerla. Sé que nos volveremos a ver pronto. —A continuación alargó la mano y dio un portazo.

La emprendedora, muy agitada, cayó de rodillas.

—Dios mío, por favor, ayúdame. ¡No puedo más! No quiero morir.

Se oyeron tres golpes más en la puerta, esta vez más suaves.

—Eh, soy yo, por favor, ábreme.

La llamada a la puerta sobresaltó enormemente a la emprendedora y la despertó el golpeteo continuó. Abrió los ojos, examinó la habitación a oscuras y se dio cuenta de que había tenido una pesadilla.

La emprendedora se levantó de la cama, avanzó por un suelo de amplios tablones de madera de roble y abrió la puerta tras reconocer la voz del artista.

—Acabo de tener un sueño de locos —dijo la emprendedora—. Un hombre horrible venía con un trozo de plástico colgando del cuello con la foto de mi padre y me amenazaba con apuñalarme si no entregaba mi empresa a los inversores.

—¿Estás mejor? —preguntó el artista con dulzura.

—Estoy bien.

—Yo también he soñado algo extraño —comentó el artista—. Y no he podido dormir de nuevo. Me he quedado pensando en muchas cosas. En la calidad de mi arte, en la profundidad de mi sistema de creencias, en mis excusas descabelladas, mi actitud cínica, mi agresividad, mi autosabotaje y mi procrastinación sin límites... Estoy analizando mis rutinas diarias y el modo en que pasaré el resto de mi vida. Oye, ¿seguro que estás bien? —preguntó el artista dándose cuenta de que estaba hablando demasiado de sí mismo y no estaba empatizando con su alarmada compañera.

—Estoy bien, mejor ahora que estás aquí.

—¿Seguro?

—Sí.

—Te echaba de menos, ¿te importa si te cuento más sobre mi sueño?

—Claro, adelante —le animó la emprendedora.

—Pues era un niño pequeño, estaba en el colegio. Y cada día, fingía ser dos cosas: un gigante y un pirata. Durante todo el día, creía tener la fuerza de un gigante y la arrogancia contestataria de un pirata. Decía a mis profesores que era esos dos personajes. Y en casa, a mis padres les decía lo mismo. Mis profesores se reían de mí y me ninguneaban, me decían que fuera más realista, que me comportara más como los otros niños y que dejara de soñar con cosas tan ridículas.

—¿Y qué te decían tus padres? ¿Eran más amables? —preguntó la emprendedora sentada en el sofá con las piernas cruzadas en una postura de yoga.

—Lo mismo que mis profesores. Me decían que no era ningún gigante. Y mucho menos un pirata. Me recordaban que era un niño pequeño y me decían que si no limitaba mi imaginación, reprimía mi creatividad y ponía fin a mis fantasías, me castigarían.

—¿Y qué pasaba?

—Que hacía lo que me decían, cedía. Asimilaba las actitudes de los adultos. Me hacía más pequeño en lugar de más grande, para ser un buen chico. Sofocaba mis esperanzas, mis dones y mis poderes, esforzándome por conformarme, como hace la mayoría de la gente cada día de sus vidas. Estoy empezando a darme cuenta ahora de lo hipnotizados que estamos, alejados de nuestro esplendor y de nuestro genio. El Guía y el millonario tienen razón.

—Sigue contándome tu sueño —exhortó la emprendedora.

—Empezaba a amoldarme al sistema. Empezaba a convertirme en un seguidor. Ya no me creía tan poderoso como un gigante ni tan bravucón como un pirata. Me mantenía en el rebaño y me volvía como todos los demás. Al final me convertía en un hombre que gastaba el dinero que no tenía, comprando cosas que no necesitaba para impresionar a gente que no me gustaba. Vaya forma más pobre de vivir.

—Yo también suelo comportarme así —admitió la emprendedora—. Estoy aprendiendo muchas cosas de mí misma, gracias a este viaje tan raro y tremendamente útil. Estoy empezando a darme cuenta de lo superficial que he sido, de lo egoísta que soy y de la cantidad de cosas buenas que tengo en la vida. Hay mucha gente en el mundo que no podría ni imaginar tener todas las ventajas que yo tengo.

—Te entiendo —dijo el artista—. En mi sueño, me convertía en contable. Me casaba y tenía una familia. Vivía en una zona residencial y tenía un buen coche. Tenía una vida bastante buena y unos cuantos amigos de verdad. Un trabajo que pagaba la hipoteca y un salario que pagaba las facturas. Pero cada día era igual que el anterior. Todo era gris. Aburrido en lugar de emocionante. Cuando me hacía mayor, mis hijos se iban de casa a vivir sus vidas. Mi cuerpo envejecía e iba perdiendo la energía. Además, en mi sueño mi mujer moría, por desgracia. Mientras me hacía todavía más viejo, empezaba a perder la vista, mi oído se iba extinguiendo y mi memoria se volvía extremadamente débil.

—Todo esto me está haciendo sentir muy triste —reveló la emprendedora con voz vulnerable.

—Y cuando envejecía del todo, me olvidaba de dónde vivía, no podía recordar mi nombre y perdía todo el conocimiento sobre quién era y cuál era mi lugar en la comunidad. Pero, alucina, empezaba a recordar quién era realmente de nuevo.

—Un gigante y un pirata, ¿verdad?

—¡Exacto! —respondió el artista—. El sueño me ha hecho entender que no puedo posponer más el momento de llevar a cabo un trabajo increíble. Que no puedo olvidarme de mejorar mi salud, mi felicidad, mi confianza y mi vida amorosa.

—¿En serio? —preguntó la emprendedora con tono melancólico.

—En serio —respondió el artista.

Después alargó las manos y la besó en la frente.

9

Un sistema para la expresión de la grandeza

> Los grandes hombres viven con lo esencial, no se quedan con lo superficial; obedecen a las realidades, no hacen ostentaciones. Descartan lo uno, mantienen lo otro.
>
> LAO TSE

—Buenas, chavales —tronó el millonario—. Llegáis justo a tiempo, como siempre. ¡Buen trabajo!

Eran las 5 de la mañana y, aunque el contorno de la luna, ya en retirada, aún permanecía en el cielo, los rayos de un nuevo amanecer saludaban a las tres personas que se hallaban de pie sobre aquella playa perfecta.

El suave perfume de la brisa del océano se arremolinó con notas de hibiscos rojos, clavos y nardos. Un cernícalo de Mauricio los sobrevoló, y una paloma rosada se paseó muy cerca de un grupo de palmeras exuberantes. Una familia de gecos pasó por su lado de camino a algún lugar importante y una tortuga gigante de Aldabra se arrastró lentamente por una orilla cubierta de hierba. Todo aquel esplendor natural elevaba la dicha y animaba el espíritu de los tres miembros del Club de las 5 de la mañana que se encontraban sobre la arena.

El millonario señaló una botella que flotaba en el océano. Cuando giró un dedo sobre sí mismo, la botella se arremolinó con él. Pronto, aquel recipiente alcanzó la arena mojada y vieron que llevaba un retazo de seda en el interior. Imaginad lo misterioso que pareció todo aquello.

—Un mensaje en una botella —declaró felizmente el millonario. Comenzó a dar palmadas como un chiquillo. Desde luego, era un personaje maravilloso y fuera de lo común—. Esto me va muy bien para establecer el tono de mi sesión de formación de esta mañana —añadió.

El magnate industrial levantó la botella, desenroscó el tapón y extrajo el tejido, que tenía el siguiente esquema bordado:

LA FÓRMULA DEL ÉXITO EN 3 PASOS

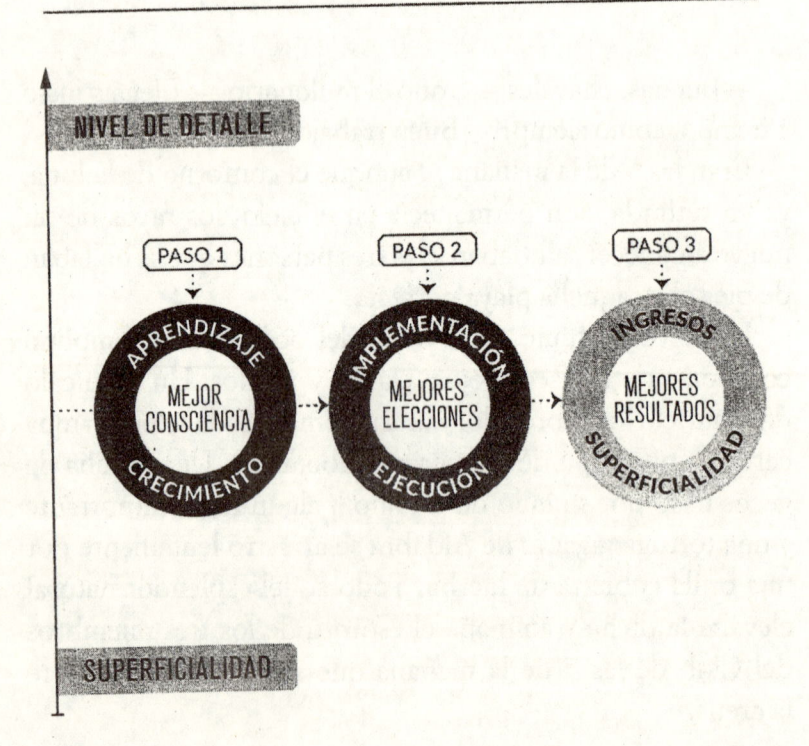

NIVEL DE DETALLE

PASO 1
APRENDIZAJE
MEJOR CONSCIENCIA
CRECIMIENTO

PASO 2
IMPLEMENTACIÓN
MEJORES ELECCIONES
EJECUCIÓN

PASO 3
INGRESOS
MEJORES RESULTADOS
SUPERFICIALIDAD

SUPERFICIALIDAD

—Este es uno de los modelos de enseñanza más sencillos y más brutal que el Guía compartió conmigo cuando empezó a asesorarme de joven —explicó el millonario—. Además, aporta el contexto para todas las enseñanzas que vienen a continuación. Así que quiero que cada uno de vosotros lo comprenda bien. A primera vista parece un modelo muy básico, pero a medida que lo vayáis integrando, veréis lo profundo que es.

Entonces el señor Riley cerró los ojos, se tapó los oídos y recitó estas palabras:

> *El principio de la transformación es el aumento de la percepción. Cuanto más ves, más puedes materializar. Y cuanto más sabes, más puedes conseguir. Las mujeres y los hombres geniales del mundo —los responsables de las sinfonías mágicas, los movimientos hermosos, los avances de la ciencia y el progreso de la tecnología— comenzaron rediseñando su modo de pensar y reinventando su consciencia. De este modo, entraron en un universo secreto que la mayoría no podía percibir. Y esto, a su vez, les permitió tomar las decisiones diarias que pocos toman. Y estas decisiones les permitieron obtener los resultados diarios que pocos logran.*

El magnate volvió a abrir los ojos. Se llevó el dedo índice a los labios, como absorto por una visión poderosa. Mirando fijamente al esquema bordado en la seda, continuó:

—Todos los héroes, ases e ídolos tienen un rasgo personal que las personas mediocres no muestran, ¿sabéis?

—¿Cuál es? —preguntó el artista ridículamente vestido con una camiseta sin mangas y un traje de baño Speedo.

—El rigor —respondió el millonario—. Las mejores personas del mundo tienen profundidad. Los que pertenecen a la mayoría suelen quedarse atrapados en una mentalidad superficial en su trabajo. Toda su aproximación es demasiado ligera. No se preparan realmente. Dedican muy poco a la contemplación y a la determinación de una visión superior del resultado deseado, así como a considerar con paciencia la secuencia de pasos que les conducirá a unos resultados magníficos. El 95 % de la gente no invierte una atención meticulosa al menor de los detalles y no es capaz de refinar el más pequeño de los acabados como hacen los grandes maestros. La verdad es que la mayoría de la gente escoge el camino menos doloroso. Conseguir lo necesario para hacer las cosas rápido y por los pelos. *Hacen las cosas automáticamente, sin pensar en lugar de generar un cambio por ellos mismos.* La minoría de los triunfadores que tienen una creatividad excepcional actúa en base a una filosofía completamente distinta.

—¿Qué filosofía es esa? —preguntó el artista intrigado.

—Aplican una mentalidad que se centra en el nivel de detalle en lugar de en el superficial. Han codificado la profundidad como un valor vital y basan su existencia en una profunda insistencia en la grandeza en todo lo que hacen. Los excepcionalistas son completamente conscientes de que su rendimiento creativo representa su reputación, ya sean albañiles o panaderos, directores generales o ganaderos, astronautas o cajeros. Los mejores en cada campo comprenden que cualquier trabajo que hagan lleva impreso la firma de su buen nombre. Y saben que el hecho de que la gente hable bien de ellos no tiene precio.

El millonario frotó la botella. Después la sostuvo en alto y contempló los últimos destellos de la luna que desaparecía a través del cristal antes de reanudar su discurso.

—Pero no basta con la aprobación de la sociedad —indicó el magnate—. El nivel del trabajo que ofrecéis al mundo refleja la potencia del respeto por vosotros mismos. Quienes cuentan con una profunda autoestima no se atreverían siquiera a presentar algo mediocre. Se verían demasiado mermados. Si queréis liderar en vuestro campo, os debéis convertir en ejecutores y en personas de profundidad —reafirmó el señor Riley—. Comprometeos a ser personas insólitas en lugar de seguir siendo uno de esos seres tímidos que se comportan como los demás y viven una vida descuidada en lugar de una vida magnífica, una vida vulgar en lugar de una vida original.

—Qué profundo —aportó el artista, mostrando un gran entusiasmo mientras se quitaba su camiseta sin mangas para que le diera un poco el sol.

—En su trabajo, los maestros de la perfección son extraordinariamente detallistas. Piensan atentamente en lo que hacen. Mantienen el más alto nivel de trabajo y sudan con el menor de los trazos, como hizo el maestro Gian Lorenzo Bernini cuando trabajaba en su Fuente de los Cuatro Ríos, una obra maestra que se levanta majestuosamente en el centro de la Plaza Navona de Roma. Estos creadores son meticulosos y trabajan prácticamente sin fallos. Y, por muy obvio que pueda parecer, se lo toman muy, pero que muy en serio.

—Pero hoy en día la gente tiene muchas cosas que hacer —le interrumpió la emprendedora—. Esto no es el siglo XVII. Tengo la bandeja de entrada llena, la agenda colapsada, casi todos los días tengo una reunión tras otra, negociaciones que hacer... Tengo la sensación de que nunca puedo llegar a todo lo que tengo que hacer. Aspirar a la perfección no es nada fácil.

—Te comprendo —respondió el millonario con amabilidad—. Menos es más, ¿sabes? Quizá intentas hacer demasiado. Los genios son conscientes de que lo más inteligente es crear una obra maestra en lugar de miles de obras normales y corrientes. Una de las razones por las que me encanta mantener el contacto con las bellas artes es que me contagio de los sistemas de creencias, de la inspiración emocional y de la forma de trabajar de esos grandes virtuosos. Y puedo deciros con absoluta certeza que estos trabajadores épicos habitaron un universo enteramente distinto del que la mayoría de la gente de los negocios y de la sociedad habita hoy en día, como ya os he dicho.

En aquel preciso instante, una mariposa de colores brillantes se posó sobre la punta de la oreja izquierda de Stone Riley. Él sonrió y dijo:

—Hola, amiguita, me alegro de volver a verte —y el magnate añadió—: Cuando analizas el modo en que las superestrellas, los virtuosos y los genios lograron el éxito, te das cuenta de que fue su elevada consciencia para detectar las oportunidades diarias de grandeza lo que les inspiró para tomar las mejores decisiones a diario que les aportaron los mejores resultados.

El señor Riley señaló el modelo de aprendizaje.

—Ese es el poder del aprendizaje autónomo —continuó—. A medida que vayáis tomando consciencia de las nuevas ideas, creceréis como productores y como personas. A medida que elevéis vuestro desarrollo personal y profesional, el nivel al que implementáis y ejecutáis vuestras mayores ambiciones aumentará. Y, por supuesto, vuestra habilidad para hacer realidad vuestros sueños y visiones se incrementará y seréis recompensados con mayores ingresos y con un impacto más alto —dijo el magnate señalando con el dedo el paso tres del diagrama—. Es por eso que acceder a esta formación conmigo fue una decisión muy inteligente. Y este esquema está diseñado para enseñaros esto. —El millonario se rascó sus perfectos abdominales e inhaló profundamente la brisa del océano—. Y debido al modo en que las personas más notables veían el mundo, a su comportamiento en sus oficios y a que vivieron sus vidas de un modo tan distinto al de las masas, les llamaron chiflados. Inadaptados, raros. ¡Y no lo eran! —exclamó el millonario eufórico—. Lo que pasa es que jugaban a un nivel mucho más alto: en la cumbre. Ellos aplicaban rigor a lo que hacían. Pasaban semanas, meses y en ocasiones años consiguiendo unos acabados perfectos. Se obligaban a continuar trabajando cuando se sentían solos, asustados o aburridos. Persistían en transmitir sus heroicas ideas a la realidad diaria cuando se sentían incomprendidos, ridiculizados o incluso atacados. Dios, cómo admiro a los grandes genios del mundo, de verdad.

—«Cuanto más se desvíe una sociedad de la verdad, más odiará a aquellos que la proclaman» —añadió escuetamente el artista.

La emprendedora lo miró mientras comenzaba a juguetear con una de sus pulseras.

—Eso lo dijo George Orwell —explicó él—. «Siempre que crees belleza a tu alrededor, estás honrando tu propia alma» —añadió el artista—. Y eso lo dijo Alice Walker.

—Los maestros producen de un modo que los trabajadores ordinarios categorizarían como «obsesivo» —expuso el empresario—, pero lo extraordinario es que lo que el 95 % de los trabajadores llaman «comportamiento quisquilloso» acerca de un proyecto importante, la élite del 5 % de los creadores saben que no es más que el precio de la admisión en la élite mundial. Tomad, echad otro vistazo al modelo para poder comprenderlo de una forma más precisa —les indicó el millonario tocando el diagrama del pedazo de seda—. La mayoría de las personas del planeta hoy en día está atrapada en la superficialidad —confirmó—. En una concepción superficial de su poder para crecer. Una familiaridad superficial con las posibilidades de su potencial. Un conocimiento superficial de la neurobiología de la perfección, de las rutinas diarias de los constructores del mundo y de las ambicionesque desean priorizar el resto de sus vidas. La mayoría está atascada en un pensamiento difuso e impreciso. Y un pensamiento borroso y vago ofrece unos resultados confusos y ambiguos.

»Un rápido ejemplo: pide a una persona normal que te indique cómo llegar a algún lugar, y la mayor parte de las veces descubrirás que sus indicaciones no quedan claras. Eso sucede porque no piensan con claridad —afirmó el millonario tomando un palo de la playa y señalando con él la expresión «nivel de detalle» del esquema—. Los triunfadores legendarios son muy distintos. Ellos entienden que un nivel *amateur* de consciencia nunca les aportará unos resultados profesionales del más alto nivel. Otro ejemplo que espero que os ayude a entender mejor esta idea tan importante. Soy un gran aficionado a las carreras de Fórmula 1. Hace poco me invitaron a los boxes de mi equipo favorito. Su atención por el más mínimo detalle, su dedicación para mostrar una excelencia superior y su deseo de hacer lo imposible para hacer bien las cosas no solo me parecieron acertadas, sino también tremendamente inspiradoras. De nuevo, a una persona ordinaria, la sola idea de tener que prestar una atención obsesiva al menor de los detalles y de la importancia de una aproximación ridículamente rigurosa en sus vidas profesionales y privadas le parece extraña. En cambio, aquel equipo de Fórmula 1... La calibración precisa del coche de carreras, la velocidad endiablada durante las paradas en boxes y hasta la forma de limpiar los boxes con sus aspiradoras industriales cuando el coche salía corriendo con un bramido, sin dejar ni rastro de suciedad en ningún rincón me parecieron fantásticas. A eso me refiero. La élite del 5 % trabaja grano a grano, con un gran nivel de detalle en lugar de aplicar una mentalidad superficial a sus actitudes, sus comportamientos y sus actividades del día a día.

—¿De verdad son tan meticulosos a la hora de limpiar la suciedad de los boxes cuando los coches se van? —interrogó el artista fascinado.

—Pues sí —observó el millonario—. Barrieron y aspiraron toda el área. Y cuando les pregunté por qué, me dijeron que el solo hecho de que se colara una mota de polvo en el motor del vehículo podría costarles una victoria. O incluso peor: podría costar una vida. De hecho, el más mínimo fallo de uno solo de los miembros del equipo podría provocar una tragedia. Un tornillo suelto por culpa de un miembro poco concentrado podría suponer un desastre. Un elemento de la lista ignorado por un mecánico distraído podría provocar una catástrofe. Y que uno de los miembros se despistara mirando el teléfono antes de la parada en boxes y olvidara tomar una medición, también podría costar la victoria.

—Empiezo a estar de acuerdo en que ese enfoque del que habla es importante —admitió la emprendedora—. Muy pocos empresarios y miembros de otros ámbitos, como el arte, la ciencia y los deportes piensan o se comportan así. Supongo que yo antes era normal. Desarrollaba una mayor consciencia sobre las cosas que hacemos y tenía un enfoque meticuloso para hacer un trabajo perfecto. Refinaba los detalles y me esforzaba. Producía con precisión en lugar de ser poco profesional y descuidada; prometía poco y cumplía mucho; sentía un orgullo inmenso por nuestra creación. Profundizaba e interiorizaba, por utilizar sus palabras, el nivel de detalle en lugar de la superficialidad.

—Es necesario dar todo el crédito a quien le corresponde —dijo el millonario humildemente—. Este modo de hablar y este modelo me los enseñó el Guía. Pero sí. Las pequeñas cosas importan cuando se trata de alcanzar la perfección. En algún lugar leí que el desastre del transbordador espacial Challenger, que rompió el corazón de tanta gente, fue provocado por el fallo de una sola junta tórica que algunos expertos han valorado en setenta céntimos. La horrible pérdida de aquellas vidas fue provocada por un fallo de lo que parecía ser un detalle insignificante.

—Todo esto me recuerda al genio Johannes Vermeer —comentó el artista—. Era un pintor que perseguía un trabajo de la más alta calidad. Experimentó con distintas técnicas que le permitieran que la luz natural cayera de un modo que sus obras parecieran tridimensionales. Creó obras de una gran profundidad. De un enorme atractivo en cada trazo y de un gran refinamiento en cada movimiento. Así que yo también estoy de acuerdo: los artistas corrientes tienen una manera de pintar muy ligera, básica e impaciente. Se preocupan más por el dinero que por la creación. Centran su atención en la fama, no en el refinamiento. Me imagino que, por culpa de eso, nunca llegan a adquirir plena consciencia ni la agudeza que les ayudará a tomar decisiones correctas para poder obtener mejores resultados y convertirse en leyendas en sus ámbitos. Empiezo a entender lo poderoso que es este modelo tan sencillo.

—Adoro la *Mujer leyendo una carta* de Vermeer y, por supuesto, *La joven de la perla* —dijo el millonario, confirmando su gusto por las bellas artes.

—Me encanta la información que está compartiendo con nosotros —observó la emprendedora con los ojos muy abiertos, y a continuación estrechó la mano del artista. El señor Riley guiñó un ojo.

—Sabía que iba a pasar esto —murmuró, visiblemente feliz de ver aquella creciente conexión romántica. Cerró los ojos de nuevo. La mariposa seguía posada en la oreja del excéntrico magnate. Mientras esta batía sus exóticas y coloridas alas, el señor Riley pronunció estas palabras del gran poeta Rumi:

> *Arriésgalo todo por amor, si verdaderamente eres un ser humano. Si no, márchate de esta reunión. Las medias tintas no alcanzan la majestuosidad.*

—¿Puedo hacerle una pregunta? —solicitó la emprendedora.

—Por supuesto —respondió el magnate.

—¿Cómo se aplica la filosofía del rigor y el nivel de detalle a las relaciones personales?

—No muy bien —respondió cándidamente el mentor luciendo su torso desnudo—. El Guía me enseñó un concepto llamado «El lado oscuro del genio». Básicamente, la idea es que cada talento humano tiene un lado negativo. Y la propia cualidad que te hace especial en un área es la misma que te hace un inadaptado en otra. La realidad es que muchos de los grandes virtuosos del mundo tuvieron unas vidas privadas bastante turbias. Su propio don de ver lo que pocos veían, de mantenerse en el nivel más alto posible, de saber disfrutar del tiempo en soledad trabajando como monomaníacos, prestando atención a cada detalle en sus proyectos, con esfuerzos implacables por acabar sus obras, actuando con una autodisciplina insólita, escuchando a sus corazones e ignorando a sus críticos, dificultaba sus relaciones personales. Fueron incomprendidos y vistos como personas «complicadas», «diferentes», «rígidas» y «desequilibradas».

Entonces, el millonario comenzó a hacer más flexiones a un ritmo frenético. A continuación, dirigiendo su mirada hacia una paloma blanca que sobrevolaba el tejado de su casa de la playa, hizo veinte sentadillas. Después continuó.

—Y es cierto que muchas de esas leyendas de la creatividad, la productividad y el rendimiento de primera calidad estaban desequilibrados —declaró el magnate—. Eran perfeccionistas, inconformistas y fanáticos. Ese es el lado oscuro del genio. Lo que te hace ser increíble en tu oficio puede destruir tu vida doméstica. Esa es la verdad, chavales —observó el millonario dando un sorbo a una botella de agua con algo escrito en letra muy pequeña. Si se miraba de cerca y con atención, se podía leer lo siguiente en ella:

Filipo de Macedonia en un mensaje a Esparta: «Rendíos sin más demora, ya que si invado vuestra tierra, destruiré vuestras granjas, mataré a vuestra gente y arrasaré vuestra ciudad».
Respuesta de Esparta: «Si...».

—¡Pero el hecho de que vuestros talentos tengan una contrapartida no significa que no debáis expresarlos! —explicó el millonario enérgicamente—. Basta con que os deis cuenta de los problemas que os pueden ocasionar en vuestra vida personal y después gestionéis esas trampas. Y esto me lleva maravillosamente de vuelta al modelo de aprendizaje de esta mañana, que sienta realmente las bases de todo lo que aprenderéis sobre el valor transformador del Club de las 5 de la mañana y de cómo consolidarlo como un hábito duradero.

El magnate se inclinó hasta el suelo, recogió un palo desgastado por el mar y con él tocó el retal de seda.

—Por favor, recordad siempre la máxima principal en la que se basa este sistema de crecimiento personal: si mejoráis vuestra consciencia diaria, podéis tomar mejores decisiones cada día, y con mejores decisiones diarias empezaréis a obtener mejores resultados regularmente. El Guía llama a esto la *Fórmula del éxito en 3 pasos*. Veréis, si tenéis una mejor consciencia sobre vuestra habilidad natural de lograr grandes cosas, por ejemplo, o sobre cómo el hecho de adoptar el Método de las 5 de la mañana en vuestra rutina matinal aumentará vuestra productividad, lograréis elevaros por encima de la comunidad de la superficialidad que domina actualmente el planeta y entraréis en la sociedad del nivel de detalle. Este nivel superior de información y consciencia mejorará vuestras decisiones diarias. Y, lógicamente, una vez que toméis las decisiones correctas a diario, aceleraréis enormemente vuestro liderazgo, vuestra realización y vuestro impacto. Porque son vuestras decisiones lo que os permite obtener resultados.

»En una de nuestras sesiones de asesoramiento —continuó el millonario—, el Guía y yo nos reunimos en Lucerna, Suiza. Es una ciudad muy hermosa situada junto a un lago magnífico rodeado de impresionantes montañas. Un lugar de cuento. En fin, una mañana el Guía pidió un recipiente con agua caliente y unas rodajas de limón para poder disfrutar de su té con limón que suele tomar por las mañanas. Y esto fue lo que pasó...

—Qué intriga —interrumpió el artista rascándose un brazo con un tatuaje dibujado alrededor de una cita de Andy Warhol que decía: «Nunca pienso que la gente muere, solo van a grandes almacenes».

—Llegó la bandeja —prosiguió el millonario—, una vajilla de plata perfecta, porcelana china excelente, todo colocado en estricto orden. Y fijaos: la persona que cortó el limón en la cocina demostró un rigor enorme propio de un gran virtuosismo, y decidió dar incluso un paso más, quitando las semillas de las rodajas. Asombroso, ¿verdad?

El millonario empezó a hacer aquel mismo baile estrafalario que había hecho en el centro de conferencias. Después se detuvo. La emprendedora y el artista se quedaron boquiabiertos.

—Eso supone un nivel de cuidado y de atención por el detalle muy poco frecuente en un mundo tan superficial lleno de trabajadores estancados en la apatía —dijo la emprendedora, haciendo esfuerzos por que la danza del magnate no la distrajera.

—El Guía llama a este fenómeno que actualmente se extiende en el mundo del comercio «la desprofesionalización empresarial colectiva» —señaló el millonario—. La gente que debería estar trabajando, deleitando a los clientes, mostrando unas habilidades extraordinarias, aportando un valor superior a sus organizaciones para alcanzar el éxito propio y de sus empresas pasa el tiempo viendo vídeos estúpidos en el teléfono, comprando zapatos en Internet o mirando las redes sociales. Nunca había visto a la gente tan desconectada en el trabajo, tan ida y tan agotada. Y nunca había visto a la gente cometer tantos errores.

El millonario señaló de nuevo la *Fórmula del éxito en 3 pasos* con el palo torcido.

—Aquellas rodajas de limón sin semillas son una hermosa metáfora para animaros a trabajar en un cambio uniforme, para que trabajéis con un gran nivel de detalle en lugar de hacerlo de un modo superficial. Un auténtico rigor en vuestro planteamiento no solo sobre lo que hacéis en el trabajo, sino también sobre cómo actuáis en vuestra vida privada. Una profundidad verdadera, ya que esto remite a vuestra forma de pensar, comportaros y cumplir con vuestro cometido. Un perfeccionismo sano, y una firme búsqueda para ser la mejor versión de vosotros mismos; todo eso es lo que os ofrezco a los dos en esta playa asombrosa. Esto os dará lo que el Guía llama una VCG, una «Ventaja Competitiva Gigantesca». Nunca ha sido tan fácil como ahora manejar el cotarro en los negocios, porque muy pocos competidores invierten los medios necesarios para dominar en su sector. La perfección es una rareza, y la gente que opera al nivel más alto es muy escasa. ¡Así que el triunfo está asegurado! Si sois capaces de estar ahí tal y como yo os animo a hacer. Una cosa importante a tener en cuenta: Hay una gran competitividad en el nivel ordinario, pero no hay casi ninguna en el nivel extraordinario. Nunca antes se ha dado una oportunidad como esta de volveros líderes inigualables, porque muy pocos trabajan por ser los mejores en este momento de tan poca concentración, de mermados valores y de una fe deteriorada en nosotros mismos, pese al poder primitivo que albergamos en nuestro interior. ¿Con cuánta frecuencia os encontráis en una tienda o en un restaurante con gente con plena presencia, asombrosamente educada, entendida, llena de entusiasmo, trabajadora, imaginativa, ingeniosa y sobresaliente en su trabajo? Casi nunca, ¿verdad?

—Exacto —reconoció la emprendedora—. Tendría que entrevistar a miles de personas para encontrar a una persona así.

—¡Pues por eso, chavales, tenéis una VCG! —exclamó el millonario—. Podéis dominar bastante bien vuestros campos porque hay muy poca gente así ahora mismo. Elevad vuestro compromiso. Ampliad vuestro nivel de calidad. Y, a continuación, poneos manos a la obra para incorporar esto como vuestro modo de actuar por defecto. Y esto sí que es importante: tenéis que perfeccionarlo diariamente. La constancia es realmente el ADN de la perfección. Y los pequeños cambios, por insignificantes que parezcan, a la larga dan resultados espectaculares. Recordad que las mayores empresas y las vidas maravillosas no se producen mediante una revolución repentina. En absoluto. Surgen gracias a una evolución paulatina. Pequeñas victorias y repeticiones diarias se van apilando y, a largo plazo, aportan resultados excelentes. Pero, hoy en día, pocos tenemos la paciencia necesaria para persistir en esta carrera de fondo. Y, como consecuencia, muy pocos logran convertirse jamás en leyendas.

—Toda esta información es fantástica, y muy valiosa para mi proceso artístico —respondió agradecido el artista volviendo a ponerse la camiseta.

—Me alegra oír eso —reconoció el millonario—. Mirad, sé que estáis asimilando demasiados conocimientos en muy poco tiempo. Entiendo que levantaros temprano es una nueva costumbre que estáis adquiriendo y que todo lo que acabáis de oír acerca de perseguir la grandeza, dejar atrás a las masas, renunciar a la mediocridad y a lo ordinario puede pareceros abrumador. Así que, por favor, respirad y relajaos. El excepcionalismo es una travesía. El virtuosismo es un viaje. Roma no se construyó en un día, ¿cierto?

—Cierto —asintió el artista.

—Totalmente —confirmó la emprendedora.

—Y también imagino que alcanzar los tramos más puros de vuestras fortalezas superiores y los más soberanos talentos humanos es un proceso incómodo e imponente. Yo he pasado por eso y las recompensas que os esperan si os esforzáis por aprender el Método de las 5 de la mañana valen más la pena que cualquier cantidad de dinero, fama y poder mundial que podáis llegar a tener. Y lo que os he enseñado hoy es un componente del sistema necesario para despertarse antes del amanecer y prepararse para ser triunfadores de élite y seres humanos llenos de luz en el que profundizaremos mucho más durante nuestras próximas sesiones. En definitiva, chavales, lo que quería deciros antes de dejaros en paz por hoy para que podáis divertiros un poco, es que aunque el crecimiento como productor y como persona puede ser duro, también es la obra más excelsa que pueda llevar a cabo jamás una persona. Recordad bien que cuanto más rápido lata vuestro corazón, más vivos estáis. Y que cuanto más alto gritan nuestros miedos, más despiertos estamos.

—Así que lo que tenemos que hacer es seguir adelante, ¿verdad? —confirmó la emprendedora mientras una agradable brisa del océano se mezclaba con su cabello castaño.

—Por supuesto —dijo el magnate—. Todas las sombras de la inseguridad se diluyen en el cálido resplandor de la persistencia.

»Vale, os daré otro ejemplo sobre cómo adoptar un planteamiento riguroso en vuestra vida profesional y familiar y obtener una VCG gracias a una actitud enfocada al detalle en proyectos importantes, en habilidades esenciales y durante actividades significativas. Después de eso, me encantaría que os fuerais a nadar, bucear y tomar el sol. ¡Estoy deseando que veáis la comida espectacular que ha preparado mi equipo para vosotros! Tengo que ir a Port Louis a una reunión, pero espero que os sintáis como en casa. Bueno...

El señor Riley se detuvo un momento, se agachó y se tocó los dedos del pie cuatro veces mientras murmuraba el siguiente mantra: «Hoy es un día glorioso y lo viviré con excelencia, con un entusiasmo inagotable y con integridad sin límites, fiel a mis visiones y con el corazón lleno de amor».

—Recuerdo haber leído un artículo —continuó el millonario—, en el que preguntaban al director general de Moncler, la empresa de moda italiana, cuál era su plato favorito. Él respondía que eran los *spaghetti al pomodoro*. Después añadía que, aunque este plato parecía tremendamente sencillo de preparar (solamente lleva pasta, tomates frescos, aceite de oliva y albahaca), el ejecutivo señalaba que conseguir el «equilibrio» correcto requería una experiencia singular y una destreza fuera de lo común. Esa es una palabra importante para nosotros tres si queremos mantener nuestra mente a tope mientras reforzamos nuestra máxima entrega, elevamos nuestro rendimiento y aceleramos nuestra contribución al mundo: «equilibrio». El nivel de detalle y el ascenso a la órbita de nuestro genio interior, y de una vida mágica, consiste en adoptar una actitud excelente y refinar el menor de los detalles.

El excéntrico magnate se metió el retazo de seda de la botella en un bolsillo. Y desapareció.

10

Los cuatro enfoques de los triunfadores

> La vida que nos es dada es, por naturaleza, breve, pero la memoria de una vida bien vivida es eterna.
>
> CICERÓN

El sol apenas comenzaba a elevarse mientras la emprendedora y el artista caminaban junto al mar para encontrarse con en el millonario en el punto acordado, para su clase de la mañana siguiente.

Cuando llegaron, el señor Riley ya estaba allí, sentado en la arena, con los ojos cerrados y en profunda meditación.

No llevaba puesta la camisa; solo vestía unos pantalones de camuflaje, similares a los que llevaba el Guía el día que apareció en la playa, y calzaba unos escarpines de neopreno, decorados con emoticonos de caritas sonrientes dispersos aquí y allá. Su aspecto, desde luego, resultaba francamente divertido.

Un asistente salió apresuradamente de la casa del millonario en el momento en el que este elevaba enérgicamente una mano al cielo, haciendo el universal signo de victoria con los dedos.

Extrajo tres hojas impresas y se las entregó al magnate. Stone Riley apenas esbozó un leve gesto de agradecimiento.

Eran exactamente las 5 de la mañana.

El millonario agarró una pequeña concha y la lanzó al mar. Parecía que había algo profundo en su mente esa mañana. Atrás quedaban la despreocupación, las bromas festivas y los numeritos desmañados.

—¿Está bien? —preguntó la emprendedora, poniendo su mano sobre una pulsera en la que se leía la inscripción «Manos a la obra. Levántate y actúa. Ya dormiremos cuando estemos muertos».

El magnate leyó esas palabras en el brazalete y puso un dedo en sus labios.

—¿Quién os llorará cuando estéis muertos? —preguntó.

—¿Qué? —exclamó sorprendido el artista.

—¿Qué pensarán aquellos que os conocen sobre el modo en el que habéis vivido la vida cuando ya no estés aquí? —formulaba la pregunta con ademán de actor experimentado—. Vivís como si tuvierais que vivir para siempre, sin que vuestra fragilidad os despierte. No observáis el tiempo que ha pasado, y así abusáis de él como de un caudal colmado y abundante, siendo un hecho cierto que el día que tenéis determinado por alguna persona o para realizar alguna acción sea el último de vuestra vida.

—¿Esas ideas son suyas? ¡Qué buenas! —exclamó admirado el artista.

El millonario respondió algo azorado:

—¡Qué más quisiera yo! No, son palabras del filósofo estoico Séneca; de su tratado *De la brevedad de la vida*.

—¿Y por qué tenemos que hablar sobre la muerte en un día tan bonito como hoy? —preguntó la emprendedora, en apariencia algo molesta.

—Porque todos los que estamos vivos desearíamos tener más tiempo, aunque desperdiciamos el tiempo que tenemos.

Pensar en la muerte ayuda a focalizar con mayor exactitud aquello que realmente importa. Es importante dejar de permitir que las distracciones digitales, las diversiones informáticas y las interacciones en línea continúen robándonos las irremplazables horas que deberíamos dedicar a esa bendición llamada vida. No podréis vivir los días ya pasados, ¿sabéis? —concluyó el millonario en tono amable pero firme—. Tras una reunión en la ciudad, ayer volví a leer *Momentos perfectos*. Este libro cuenta la verdadera historia de Eugene O'Kelly, un poderoso director ejecutivo, a quien el médico le anunció que solo le quedaban pocos meses de vida cuando le detectó tres tumores cerebrales.

—¿Y qué fue lo que hizo? —preguntó el artista en voz baja.

—Pues organizó sus últimos días con la misma dedicación y el mismo orden que había aplicado a su vida en el ámbito de los negocios. O' Kelly procuró compensar los conciertos y celebraciones escolares de sus hijos que se había perdido, las salidas y reuniones familiares a las que había renunciado y el contacto con viejas amistades que ya casi había olvidado. En un momento del libro cuenta que cierto día le pidió a un amigo con el que le gustaba dar paseos por el campo que le acompañara. «Esa fue, en cierto modo, la última vez que darían ese placentero paseo juntos, pero también la primera».

—¡Qué triste! —fue el lacónico comentario de la emprendedora, mientras volvía a juguetear nerviosamente con su pulsera. Las arrugas de preocupación reaparecieron en su rostro en toda su dimensión.

—Anoche vi *La escafandra y la mariposa,* una de mis películas favoritas —continuó el millonario—. Trata sobre una historia real, la de un hombre que se podía considerar que estaba en lo más alto de su vida profesional, el editor jefe de la edición francesa de la revista *Elle*. Cuando parecía tenerlo todo, Jean-Dominique Bauby sufrió un ictus, que le lo dejó inmóvil: no podía mover ninguno de los músculos de su cuerpo, con excepción del párpado izquierdo. Sufría lo que se conoce como «síndrome de enclaustramiento», también llamado «pseudocoma». Su mente continuaba funcionando perfectamente, pero era como si su cuerpo estuviera encerrado en la escafandra de un traje de buzo, totalmente paralizado.

—¡Qué triste! —dijo también el artista, como si fuera el eco de su compañera.

—Pero aún hay más —añadió el señor Riley—. Los terapeutas que se encargaban de su recuperación le enseñaron un método de comunicación llamado «alfabeto silencioso», que le permitía formar las letras de las palabras parpadeando. Con ayuda de los terapeutas, con este sistema pudo escribir un libro sobre su experiencia y sobre el significado esencial de la vida. Tuvo que parpadear doscientas mil veces, pero consiguió terminar el libro.

—Visto eso, la verdad es que no puedo quejarme de nada —dijo la emprendedora en voz baja.

—Murió poco después de que el libro fuera publicado —continuó el millonario—. Pero la conclusión a la que quiero llegar con todo esto es que la vida es algo muy, muy frágil. Hay personas que hoy mismo se levantarán, se darán una ducha, se vestirán, tomarán una taza de café con el desayuno y morirán atropelladas o en un accidente de tráfico de camino a la oficina. Son cosas que suceden en la vida. Así que mi consejo para dos personas especiales como vosotros es que no pospongáis todo aquello que debáis hacer para expresar vuestra genialidad y vuestro talento naturales. Vivid una vida que sintáis que es auténtica para vosotros y prestad atención a los pequeños milagros que os ofrece cada día.

—Te entiendo —dijo el artista mientras estiraba de una de sus rastas y jugueteaba nerviosamente con el sombrero Panamá que había escogido para la sesión de esa mañana.

—Yo también —afirmó la emprendedora con un tono algo sombrío.

—Debes disfrutar de cada sándwich —añadió el artista.

—¡Exacto! Excelente observación —apuntó el magnate.

—No es mía —replicó con modestia el artista—. Son palabras del cantante y compositor Warren Zevon. Las dijo poco después de saber que padecía una enfermedad terminal.

—Mostrad gratitud por cada instante de vuestras vidas. No debéis ser tímidos con respecto a vuestras ambiciones. Dejad de perder el tiempo o de dedicarlo a trivialidades sin sentido. Vuestra prioridad debe ser aprovechar la creatividad, ese fuego y ese potencial que están latentes dentro de cada uno. Es muy importante hacerlo. ¿Por qué pensáis que Platón nos anima a «conocernos a nosotros mismos»? El filósofo comprendió en lo más íntimo de su saber que contamos con abundantes reservas de capacidades a las que, sin ninguna duda, es necesario acceder, para a continuación aplicarlas, con el objetivo de vivir una vida plena de energía, alegría, paz y significado. Si desatendemos esta fuerza oculta que hay en nuestro interior, creamos un campo de cultivo para el dolor inherente al potencial infrautilizado, la frustración propia de una audacia y una iniciativa no explotadas y el desencanto vinculado a la falta de exploración de los propios conocimientos y capacidades.

Un hombre que practicaba *kitesurf* se deslizó frente a ellos y un banco de peces candil surcó unas aguas tan limpias como la conciencia de Abraham Lincoln.

—Bien. Creo que ha llegado el momento de que, en este bello escenario, os hable de lo que desearía que tratáramos esta mañana. Observad con atención la hoja que os he dado —dijo el millonario.

Este es el modelo de aprendizaje que les entregó a los dos estudiantes:

LOS CUATRO ENFOQUES DE LOS TRIUNFADORES

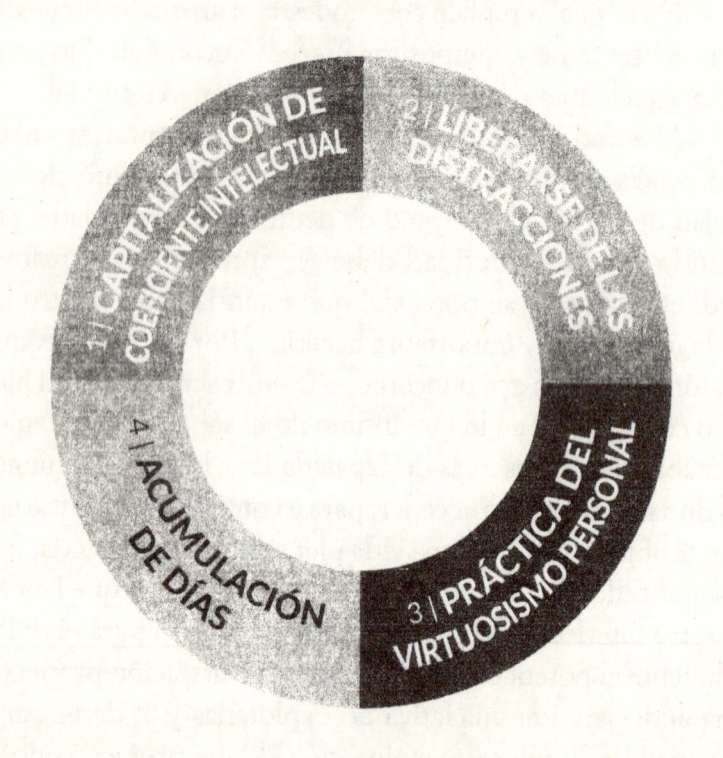

1 | CAPITALIZACIÓN DE COEFICIENTE INTELECTUAL
2 | LIBERARSE DE LAS DISTRACCIONES
3 | PRÁCTICA DEL VIRTUOSISMO PERSONAL
4 | ACUMULACIÓN DE DÍAS

**Enfoque número 1:
Capitalización de coeficiente intelectual**

El magnate expuso el concepto de capitalización desarrollado por James Flynn. La idea más valiosa de este eminente psicólogo fue que una persona no se hace legendaria por su talento natural innato, sino por su capacidad de materializarlo y capitalizarlo al máximo.

—Muchos de los mejores deportistas del mundo —observó el señor Riley— tienen menos capacidad innata que aquellos con los que compiten. Pero son su dedicación, su compromiso y su tenacidad para optimizar cualquiera de sus potencialidades lo que los convierten en iconos.

»Es la vieja idea expresada por Mark Twain: "No es el tamaño del perro en la lucha, es el tamaño de la lucha en el perro" —afirmó el millonario mientras se frotaba sus esculpidos abdominales distraído y se ponía otras gafas de sol, como las de cualquier surfista del sur de California—. El Guía me enseñó pronto que, al entrar a formar parte del Club de las 5 de la mañana, se abría ante mí cada mañana una amplia variedad de oportunidades para cultivar mis más altos valores, reservarme algún tiempo para mí mismo y proceder a la preparación necesaria para convertir cada día en una pequeña joya. Me ayudó a entender que las personas de éxito aprovechan bien sus mañanas y que, levantándome antes del alba, lograría una primera victoria que me abocaría a un día triunfal.

—Yo nunca tengo tiempo para mí —reflexionó la emprendedora—. Mi agenda está siempre tan repleta —se lamentó—. Me encantaría poder reservar un tiempo durante la mañana para recargar baterías y para hacer cosas que me hicieran más feliz y mejor persona.

—Exactamente —señaló el millonario—. Muchos de nosotros vivimos vidas en las que el tiempo nunca es suficiente. Necesitamos disponer de al menos una hora para recargarnos de energía y poder desarrollarnos de manera más sana y calmada. Levantándose a las 5 de la mañana y aplicando la *Fórmula 20/20/20*, que pronto conoceremos, dispondremos de un excelente punto de partida para cada uno de nuestros días. Así experimentaréis una energía que nunca habíais pensado atesorar. La alegría y la dicha que necesitáis brotará por sí sola y vuestro sentido de libertad personal se verá completamente colmado.

Dicho esto, el magnate se volvió para mostrar un tatuaje que tenía en su fornida espalda. Reproducía una frase del filósofo francés Albert Camus y en él podía leerse: «La única manera de lidiar con este mundo sin libertad es volverte tan absolutamente libre que tu mera existencia sea un acto de rebelión».

Bajo estas palabras, en la espalda del magnate se podía ver la imagen de un ave fénix resurgiendo de sus cenizas, exactamente igual que esta:

—Estoy segura de que necesito algo así —dijo la emprendedora—. Sé que mi productividad y mi capacidad de gratitud y serenidad mejorarían sensiblemente si pudiera disponer cada mañana de un tiempo para mí misma antes de que las cosas empezaran a asumir un ritmo demasiado frenético.

—¡Yo también! —asintió el artista—. Una hora para mí mismo cada mañana para reflexionar y prepararme cambiaría radicalmente mi arte. Y mi propia vida.

—El Guía me habló en su día de que el simple hecho de dedicar 60 minutos a la mejora de mí mismo y de mis capacidades, lo que él solía llamar «la Hora de la victoria», transformaría la forma en la que el resto de mi vida se desarrollaría en términos mentales, emocionales, físicos y espirituales. Me aseguró que así podría conseguir una de las Ventajas Competitivas Gigantescas de las que hablábamos ayer, y que eso daría lugar a la consecución de verdaderos imperios de creatividad, riqueza, dicha y utilidad para la humanidad.

»Pero bueno, muchachos —suspiró el millonario—. Volvamos a los conceptos de la capitalización y de la importancia de explotar de forma inteligente todos vuestros dones primarios. Muchos de nosotros, más de los que sería necesario, hemos caído en una hipnosis colectiva que nos hace pensar que las personas con facultades extraordinarias están cortadas por otro patrón y están bendecidas por los dioses de los más preciosos talentos. Pero es que no es así —observó el millonario, retomando el tono de hijo de granjero que tuvo una vez.

»*La dedicación y la disciplina ofrecen mejores resultados que la brillantez y el talento innato en el día a día.* Y no es que los que juegan en primera división tengan suerte. Es que consiguen esa suerte. Cada vez que una persona resiste una tentación y aborda un proceso de optimización, refuerza su propia bravura. Cada instante que dedicáis a algo que sabéis que es lo más correcto, y no lo más fácil, favorece vuestra entrada en el Salón de la Fama de aquellos que alcanzan grandes logros.

El millonario se quedó por un momento ensimismado mirando una enorme gaviota que tomaba su viscoso desayuno. Se le escapó un eructo enorme.

—¡Ups! Lo siento —se disculpó antes de continuar—. Como dije antes, buena parte de las investigaciones sobre las personas con éxito confirman que la relación personal que tengamos con nuestras potencialidades es el indicador clave de rendimiento que determina si las explotamos realmente.

—¿Qué quiere decir? —preguntó la empresaria dejando de tomar notas en su portátil y mirando al millonario a los ojos, que llevaba ahora una camiseta en la que podía leerse: «Las víctimas tienen televisiones enormes. Los líderes poseen grandes bibliotecas».

—Bueno, si mantienes un discurso mental que afirme que no tienes las cualidades necesarias para ser una líder de primer nivel en los negocios o una reconocida experta en cualquiera que sea tu actividad, ni siquiera te plantearás la posibilidad de iniciar la aventura de intentar alcanzar ese objetivo. ¿No es así? *La consecución de la excelencia es un proceso, no un hecho aislado.* Abordar un programa psicológico castrante, basado en afirmaciones tales como «no todas las personas pueden llegar a ser grandes» o «el talento es innato, no se desarrolla», hace pensar que el estudio, las horas de práctica y la prioridad a los deseos más íntimamente sinceros no constituyen más que una pérdida de tiempo. ¿Qué sentido tendría invertir tanto trabajo, tanta energía y tanto tiempo y hacer tantos sacrificios, cuando los resultados equiparables a los de un nivel de «virtuoso» resultan imposibles de alcanzar, según esta escala de valores? Y, por tanto, si tu comportamiento diario es siempre función de tus más arraigadas creencias, esa percepción de tu incapacidad para lograr el triunfo se hace también realidad. Los seres humanos siempre están programados para actuar en consecuencia con su propia identidad. Nunca consiguen ir más allá de lo que determinan sus antecedentes y su identidad personal. Se trata de algo importante, que hay que tener en cuenta.

El millonario desvió la mirada hacia el mar y vio un pequeño bote de pesca, con una red tendida a popa. Un pescador con una camisa roja estaba al timón, fumando un cigarrillo, alejando el barco de un peligroso arrecife de coral. El magnate comenzó a musitar otro mantra para sí mismo.

—Estoy agradecido. Perdono y doy. Mi vida es bella, productiva, próspera y mágica.

A continuación volvió al tema de la capitalización.

—Los investigadores de la psicología positiva llaman al modo en el que abordamos la cuestión de quiénes somos y qué podemos conseguir, y al comportamiento que ponemos en práctica para que esa fantasía se convierta en realidad, la «profecía autocumplida». De modo subconsciente, adoptamos un patrón de pensamiento, aprendiéndolo de las personas que más nos influyeron en nuestros primeros años. Nuestros padres, nuestros profesores y nuestros amigos. A partir de entonces, actuamos en función de ese patrón. Y, como todo lo que hacemos genera los resultados que vemos, nuestra historia personal, muchas veces fallida, se convierte en la razón de ser de nuestra propia existencia. Resulta sorprendente. ¿No es así? Pero este es el modo en el que la mayoría de nosotros actuamos durante los mejores años de nuestras vidas. El mundo es un espejo. Y nosotros no tomamos de la vida aquello que deseamos, sino aquello que somos.

—Y supongo que, cuanto más aceptemos esa creencia fundamental sobre nuestra incapacidad para generar resultados excelentes en cualquiera que sea el área en la que deseemos hacerlo, mayor será la probabilidad, no solo de que esa incapacidad se refuerce y se convierta en una «convicción de confianza», sino de que el comportamiento asociado a ella se transforme en un hábito diario —recalcó el artista, utilizando un tono más académico que bohemio en el aire limpio de aquella mañana.

—Muy bien dicho —replicó el millonario con entusiasmo—. Me encanta esa idea de «convicción de confianza».

Es magnífica. Podrías compartirla con el Guía si él estuviera aquí. Conociéndolo, es muy probable que venga a tomar el sol a la playa a última hora de la mañana.

El millonario continuó:

—Cada ser humano tiene un instinto de grandeza, un anhelo por lo heroico y una necesidad física de superar sus mejores capacidades, con independencia de que lo haga de manera consciente o inconsciente. Muchos de nosotros nos hemos visto minimizados y presionados por las oscuras y nocivas influencias que nos rodean y que han hecho que olvidemos lo que realmente somos. Nos hemos convertido en maestros del compromiso, refugiándonos lenta pero constantemente en las más diversas facetas de la mediocridad, hasta llegar a un punto en el que esta se ha convertido en lo que, en términos informáticos, podríamos comparar con nuestro sistema operativo. Los verdaderos líderes no negocian nunca sus modelos de actuación. Saben que siempre hay un margen suficiente de mejora. Son conscientes de que estamos más vinculados a la naturaleza que nos rige cuando intentamos lograr lo que es mejor para nosotros. En cierta ocasión, Alejandro Magno dijo: «No tengo miedo de un ejército de leones dirigidos por una oveja; tengo miedo de un ejército de ovejas dirigidos por un león».

El millonario inhaló profundamente una bocanada de aire. Una mariposa revoloteaba a su alrededor, mientras un cangrejo correteaba detrás de él.

—Estoy aquí para recordaros —continuó—, que cada uno de nosotros atesora una gran capacidad de liderazgo en sí mismo y, como ya sabréis, no hablo de liderazgo en el sentido de tener una importante titulación, una posición privilegiada o una autoridad formal. A lo que me refiero es a algo mucho más poderoso y valioso que eso. Se trata del auténtico poder que se aloja en el corazón humano, en contraposición al transitorio y vano poder que dan un ostentoso despacho, el coche más veloz o una nutrida cuenta bancaria. De lo que hablo es de la capacidad de realizar un trabajo de tal alcance que nadie pueda apartar los ojos de él. De la capacidad de generar un valor ingente en vuestro mercado. De la capacidad de tener repercusión y de sacudir un sector completo de la industria. Y hablo del poder de vivir una vida con honor, nobleza, audacia e integridad. De esta forma se verá satisfecha vuestra oportunidad de hacer historia, a vuestra manera. No importa que se trate de un director ejecutivo o de un conserje, de un millonario o de un obrero, de una gran estrella de cine o de un estudiante. Si estáis vivos, ahora es cuando tenéis la posibilidad y la capacidad de liderar sin necesidad de un título o un alto cargo, de dejar vuestra impronta en el mundo, incluso si en este momento no creéis poder hacerlo por las limitaciones de vuestra situación actual. Vuestra percepción no es la realidad. Sencillamente, no lo es. Es solo vuestra idea actual de la realidad: haced el favor de recordarlo. Es simplemente la lente a través de la cual contempláis la realidad en un determinado momento de vuestra búsqueda de la excelencia. Eso me recuerda una frase del filósofo alemán Arthur Schopenhauer: «Todo el mundo toma los límites de su propia visión para hallar los límites de mundo. Unos pocos no. Únete a ellos».

—O sea que hay una gran diferencia entre la realidad y nuestra percepción de la misma, ¿no es eso? —preguntó la emprendedora—. De esas palabras se deduce que es algo así como si viéramos el mundo a través de un filtro constituido por lo que es el conjunto de nuestra programación personal. Y hemos usado tanto esa programación que nos hemos lavado el cerebro, y creemos que el modo en el que nosotros vemos el mundo es la realidad, ¿verdad? Lo cierto es que ha conseguido que piense en replantearme el modo en el que veo las cosas —admitió mientras las líneas de su frente se contraían como una rosa se cierra cuando hace frío.

»Estoy empezando a cuestionarme muchas cosas —continuó—. Y, lo primero de todo, ¿por qué puse en marcha mi negocio? ¿Por qué el estatus social es algo tan importante para mí? ¿Por qué siempre busco comer en los mejores restaurantes, vivir en el mejor barrio y tener el mejor coche? Creo que parte de la razón por la que me sentí tan afectada por el intento de absorción de mi empresa es que parte de mi identidad como ser humano se asocia al hecho de haberla fundado. Para ser sinceros, he estado muy ocupada en el desarrollo de mi carrera profesional; no me he parado en ningún momento a poner gasolina: a reflexionar sobre las cosas y a vivir de acuerdo con esas reflexiones. Pienso en un planteamiento similar al de la *Fórmula del éxito en 3 pasos*, de la que nos hablaba ayer. A medida que desarrolle una mejor concienciación en mi vida diaria y que me pregunte a mí misma por qué hago lo que hago, aprenderé a aprovechar las mejores oportunidades y eso hará que obtenga los mejores resultados cada día.

La emprendedora era imparable en sus reflexiones.

—No tengo idea en realidad de cuáles son mis verdaderos valores, de qué es lo que deseo representar en el ámbito del liderazgo, de por qué estoy construyendo lo que estoy construyendo, de qué es lo que me hace realmente feliz y de cómo quiero ser recordada cuando ya no esté aquí. Las historias de ese director ejecutivo y del ictus de ese editor me han hecho pensar. La vida en realidad es superfrágil. Y, ahora que estoy hablando tan abiertamente, tengo que decir que he dedicado muchos días a la búsqueda de cosas equivocadas. Me encontraba absorbida por el estrépito de la complejidad, sin poder escuchar las señales de búsqueda de valores que, tanto en mi vida profesional como en mi vida privada, hubieran marcado realmente la diferencia. Y pienso mucho en el pasado, en lo que pasó en mi infancia. No he tenido tiempo para dedicarme a mis amigos. No tengo auténticas pasiones. Nunca me he detenido a contemplar un amanecer, salvo ahora. Y nunca he encontrado un verdadero amor... —dijo frotando nerviosamente una vez más su pulsera.

La emprendedora miró al artista.

—Hasta ahora.

Sus ojos se llenaron de lágrimas.

—Billones de planetas en el universo —dijo él—, miles de millones de personas en nuestro planeta, y yo tuve la suerte de encontrarte a ti.

La emprendedora sonrió y le respondió con voz suave:

—Espero no perderte nunca.

—No seas tan dura contigo misma —intervino el millonario—. Todos seguimos por nuestro camino en la vida, ¿sabes? Estamos exactamente donde debemos estar para recibir las lecciones que debemos aprender. Y un problema persistirá hasta que ese aprendizaje haga que sepamos cómo enfrentarlo. Estoy de acuerdo contigo en que los seres humanos tenemos el infausto hábito de recordar cosas que deberíamos aprender a enterrar y de olvidar las cosas maravillosas que sería preciso recordar. Pero bueno, yo te comprendo, amiga. Es importante que confíes en que la parte más elevada e inspiradora de ti es la que te dirige. No hay accidentes que interrumpan ese recorrido hacia la leyenda que dote de verdadero sentido a la vida. Y, si quieres mi opinión, te diré que no hay absolutamente nada de malo en tener una casa de lujo, un coche deportivo o un montón de dinero. Es muy, pero que muy importante que tengas en cuenta esta cuestión. Por favor. Somos seres espirituales que tienen experiencias humanas, como afirma un viejo aforismo. Que consigas tener mucho dinero es lo que tu vida espera de ti. La abundancia es una de las características propias de la naturaleza. Las flores, los árboles y las estrellas en el cielo no escasean. El dinero te permite hacer grandes cosas, para ti misma y para aquellos a los que más quieres, y te da la oportunidad de ayudar a aquellos que lo necesitan.

Un turista pasó haciendo esquí acuático arrastrado por una lancha motora. Podía escuchársele reír entusiasmado desde la orilla.

—Os contaré un pequeño secreto —continuó el magnate—. He donado gran parte de mi fortuna. Es cierto que aún conservo los aviones, un piso en Zúrich y esta casa en la playa. Y aunque mis negocios continúan estando valorados en una cantidad que me ha convertido en millonario, no necesito nada de todo eso. No siento apego alguno por ninguna de esas cosas.

—Una vez leí una historia que creo que le gustará —intervino el artista—. Kurt Vonnegut, el escritor, y Joseph Heller, el novelista autor de *Trampa-22*, asistían a una fiesta en casa de un conocido financiero, en Long Island. Vonnegut preguntó a su colega qué le parecía el hecho de que su anfitrión hubiera ganado más dinero solo el día anterior a la fiesta que todo el que él había ganado por los derechos de autor de su libro, por lo demás un gran éxito editorial. Heller le respondió: «Yo tengo algo que él nunca podrá tener». «¿Y qué diablos puede ser eso, Joe?», preguntó Vonnegut. Y la repuesta de Heller fue genial: «El convencimiento de que ya he ganado suficiente».

—¡Brillante! —exclamó entusiasta el millonario—. ¡Me encanta! —gritó a un volumen innecesariamente alto, mientras hacía chocar la palma de su mano con la del artista. Se levantó, hizo ese baile que tanto le gustaba hacer cuando estaba contento y lo enlazó con unas cuantas piruetas que llevó a cabo con los ojos cerrados. Era un tipo muy excéntrico.

El artista continuó hablando.

—En cualquier caso, entiendo que nos está enseñando lo que son la capitalización y la profecía autocumplida. Nadie creerá en nuestra capacidad para hacer grandes cosas hasta que nosotros mismos seamos conscientes de nuestra propia grandeza; solo entonces, nos dedicaremos con sinceridad y rigor a convertir esa grandeza en realidad. ¿Saben lo que dijo Picasso en cierta ocasión?

—Cuéntenoslo, por favor —suplicó la emprendedora, cuya mirada demostraba que en ese instante se sentía muy receptiva.

—El pintor dijo: «Cuando era un niño mi madre me dijo: si vas a ser soldado, serás general. Si vas a ser monje, terminarás siendo el papa. En lugar de eso me convertí en pintor y terminé siendo Picasso».

—¡Ese tipo es la bomba! —sentenció el millonario—. En eso consiste tener fe y confianza en tu propio potencial.

El millonario se acarició su mentón bronceado con una mano, mientras miraba fijamente la arena blanca por un momento.

—No son solo nuestros padres los responsables de que casi todo el mundo tenga una programación limitada en su mente y que la aplique durante las mejores horas de sus valiosos días. Como ya he apuntado, muchos profesores, bien intencionados pero poco conscientes, refuerzan la idea de que la expresión del genio en las artes, las ciencias, los deportes o las humanidades está reservada a gente «especial» y que tenemos que aceptar que nosotros somos personas «corrientes», incapaces de llevar a cabo ese trabajo imponente que deja sin aliento a los demás por su excelencia y que da lugar a una vida inimitable. Y, asimismo, escuchamos los comentarios de nuestros amigos y los incesantes mensajes de los medios de comunicación que refuerzan la misma idea. En resumen, este proceso deriva en una hipnosis sistemática y, sin que nos demos cuenta, lo que una vez fue una centelleante expresión de genialidad en nuestro interior va atenuándose. Y las que fueran apasionadas voces que llamaban a aprovechar las oportunidades van languideciendo. Tendemos a minimizar nuestras potencialidades y entramos en un proceso en el que renegamos de obrar a lo grande y tendemos a construir prisiones para nuestras capacidades. Y es un proceso que durará toda la vida. Dejamos así de actuar como líderes y generadores de creatividad y posibilidades. Y empezamos a actuar como víctimas.

—Es realmente frustrante lo que les sucede a tantas buenas personas, y la mayor parte de nosotros no podemos ver que este lavado de cerebro nos impide expresar lo mejor de nosotros mismos —reflexionó la emprendedora.

—Y que lo digas —respondió el millonario—. E incluso peor; el potencial no expresado se convierte en dolor. Es importante tener esto en cuenta.

—¿Qué quieres decir con eso? —preguntó el artista volviendo la mirada y cambiando de postura con ademán nervioso—. ¿Es posible que esté saboteando la creación de un arte original y excepcional como el de los grandes maestros por haber eludido la capitalización de mi potencial durante tanto tiempo y que ahora lo más profundo de mi ser esté sufriendo? —reflexionó el artista para sí mismo.

—Bueno, nuestro yo más noble sabe la verdad al respecto; cada uno de nosotros está hecho para alcanzar logros sorprendentes con nuestros dones y para materializar hazañas con nuestro talento productivo. Todas las personas tienen la capacidad de lograr tales metas en lo más profundo de su corazón, y de su espíritu. Cuanto más reduzcamos el volumen de esa forma de razonamiento insana que, desde el punto de vista neurobiológico, es una creación de nuestro sistema límbico, mejor escucharemos la llamada de lo sublime, que podrá elevarnos hacia la expresión más flagrante de nuestra genialidad. Y eso es válido para el supervisor de una gran organización, para un programador que trabaja con su ordenador en un pequeño cubículo, para un maestro de escuela o para el cocinero de un restaurante. Tú tienes la capacidad de elevar tu trabajo a la categoría de arte y de que tenga repercusión en el progreso de la humanidad. Y, sin embargo, en nuestras vidas tendemos a resignarnos a la apatía, debido a la errónea percepción de lo que realmente somos y de lo que realmente podemos lograr, permaneciendo aferrados a vidas a medio vivir. He aquí una gran idea: cuando traicionamos nuestra auténtica capacidad, una parte de nosotros empieza a morir —concluyó el millonario.

—Qué profundo... —asintió el artista—. Tengo que cambiar radicalmente mi vida. Estoy cansado de estar cansado y de descuidar mis capacidades de creación. Y estoy empezando a entender que soy alguien especial.

—Y lo eres —confesó la emprendedora—. Lo eres —repitió con ternura.

—También estoy empezando a sentir que me preocupo demasiado por lo que piensan los demás. Algunos de mis amigos hacen bromas sobre mis pinturas y dicen que estoy chalado a mis espaldas. Creo que, simplemente, no me comprenden ni entienden mi visión del arte.

—Como sabes, son muchos los grandes genios de la humanidad que no fueron reconocidos como tales hasta varias décadas después de morir —señaló el millonario casi en un susurro.

—Y, por lo que respecta a tus amigos, no estoy seguro de que te estés rodeando de los más adecuados. Es posible que haya llegado el momento de que actúes, en vez de poner límites a tu talento y a tu vitalidad por sentirte seducido por las opiniones de los demás. Kurt Cobain lo expresó mucho mejor de lo que yo podría haberlo hecho nunca: «Estaba cansado de simular ser alguien que no era solo para llevarme bien con la gente, solo por tener amigos».

—Hmm —fue la única respuesta del artista.

—Lo que he dicho es cierto. Nos convertimos en lo que nos rodea. Y tú nunca recibirás una influencia positiva en tu campo, ni lograrás que tu vida sea plena si te rodeas de personas negativas —continuó el millonario—. Ah, y ese dolor del que hablaba antes, si no se atiende y no se erradica, comienza a formar un profundo depósito de temor y de autoodio dentro de nosotros mismos. La mayor parte de las personas no poseemos el nivel de concienciación ni las herramientas necesarias para procesar esta especie de pozo de angustia reprimida. La mayoría de nosotros no somos conscientes de este tormento silencioso que se genera por haber sido infieles a nuestra promesa. Y por eso lo negamos en el preciso instante en el que se insinúa su existencia. Huimos de él tan pronto como se presenta la menor oportunidad de que se manifieste. Y, subconscientemente, desarrollamos toda una serie de vías de escape, todas ellas desgarradoras, destinadas a eludir ese sentimiento de dolor generado por la negación de nuestro talento.

—¿Cómo cuáles? —espetó la emprendedora.

—Como las adicciones: la continua consulta de los mensajes recibidos en el teléfono móvil o del número de seguidores en las redes sociales, o bien la considerable cantidad de tiempo que se dedica a diario a ver la televisión. Los programas de televisión actuales disponen de tal despliegue de medios que es fácil engancharse a ellos. Y cuando un episodio termina, en algunas plataformas, el siguiente comienza automáticamente. Muchos de nosotros también nos alejamos de la expresión de nuestra propia grandeza chateando e intercambiando mensajes intrascendentes de manera interminable, sin comprender realmente que *hay una gran diferencia entre estar ocupado y ser productivo.*

—Las personas que consiguen grandes resultados y que contribuyen a construir el mundo no están muy disponibles para quienes requieren su atención y tiempo. Es difícil establecer contacto con ellos y son los que generan los asombrosos resultados que hacen que nuestro mundo progrese. Otras formas de eludir el dolor que produce el potencial no desarrollado son pasar horas y horas navegando en Internet, comprar aparatos electrónicos, trabajar demasiado, beber demasiado, comer demasiado, quejarse demasiado o dormir demasiado.

El magnate dio un trago de su botella de agua. Otro barco de pesca pasó cerca de la playa. La mujer que lo gobernaba saludó con la mano al señor Riley, que le correspondió con una ostentosa reverencia.

—El Guía llama a este fenómeno «victimismo aprendido» —continuó el millonario con un tono maravillosamente exuberante.

—Cuando dejamos de ser jóvenes, desarrollamos cierta tendencia a la complacencia. Es posible que empecemos a seguir el curso de nuestra vida sin hacer esfuerzo, a acomodarnos a lo que nos es familiar y a perder el excitante deseo de expandir nuestras fronteras. Asumimos así el paradigma de la víctima. Creamos escusas y las repetimos una y otra vez hasta convencer a nuestro subconsciente de que son ciertas. Culpamos a otras personas o a las condiciones externas de nuestras dificultades y atribuimos a episodios pasados la responsabilidad de nuestras batallas personales. Nos hacemos cada vez más cínicos y nos olvidamos de la curiosidad, la capacidad de asombro, la compasión y la inocencia que conocimos cuando éramos niños. Nos volvemos apáticos y críticos y nos endurecemos. En este ecosistema, que una amplia mayoría de nosotros se crea para sí mismo, la mediocridad acaba por convertirse en algo aceptable. Y, dado que esta mentalidad nos acompaña a diario, ese punto de vista termina por ser completamente real para nosotros. Llegamos a pensar en realidad que la historia que estamos viviendo nos revela la verdad, porque nos creemos muy próximos a ella. Y, así, en vez de demostrar en nuestros respectivos campos un liderazgo que enriquece nuestra actividad, realizando trabajos deslumbrantes y creándonos una vida plena y satisfactoria, nos resignamos a la mediocridad reinante. ¿Entendéis cómo llegamos a este punto?

—Sí. O, al menos, parece que todo está ahora más claro. De lo que se trata es de reescribir nuestra historia personal. ¿No es así? —preguntó la emprendedora.

—Absolutamente —confirmó el millonario—. Cada vez que te das cuenta de que has caído en una mentalidad victimista y decides optar por una decisión más valiente, estás reescribiendo tu historia. Así mejoráis vuestra identidad, aumentáis el respeto que os tenéis y enriquecéis la confianza en vosotros mismos. Cada vez que votáis por el ser superior que hay en vosotros aplacáis vuestro lado más débil y alimentáis vuestra capacidad intrínseca. Y cuando lo hagáis con la uniformidad que demandan la experiencia y el dominio de las situaciones, vuestra «Capitalización de coeficiente intelectual», es decir, la capacidad para materializar cualquiera de los dones con los que habéis nacido, no hará más que aumentar.

El millonario invitó a los dos discípulos a trasladarse a la terraza de su casa, para continuar allí con la lección matutina.

Enfoque número 2:
Liberarse de las distracciones

El millonario señaló hacia un modelo anatómico con el dedo meñique.

—¿Recordáis el mantra para el cerebro de los triunfadores?: *La adicción a la distracción es la muerte de producción creativa.* Esa frase nos servirá de orientación en esta parte de la sesión de hoy. He decidido tratar en profundidad la importancia que tiene ganar la guerra contra la distracción y los estorbos digitales, porque se trata sin duda de un problema de primer orden en nuestra cultura. En ciertos aspectos, las nuevas tecnologías y las redes sociales no solo están erosionando las más altas cimas de nuestro potencial productivo más eminente, sino que también nos están entrenando para ser menos humanos. Tenemos menos conversaciones reales, menos contactos verdaderos y menos interacciones significativas.

—Mmm. Sí, cada vez lo tengo más claro a medida que pasan las mañanas en esta playa —admitió la emprendedora.

—Llenar horas valiosas con actividades carentes de sentido es la droga de moda —continuó el millonario—. Desde el punto de vista intelectual somos conscientes de que no podemos gastar el tiempo destinándolo a actividades que no tienen ningún valor añadido, pero emocionalmente apenas podemos resistirnos a la tentación de hacerlo. Lo único que podemos hacer es combatir la adicción. Este comportamiento les cuesta a las organizaciones miles de millones de dólares en pérdida de productividad y en una calidad deficiente. Y, como ya indiqué antes, las personas cometen ahora más errores que nunca porque no están centradas en lo que están haciendo. Su valiosa atención les ha sido confiscada por un uso absurdo de la tecnología; su capacidad de concentración ha sido secuestrada y, como consecuencia, han perdido la oportunidad de realizar sus mejores trabajos y de alcanzar una vida más satisfactoria.

El sosiego y la quietud que solo las primeras horas del día proporcionan eran algo evidente.

El magnate hizo una pausa. Contempló el panorama que tenía ante sí, con las flores ordenadamente dispuestas en su casa, buques de carga en el horizonte que parecían inmóviles y, por último, el océano.

—Mirad, chavales —dijo reanudando su parlamento—. A mí me alucina el mundo moderno, me gusta de verdad. Sin toda la tecnología de la que disponemos, nuestra vida sería sin duda mucho más complicada. Mis negocios no irían tan bien, yo no sería tan eficaz y, con toda probabilidad, en este momento no estaría aquí con vosotros dos.

—¿Por qué? —inquirió el artista, mientras un delfín nadaba con elegancia no muy lejos de la orilla. De manera sorprendente, salió proyectado del agua e hizo cuatro giros en el aire antes de volver a entrar en el agua envuelto en espuma.

El señor Riley lo contemplaba embelesado.

—Estoy feliz de haber descubierto el modo de convertirme en un imán que atrae los milagros —susurró hablando para sí mismo—. Me muero de ganas de compartirlo con esta buena gente. —Tras esta reflexión, continuó su discurso—. Las grandes innovaciones en el ámbito de la tecnología sanitaria salvaron la vida de mi mujer cuando estaba enferma

—recordó el millonario—. En fin, chavales..., el buen uso de la tecnología es algo extraordinario. Lo que realmente me preocupa es la gran cantidad de maneras estúpidas en las que la gente la utiliza. Muchas personas con capacidades notables padecen el «síndrome de pérdida de concentración», porque han llenado su vida profesional y personal de todo tipo de artilugios electrónicos y, en consecuencia, de interrupciones y de ruido digital. Si realmente estáis en la senda de la búsqueda de la excelencia, tomad como modelo a los grandes maestros de la historia y eliminad de vuestras vidas todas las capas superpuestas de complejidad. Simplificad. Perfiladlo y estilizadlo todo. *Convertíos en puristas.* Realmente, menos es más. Es preferible concentrarse solo en unos pocos proyectos, de modo que estos puedan ser atractivos y sorprendentes, en vez de diluir la atención en muchos focos dispersos. Igualmente, desde el punto de vista social, es preferible tener pocos amigos, pero profundizar en la relación con ellos, de forma que esta sea más fecunda. Aceptad pocas invitaciones. Centraros en pocas actividades de ocio y, después de estudiar las posibles opciones, elegid un número de libros limitado, en vez de leer unas cuantas páginas de muchos. La intensa concentración solo en lo que realmente importa es la clave de quienes logran la victoria. Simplificad. Simplificad. Simplificad.

»Dejad de gestionar vuestro tiempo y empezad a gestionar vuestra concentración —añadió el millonario—. Este es uno de los principios que os permitirán llegar a ser alguien grande en esta sociedad hiperestimulada en la que vivimos.

—Gracias por todo lo que nos ha enseñado —dijo el artista—. Ahora sé que estar ocupado no significa ser productivo. También me he dado cuenta de que, cuando estoy trabajando en un nuevo cuadro, cuanto más cerca estoy de la verdadera inspiración artística, una parte oscura de mí desea que me distraiga y evita que consiga hacer algo extraordinario. Lo cierto es que, ahora que lo pienso, sucede con bastante frecuencia. Cuando estoy cerca de lograr un resultado excelente, tiendo a romper mi rutina de trabajo. Me conecto a Internet y me dedico a navegar por la red sin ningún objetivo concreto. Me acuesto tarde y veo temporadas enteras de mis series favoritas o paso mucho tiempo jugando a videojuegos con amigos virtuales. A veces compro vino tinto barato y bebo mucho más de lo que debería.

—Cuanto más os acerquéis a vuestro talento, más intenso será el sabotaje que os planteen vuestros miedos —afirmó el millonario con rotundidad—. Es probable que sintáis miedo por alejaros de la mayoría y tener que afrontar las consecuencias de la excelencia, entre las que se cuentan el hecho de sentiros diferentes de los demás, la envidia de vuestros competidores profesionales y la presión por conseguir que vuestro siguiente trabajo sea incluso mejor. A medida que se avanza hacia el virtuosismo, se siente más ansiedad motivada por el miedo al fracaso y amenazas más intensas por la preocupación de que los resultados no sean lo bastante buenos, así como por la inseguridad de abordar nuevos caminos. Es entonces cuando se activa la amígdala, una región del sistema límbico con forma de almendra presente en la sustancia gris del cerebro, que detecta el miedo. Y es también entonces cuando se comienza a derruir esa productividad que habías conseguido establecer. Sabéis que todos tenemos un saboteador subconsciente que acecha en la parte más débil de nosotros mismos, ¿verdad? Pero la buena noticia es que cuando toméis conciencia de la situación...

—Puedo tomar las mejores decisiones cada día; me darán los mejores resultados —interrumpió el artista con el brío de un cachorro que recibe a su amo cuando llega a casa tras pasar el día solo.

—Exacto —dijo el millonario—. Debéis ser conscientes de que, a medida que os aproximéis a la expresión de vuestro mayor talento, esa parte de vosotros que tiene miedo sacará su horrible cabeza e intentará boicotear la obra que estéis creando, os ofrecerá todo tipo de distracciones y vías de escape para evitar que la terminéis. Cuando tengáis esto muy claro, podréis controlar ese comportamiento autodestructivo. Estaréis en condiciones de rechazarlo y de desactivarlo, limitándoos a contemplar sus intentos de frustrar el resultado de vuestro trabajo.

—Vaya, sus observaciones son muy profundas —intervino la emprendedora—. Así se explican muchos de los motivos por los que veo limitada mi productividad, mi rendimiento y mi influencia en mi empresa. Planteo un objetivo importante. Consigo el equipo necesario para alcanzarlo, secuenciamos entre todos cuáles deben ser los resultados finales del proyecto y, después, me distraigo. Digo «sí» a otros elementos que no hacen más que añadir complejidad al trabajo. Paso días y días en reuniones estériles con personas que solo desean escuchar el sonido de su propia voz. Leo mis mensajes de correo de manera obsesiva y veo los boletines de noticias con una constancia casi religiosa. Esta mañana me ha quedado completamente claro el modo en el que estoy saboteando de la manera más absoluta mi propia eficacia. Me ha quedado también claro que soy una verdadera adicta al sinsentido digital del que antes hablaba. Para ser sincera, no he conseguido sobreponerme a la ruptura con algunos de mis ex, porque es realmente muy fácil para mí seguir sus vidas a través de las redes sociales. Ahora comprendo que muchas de las horas que podría haber dedicado a ser supercreativa las dedico a un inútil ocio en línea. Como dice usted, señor Riley, es una vía de escape. No puedo dejar de comprar aparatos informáticos y de telefonía móvil. Es tan fácil hacerlo. Y, en verdad, hacerlo me hace feliz, al menos durante unos minutos. Ahora entiendo por qué Steve Jobs no dejaba que sus hijos pequeños usaran muchos de los aparatos que el comercializaba en todo el mundo. Sabía lo adictivos que pueden ser cuando se hace un uso inapropiado de ellos, y hasta qué punto pueden hacer que seamos menos humanos y estemos menos vivos.

El millonario levantó la mano. Otro asistente corrió desde la caseta de la playa hasta la terraza, ahora bañada por el sol. Vestía una impecable camisa blanca, bermudas de color gris oscuro y unas cuidadas sandalias de cuero negro.

—Aquí lo tiene, señor —dijo el joven con acento francés, mientras le entregaba una bandeja con unas misteriosas inscripciones. En el centro había un modelo del cerebro humano.

Era exactamente como este:

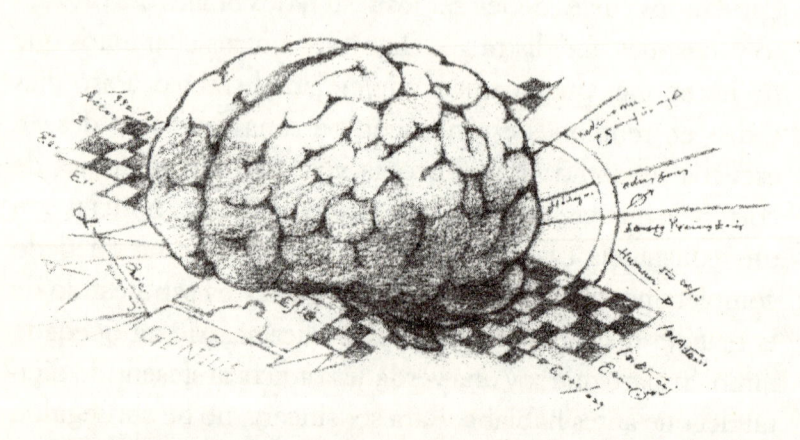

—*Merci beaucoup*, Pierre. Bien, pasemos ahora a estudiar la neurociencia que hay detrás del sabotaje que nos hacemos a nosotros mismos, para que lo comprendáis mejor, y podáis afrontarlo. Recordad, cada uno de nosotros tiene lo que el

Guía llama un «cerebro primitivo». Está constituido por el sistema límbico, situado a ambos lados del tálamo del encéfalo, inmediatamente debajo del cerebro. La amígdala a la que hacía antes referencia forma parte del tálamo. Esta estructura cerebral, básica y funcionalmente poco activa, servía hace miles de años, en el mundo prehistórico, para mantenernos a salvo de las incesantes amenazas, como la inanición, las temperaturas extremas, las tribus enemigas o los tigres de dientes de sable. Su función es esencialmente una: mantener el estado de alerta, advirtiéndonos de los peligros, de modo que podamos sobrevivir para propagar la especie.

»¿Todo claro hasta aquí? —preguntó el millonario educadamente.

—Clarísimo —respondieron la emprendedora y el artista al unísono, mientras un asistente servía té con limón y trozos de jengibre.

—Fantástico. Uno de los rasgos más fascinantes de nuestro cerebro primitivo es su sesgo de negatividad. Para mantenernos seguros, está menos interesado en lo que es positivo en nuestro entorno, mientras que se centra de manera más significativa en hacernos saber lo que es malo.

—Esta condición del cerebro está específicamente destinada a la detección del peligro —continuó el millonario—. De este modo, cuando la vida era para nosotros mucho más brutal, podíamos responder con celeridad y mantenernos vivos. Este mecanismo prestó a nuestros antepasados un servicio ciertamente esencial. Pero en el mundo actual, la mayoría de nosotros no se enfrenta a la muerte a diario. Lo cierto es que las personas corrientes viven con una calidad de vida superior a la que disfrutaban la mayor parte de los miembros de la realeza hace apenas unos pocos cientos de años. ¡Pensad en la suerte que tenemos!

El magnate bebió un sorbo de té.

—Y, sin embargo, por culpa de este sesgo de negatividad presente en nuestro cerebro primitivo, continuamos manteniéndonos permanentemente alerta, en busca de posibles brechas en nuestra seguridad. Seguimos en modo de hipervigilancia, dominados por la ansiedad y en tensión, aunque todo vaya estupendamente. Es fascinante, ¿no os parece?

—Es algo que dice mucho sobre los motivos por los que pensamos en lo que debemos hacer —apuntó la emprendedora, mientras también probaba el té—. Ahora comprendo por qué siempre siento que no he conseguido lo suficiente, incluso cuando he logrado más que ninguna otra persona de las que conozco —prosiguió—. Tengo una empresa de éxito, un patrimonio neto considerable y, antes de que mis inversores empezaran a volverse demasiado codiciosos, una vida bastante satisfactoria. Y a pesar de todo, mi cerebro parece estar siempre centrado en lo que he podido pasar por alto, en aquello de lo que no tengo suficiente y en la forma en la que no he llegado a cubrir mis expectativas. Es algo que me vuelve loca. No siento un momento de paz prácticamente nunca.

La emprendedora se cruzó de brazos. El artista le mandó un beso, mientras sus rastas se agitaban en la fragante brisa.

—Theodore Roosevelt dijo en cierta ocasión algo que deberíais conocer —expuso el millonario.

—¿Qué fue lo que dijo? —preguntó la emprendedora apretando los brazos con fuerza.

—«La comparación es el ladrón de la felicidad» —contestó el millonario—. Siempre hay alguien que tiene más fortuna, más fama o más cosas que tú. Recordad cuando antes hablábamos de lo beneficioso del desapego por los bienes y de ser lo bastante juicioso para saber cuándo lo suficiente es adecuado.

—Sí, ya me acuerdo —asintió la emprendedora amablemente.

—Más y más de ese deseo se relaciona con los más arraigados sentimientos de temor a la escasez y buena parte de él se asocia a los mecanismos del cerebro primitivo, que actúa analizando el entorno con el sesgo de negatividad activado, impidiendo que se pueda disfrutar de todo lo bueno que se posee. Veamos —dijo el millonario—, profundicemos un poco más. A medida que el tiempo iba avanzando, nuestros cerebros evolucionaron y se desarrolló en ellos la corteza prefrontal, la parte del cerebro responsable del pensamiento complejo. El Guía la llama «el cerebro avanzado». Pero aquí está el problema: a medida que comenzábamos a tener sueños más complejos y pensamientos más rápidos y que elevábamos nuestros niveles de creatividad, productividad y rendimiento, el cerebro primitivo y el cerebro avanzado empezaron a entrar en conflicto. De hecho, entraron en guerra. El cerebro primitivo regula nuestro desarrollo, sabe que estamos abandonando el puerto seguro de lo conocido y se activa, porque nos estamos alejando de nuestras formas de ser tradicionales. Percibe la amenaza, incluso cuando dicha amenaza es esencial para nuestro ascenso personal y nuestro avance profesional. Sin duda alguna tenemos que aventurarnos en esos territorios inexplorados en los que habitan las posibilidades de conocer más íntimamente nuestra genialidad y nuestro talento y de convertirnos en lo que se supone que debemos ser. El hecho de conocer que disponemos de niveles más elevados aún por conocer inunda el corazón humano de una inmensa emoción. Este conocimiento es uno de los grandes tesoros que hace que la vida merezca ser vivida. El célebre psicólogo Abraham Maslow realizó en cierta ocasión la siguiente afirmación: «Si planeas ser algo menos de lo que eres capaz, probablemente serás infeliz todos los días de tu vida». Pero en cuanto salimos de nuestra zona de confort, de lo que nos resulta familiar, y abordamos algo nuevo, la amígdala entra en acción. Se estimula el nervio vago y se libera cortisol, la hormona del estrés y del miedo. Y de este modo comenzamos a destruir todo aquello que nuestro cerebro avanzado nos ha hecho crear tan inteligentemente.

—Esto explica por qué hay tan poca la gente altamente creativa y productiva —observó el artista—. Cuando abandonamos nuestra zona de confort, el cerebro primitivo entra en acción. Cuando incrementamos nuestros conocimientos y nuestra experiencia y elevamos nuestro nivel de influencia, se atemoriza ante los inminentes cambios.

—¡Exactamente! —celebró el señor Riley—. Cuando el cortisol es liberado, nuestro grado de percepción se estrecha, nuestra respiración se vuelve menos profunda y entramos en lo que llaman modo de lucha o huida. En realidad, las tres opciones que existen ante el temor son la lucha, la huida o el bloqueo.

—Nuestro pensamiento complejo desea que crezcamos, que evolucionemos, que desarrollemos trabajos de mayor nivel, que vivamos vidas mejores y que sirvamos de inspiración al mundo —añadió el artista—. Sin embargo, está en curso una dura batalla entre los dos cerebros. Y el primitivo, inferior y más antiguo, tiende a oponerse a nuestra evolución.

—¡Eso es! —dijo el millonario mientras golpeaba afectuosamente el hombro del pintor con el puño.

—Y volviendo al segundo enfoque de los triunfadores, al punto sobre la liberación de las distracciones, creo que es ese temor el que hace que adoptemos tales distracciones como posibles medios para encontrarnos mejor, aunque solo sea durante apenas un minuto, ¿no es cierto? —indicó la emprendedora.

—Exacto —confirmó el millonario—. Y para eludir la incomodidad que nos causa el hecho de mantener un contacto más estrecho con nuestra genialidad intrínseca.

—¡Eso es algo increíblemente revelador para mí! —El artista apenas podía reprimir su entusiasmo—. Acabamos de hablar sobre las razones por las que nuestra cultura es tan propensa a la adicción a las distracciones y por las que la mayoría de las personas no expresan su auténtica grandeza. Y creo que ese es el motivo por el que las personas creativas y productivas son los verdaderos guerreros de nuestra sociedad. No solo tenemos que hacer frente a los insultos de quienes se oponen a nosotros y a las invectivas de los críticos que no comprenden nuestro arte, sino que también debemos estar preparados para resistir a las señales de alarma de nuestros cerebros primitivos, que intentan por todos los medios que no destaquemos por nuestra brillantez.

—¡Qué poética interpretación del asunto, amigo mío! —exclamó jubiloso el millonario. De nuevo realizó su pequeño baile. Una sirvienta, que estaba barriendo el porche, se limitó a volverse y sacudir la cabeza.

—Se necesita un coraje notable para soportar el terror inherente al verdadero crecimiento personal y profesional, y para continuar desarrollándolo, aun cuando sientes como si te estuvieras muriendo —dijo el magnate—. Vosotros sois creadores, constructores de grandes cosas. Y todos los creadores consiguen superar sus temores, día a día, para alcanzar niveles superiores de destreza, repercusión de su creación y libertad humana. La maravillosa recompensa que recibiréis a medida que desarrolláis vuestra capacidad y vuestros dones innatos no es solo el producto de vuestros esfuerzos heroicos. Es aquello en lo que os convertiréis combatiendo contra el fuego de vuestros temores y contra el calor de vuestras sucesivas pruebas en el proceso de consecución del virtuosismo. Conseguiréis saber quiénes sois realmente, vuestra confianza en vosotros mismos aumentará vertiginosamente, necesitaréis en mucha menor medida el empuje de los demás y comenzaréis a vivir vuestra auténtica vida, contrapuesta a una vida de plástico, prefabricada por un mundo que no desea que seáis libres.

El millonario dio un trago de su botella de agua antes de continuar explicando la importancia que supone librarse de las garras mortales de las distracciones y de los dispositivos digitales.

—Y el hecho de que seáis miembros del Club de las 5 de la mañana puede ayudaros como por arte de magia a trabajar en este aspecto —anunció a las dos personas que constituían su público—. Entre otros métodos, los grandes hombres y mujeres de la historia incorporaron la tranquilidad y serenidad a la parte inicial de sus días para evitar la complejidad. Esta sencilla y bella disciplina les proporcionaba un tiempo absolutamente esencial alejado de la hiperestimulación para saborear la vida, reponer sus reservas creativas, desarrollar la parte más elevada de sí mismos, reflexionar sobre las bendiciones que nos han sido otorgadas y asimilar las virtudes que podrían manifestar a lo largo de su vida posterior. Muchas de las personas que alimentaron el progreso de nuestra civilización tenían por costumbre levantarse antes de la salida del sol.

—¿Podría decirnos algunas? —inquirió la emprendedora.

—John Grisham, el famoso novelista, por citar uno —replicó el millonario—. Otras figuras conocidas por practicar la misma costumbre fueron Wolfgang Amadeus Mozart, Georgia O'Keeffe, Frank Lloyd Wright y Ernest Hemingway, quien afirmaba que a esas horas «no hay nadie para molestarte y, si hace fresco o frío, te pones a trabajar y te calientas mientras escribes».

—Beethoven se levantaba al amanecer —dijo el artista.

—Los grandes creadores pasaba mucho tiempo solos —afirmó el millonario—. La soledad, el tipo de soledad al que se puede tener acceso antes de que salga el sol, es una fuerza multiplicadora de la capacidad, el conocimiento y la experiencia y la conexión con el ser humano. *Y el proceso de crecimiento y superación requiere aislamiento.* Hay dos opciones. Se puede pasar todo el día intercambiando un sinfín de mensajes sobre miles de asuntos más o menos carentes de sentido a través del móvil o se puede cambiar el mundo explotando el propio talento, perfeccionando las propias capacidades y constituyéndose en impulso que nos eleva a todos. Pero no se puede optar por las dos cosas. El psicólogo profesor de la Universidad de Princeton Eldar Shafir ha utilizado el término «ancho de banda cognitivo» para explicar el hecho de que cuando nos levantamos por la mañana tenemos una capacidad mental limitada. En consecuencia, si centramos nuestra atención en diferentes estímulos, desde las noticias, los mensajes y redes sociales hasta la familia, el trabajo, la forma física o la vida espiritual, perdemos pequeñas porciones de nuestra capacidad de concentración. Este es un aspecto de importancia capital. No resulta sorprendente que la mayoría de nosotros tengamos dificultades de concentración al llegar el mediodía. A esa hora ya hemos agotado nuestro ancho de banda. Sophie Leroy, profesora de negocios de la Universidad de Minnesota, llama a la atención que dedicamos a la distracción y a otros estímulos «residuo de atención». Esta investigadora observó que las personas son mucho menos productivas cuando efectúan constantes interrupciones, cambiando de una tarea a otra durante todo el día. Y eso se debe a que dedican valiosas porciones de su atención a demasiados propósitos distintos. La solución a esta dispersión es precisamente la que he venido indicando: se debe trabajar en una actividad de alto valor cada vez, en vez de en régimen de multitarea, haciéndolo en un entorno tranquilo. Albert Einstein expresó excelentemente esta cuestión cuando escribió: «Solo aquel que se consagra a una causa, con toda su fuerza y alma, puede ser un verdadero maestro. Por esta razón, ser maestro lo exige todo de una persona». Este es uno de los secretos mejor guardados de los virtuosos y las personas que han hecho historia. Ellos no dispersan su ancho de banda cognitivo. No diluyen sus capacidades creativas buscando distracciones u opciones atractivas que se les planteen cuando están trabajando. En vez de eso, aplican la férrea disciplina requerida a la realización de pocas cosas, pero siempre con prestaciones de primer nivel. Como os comentaba antes, los realmente grandes comprenden que es mucho más inteligente centrarse en la creación de una obra, de una genuina obra de arte, que perdure durante generaciones, que dedicarse a miles de proyectos que no expresan talento alguno. Y recordad lo siguiente: *las horas que el 95 % del mundo desperdicia son las que la élite del 5 % atesora.* Las 5 de la mañana es la hora en la que las distracciones son menores y en la que la paz y la predisposición son mayores. Es esencial, pues, aprovechar las ventajas de la Hora de la victoria. Al hacerlo, daréis saltos cuantitativos radicales, tanto en vuestra productividad como en vuestra capacidad personal. Creo que no es necesario que ahondemos mucho más en el campo de la neurociencia de lo que lo hemos hecho esta mañana y, por otra parte, os tengo preparada una singular sorpresa. Pero hay aún otro concepto más que me gustaría compartir con vosotros. Se trata de lo que se conoce como «hipofrontalidad transitoria».

—¿Hipoqué? —preguntó el artista riendo.

El millonario caminó hacia una imponente palmera, cuyo grueso tronco revelaba su prolongada edad. Una mesa descolorida por el sol con un amplio tablero circular meticulosamente tallado se situaba debajo de ella. Os hubierais quedado impresionados si lo hubierais visto.

El magnate se aclaró la garganta y dio otro trago de té con limón. Después de unos segundos empezó a hacer gárgaras. Sí, gárgaras. Luego siguió con su discurso:

—Cuando nos levantamos a primera hora y estamos completamente solos, nuestra atención no se ve fragmentada por la tecnología, las reuniones o cualquier otro factor que limite nuestra productividad máxima —reflexionó el millonario—. Y la corteza prefrontal, la parte del cerebro responsable del pensamiento racional, y también de la constante preocupación, realmente se desactiva durante un breve período. Es interesante, ¿no? Este es el componente «transitorio» de la hipofrontalidad transitoria. Se trata de algo que sucede solo de manera temporal. En ese momento se detienen los análisis continuos, las reflexiones y los pensamientos obsesivos que siempre generan estrés. Se deja de intentar buscar soluciones para todo y de preocuparse por cosas que, probablemente, nunca sucederán. Las ondas cerebrales pasan de su estado beta habitual al estado alfa, e incluso a veces se atenúan hasta el estado theta. El silencio y la serenidad en la soledad del amanecer activan también la producción de neurotransmisores como la dopamina, la fuente de inspiración de la que se sirven los superproductores y la serotonina, la hormona del placer liberada por el cerebro. Así, de forma automática y natural, se entra en lo que antes denominé el «estado de fluidez».

El señor Riley señaló el diagrama que había en la mesa, que mostraba lo siguiente:

EL SECRETO DE LOS GENIOS DE LA MAÑANA
HIPOFRONTALIDAD TRANSITORIA

ENTRADA AL ESTADO DE FLUIDEZ

LA CORTEZA PREFRONTAL SE DETIENE
- ACCESO AL NIVEL DE GENIALIDAD
- CREATIVIDAD AVANZADA
- RENDIMIENTO DE PRIMER NIVEL

EL CEREBRO SE RECARGA CON LA QUÍMICA DE LA GENIALIDAD QUE EL MISMO GENERA
- DISMINUYE EL CORTISOL
- AUMENTA LA DOPAMINA
- SE ELEVA LA SEROTONINA

LAS ONDAS CEREBRALES CAMBIAN DE BETA > ALFA > THETA

SOLEDAD

SERENIDAD ◄ **EL CLUB DE LAS 5** — LA HORA DE LA VICTORIA ► SILENCIO

—El estado de fluidez es la fase mental de rendimiento óptimo en el que se encuentran todas las personas excepcionales, como los virtuosos del violín, las grandes figuras del deporte, los chefs de élite, los científicos más brillantes, los artífices de grandes emporios empresariales o los líderes más legendarios, cuando producen sus más selectas e increíbles creaciones —afirmó el magnate con entusiasmo—. Cuando nos regalamos a nosotros mismos una mañana de paz y serenidad, alejada de los afanes de la vida diaria, se activa la capacidad de conexión de absolutamente todos los cerebros humanos para acceder al ámbito de la genialidad pura. La mejor noticia es que, con los recursos y las capacidades adecuados, es posible habituarse a este estado de rendimiento optimizado, que se manifiesta de la manera más predecible.

—Hipofrontalidad transitoria; un modelo de gran utilidad —reconoció la emprendedora, mientras guardaba con cautela su teléfono en el bolsillo del pantalón.

—El mundo entero cambiaría si la gente conociera esta información —exclamó el artista.

—Es algo que se les debería enseñar a los niños en la escuela —propuso la emprendedora.

—Muy cierto —afirmó el millonario—. Pero, de nuevo, tengo que atribuir al Guía todo el mérito de esta filosofía que estoy compartiendo con vosotros, y de la metodología de transformación de la que pronto hablaremos para que podáis llevar a la práctica esta importante información. Él ha sido mi gran maestro y, sin lugar a dudas, el mejor ser humano que conozco. El ingenio sin integridad no es algo que me impresione particularmente. Los logros excepcionales sin una compasión inusual carecen de sentido. Y, en efecto, si cada una de las personas que habitan nuestro planeta recibiera una educación adecuada sobre estos conceptos, y si asumiera el compromiso de aplicarlos, todo el mundo experimentaría un avance sustancial. Porque, de este modo, cada uno de nosotros asumiríamos y viviríamos nuestra capacidad latente de hacer realidad grandes logros y las personas en general ascenderían a un nivel superior de excelencia.

Enfoque número 3:
Práctica del virtuosismo personal

El millonario cruzó con los dos discípulos la gran terraza, que ofrecía una magnífica panorámica del océano, hasta llegar a la parte frontal de la vivienda. Un todoterreno de color negro brillaba bajo en sol detenido en el camino de entrada de vehículos a la casa.

—¿Adónde vamos? —preguntó la emprendedora.

—Bueno, cuando nos conocimos en la conferencia os prometí a los dos que nadaríais con los delfines si veníais a visitarme a Mauricio. Así que voy a cumplir mi promesa. Iremos a la parte occidental de la isla, a un pequeño pueblo del litoral llamado Flic en Flac. Allí nos esperan dos tipos jóvenes y encantadores, expertos en localizar delfines. Preparaos para vivir una experiencia alucinante, amigos. Será inolvidable.

El coche recorrió los bonitos pueblos que rodeaban el complejo del magnate para salir a una autopista perfectamente acondicionada. El millonario se sentó en la parte delantera junto a su chófer, al que le preguntó por sus hijos, sus últimos intereses y sus perspectivas de futuro. Durante el largo viaje, el señor Riley hacía una de sus preguntas, luego se recostaba y escuchaba con atención. Estaba claro que era un hombre de imponente profundidad, con un gran corazón.

El vehículo llegó a una bahía preciosa, rodeada por una bonita playa de fina arena, unas cuantas casas blancas, un pintoresco restaurante de pescado, numerosos barcos de pesca, ya envejecidos y un altivo gallo que anunciaba con su canto el nuevo día. Y todo bajo la casi milagrosa panorámica de un doble arcoíris desplegado en el espléndido cielo azul.

Dos jóvenes pescadores saludaron al millonario con un abrazo. El grupo se adentró en el océano Índico, en busca de un banco de delfines con el que poder nadar y juguetear. La canción *Strength of a Woman* del cantante jamaicano Shaggy sonaba por un tosco altavoz, pegado con cinta adhesiva y de un modo chapucero a uno de los costados de la embarcación. La espuma del mar que el bote levantaba al batir el agua rociaba los rostros del millonario, la emprendedora y el artista, y les hacía reír como niños que chapotean en los charcos después de la lluvia.

Después de varios intentos, por fin dieron con grupo de delfines que nadaban exultantes en una pequeña cala rodeada de altos acantilados, como las que se pueden contemplar desde la carretera de la costa del Pacífico, en California. Las criaturas se regocijaban en el agua de modo que parecía que hubiera miles de ellas en una cala tan pequeña como aquella, pero en realidad no eran más que diez o doce.

El millonario se puso unas gafas de buceo y saltó rápido al agua desde una plataforma en la popa de la lancha motora.

—¡Vamos, chavales! —gritó con entusiasmo.

La emprendedora le siguió, con un brillo en los ojos y una euforia en el corazón que no sentía desde su juventud. Su respiración rápida y superficial se oía a través del tubo de buceo: *fuuuu, fuuuu.*

El artista los siguió, pegó un buen salto desde la popa del barco y aterrizó con la barriga.

Guiados por uno de los jóvenes pescadores, que vestía un colorido bañador con motivos tropicales y zapatos deportivos de goma, los tres aventureros juguetearon con los delfines que nadaban suavemente justo bajo la superficie del agua. Cuando los delfines se sumergían, sus tres eufóricos acompañantes los seguían. Cuando daban vueltas y hacían piruetas, los miembros del Club de las 5 de la mañana les imitaban; cuando flirteaban, la emprendedora y el artista se buscaban el uno al otro.

La experiencia duró apenas quince minutos, pero fue algo milagroso.

—Ha sido increíble —exclamó el artista recuperando el aliento mientras salía del agua.

El pintor hizo luego un esfuerzo por regresar a la embarcación empujándose sobre una plataforma cercana al motor.

—Ha sido una de las mejores experiencias de mi vida —suspiró entusiasmada la emprendedora, besándolo entregadamente.

El millonario salió poco después a la superficie, riendo a carcajadas.

—¡Esto ha sido la bomba, chavales!

De regreso al puerto, la clase matinal volvió a reanudarse en la playa, cerca de un montón de piedras que los lugareños utilizaban para hacer pescado a la brasa. El doble arcoíris continuaba extendiéndose en el cielo infinito.

El millonario elevó una mano hacia ese cielo. Cuatro palomas blancas aparecieron de repente, no se sabe de dónde y, a continuación, el aire se llenó de mariposas de color rosa y amarillo.

—¡Bueno! —dijo el magnate mirándolos fijamente.

Después de unos cuantos ataques de tos ronca, que tampoco se sabía de dónde procedían, señaló la tercera parte del modelo de los 4 enfoques de los triunfadores sobre el que había estado trabajando con sus estudiantes ese día.

—¿De qué vamos a hablar ahora? —preguntó el artista, con sus rastas goteando y sus fuertes brazos rodeando a la emprendedora para quitarle el frío, puesto que ella estaba tiritando.

—De entrenar las mejores partes de vuestro ser —respondió sin dilación el millonario.

—¿Recordáis el credo del guerrero espartano al que aludió el Guía en el seminario? «El que suda más en la práctica, sangra menos en la guerra». Pues bueno, la calidad de la práctica matutina define la magnitud del rendimiento diario. Las batallas se ganan con las primeras luces del entrenamiento diario, cuando nadie nos observa. Las victorias se obtienen antes de que los guerreros estén en el campo de batalla. El triunfo pertenece al que está más preparado. Es obvio que, si deseas ser el mejor en el ámbito de los negocios, en el arte, el ajedrez, el diseño, la mecánica o la dirección de empresas, son necesarias ingentes cantidades de tiempo de preparación para progresar en el propio conocimiento y la lógica experiencia. Específicamente, una persona debe dedicar al menos 2 horas y 44 minutos diarios a la mejora de la capacidad concreta por la que haya optado durante 10 años, según determinó, tras una minuciosa investigación, el eminente psicólogo de la Universidad del Estado de Florida Anders Ericsson. Esa es la cantidad mínima de práctica requerida para que los primeros signos de genialidad se manifiesten en cualquier área. Y, a pesar de todo, pocos de nosotros piensan en la importancia de dedicar hasta 10.000 horas de entrenamiento *para convertirse en mejores seres humanos.* Y ese es el motivo por el que tan pocos de nosotros conseguimos desvelar el código que, una vez conocido, permite que libremos todo nuestro potencial de sabiduría, creatividad, valor y paz interior. Solo cuando nosotros mismos mejoramos es posible que nuestra vida mejore. ¿Comprendéis lo que quiero decir? Lo que intento transmitiros es que necesitáis practicar para avanzar hacia la consecución del virtuosismo personal a diario, del mismo modo que necesitamos entregarnos a cualquier capacidad que nos permita alcanzar un rendimiento de primer orden en cualquier faceta de nuestra vida. Reforzad, asegurad y nutrid vuestra vida interior y, creedme, comprobaréis como vuestra vida se multiplica por 100. Cualquier cosa que hacéis en el mundo exterior es consecuencia directa de lo que sucede en vuestro interior. Eso es lo realmente importante en la preparación de la mañana. De este modo, cada día saldréis al mundo pensando, sintiéndoos y produciendo a unos niveles que os harán inalcanzables. Os debéis ese regalo a vosotros mismos.

—Lo cierto es que nunca había creído demasiado en la autoayuda antes de la conferencia del Guía —afirmó la emprendedora categóricamente—. Nunca me pareció algo real.

—¿Lo habías intentado alguna vez, quiero decir dedicándole en serio un tiempo prolongado? —preguntó el millonario tajante. Una paloma voló sobre ellos y, cuando el magnate alzó la vista hacia el sol, las nubes parecieron abrirse.

—En realidad no —reconoció la emprendedora—. Hasta ahora, no. Hasta que me uní al Club de las 5 de la mañana.

—¡Bien! Sigamos pues. He aquí la clave —dijo el millonario—. Durante la Hora de la victoria, de las 5 a las 6 de la mañana, es necesario concentrarse en la mejora de lo que el Guía llama *Los 4 imperios interiores*. Este es, probablemente, el trabajo más útil y, en ocasiones, más arduo, que haréis en vuestra vida. Un trabajo de profundización en vosotros mismos; de cultivo de las cuatro áreas interiores centrales de las que os hablaré enseguida. Un trabajo que se convertirá en la clave para vuestra transformación. No será fácil, ya os lo advierto. Pero estoy convencido de que merecerá la pena.

—¿Por qué? —preguntó la emprendedora. Ya había dejado de tiritar, debido a la fría temperatura de las aguas del océano Índico, pero el artista continuaba abrazándola, mientras el pertinaz gallo seguía cantando.

—Porque los imperios interiores necesitan alcanzar un rango de primer nivel antes de que se pueda acceder a los ámbitos exteriores. Porque la fortuna siempre es consecuencia de la valentía. Este punto es muy especial, chavales. *Vuestra influencia en el mundo es reflejo de la gloria, la nobleza, la vitalidad y la luminosidad a las que hayáis accedido dentro de vosotros mismos.* En esta época de superficialidad, en la que los seres humanos se comportan como máquinas, son muy pocas las personas que recuerdan esta verdad esencial de la vida. Lo externo es expresión de lo interno. Vuestra creatividad, productividad y prosperidad, vuestro rendimiento y repercusión en el planeta, son siempre la expresión sublime de lo que sucede en vuestro interior. Por ejemplo, si carecéis de fe en vuestra capacidad para que vuestras ambiciones se hagan realidad, nunca conseguiréis que se cumplan. Si no os consideráis merecedores de la abundancia, nunca podréis alcanzarla.

»Y si vuestro impulso para capitalizar vuestro talento es insuficiente, vuestro empuje para la pertinente preparación es débil y vuestra fuerza para optimizarla es escasa, está claro que nunca levantaréis el vuelo para la consecución de la más alta maestría. Es fundamental que seáis dominadores de vuestro ámbito. Lo externo siempre es expresión de lo interno. Y, para alcanzar el control de los imperios en vuestra vida exterior, tenéis que desarrollar primero los que están en vuestro interior —concluyó el millonario.

Bebió de una botella con un líquido verde que uno de los pescadores le había dado al bajar del barco. Si se miraba con atención, se podían leer impresas en el vidrio unas palabras de Mahatma Gandhi: «Los únicos demonios en este mundo son los que corren por nuestros propios corazones. Es allí donde se tiene que librar la batalla».

—A medida que aumentáis sistemáticamente vuestra fuerza interior —continuó el señor Riley— comenzaréis a visualizar una realidad alterativa, que fluye con un sinfín de oportunidades y posibilidades. Entráis en el universo de lo maravilloso, en un ámbito que la mayoría de las personas no puede ni tan siquiera intuir. Porque sus ojos están cegados por las dudas, la incredulidad y el miedo. La grandeza es algo interior —afirmó el millonario, mientras dibujaba en la arena otro esquema, similar a este:

LOS CUATRO IMPERIOS INTERIORES

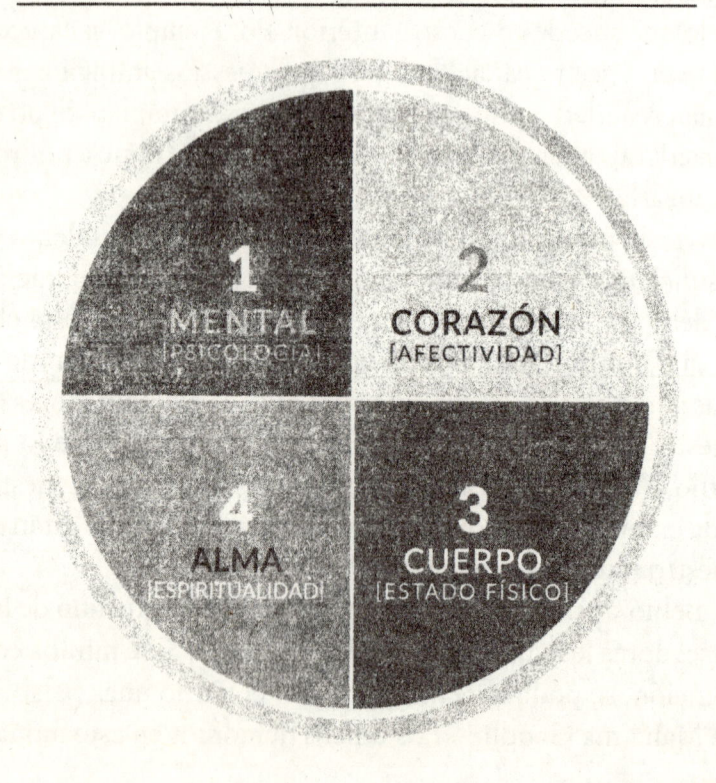

1 MENTAL
[PSICOLOGÍA]

2 CORAZÓN
[AFECTIVIDAD]

4 ALMA
[ESPIRITUALIDAD]

3 CUERPO
[ESTADO FÍSICO]

—Bien, analicemos este esquema, de manera que podáis adquirir un conocimiento elevado y superclaro sobre los aspectos de vuestra vida interior que debéis mejorar durante vuestra Hora de la victoria. Pronto os indicaré la rutina matutina completa que debéis seguir, cuando hablemos de la *Fórmula 20/20/20*. Por el momento, basta con que sepáis que hay cuatro áreas, cuatro imperios, que debéis entrenar, cultivar y reforzar antes de que salga el sol: la disposición mental, la emocional, la física y la espiritual. Juntas, estas cuatro áreas conforman el poder primigenio que reside en cada ser humano. La mayoría de nosotros hemos renegado de esta fuerza formidable y la hemos desacreditado, a medida que pasamos nuestros días persiguiendo anhelos externos a nosotros mismos. Pero todos nosotros tenemos esta profunda capacidad en nuestro interior. Y el mejor momento para optimizar nuestros imperios interiores es de las 5 a las 6, la hora más especial del día, que permite ser dueño de la mañana y elevar la propia vida —puntualizó el magnate.

—Perdón, tengo una pregunta: ¿y qué sucedería si aplicara el sistema solo 5 días a la semana y dejara de hacerlo los fines de semana? ¿Cómo de estricto tiene que ser el método de las 5 de la mañana? —interrumpió la emprendedora. Un viejo perro pasó cerca del grupo, mientras la canción *Occhi*, del cantante italiano Zucchero, podía escucharse a lo lejos, procedente del restaurante.

—Es tu vida. Haz lo que creas mejor o más apropiado en cada situación. Lo que estoy haciendo es compartir con vosotros la información que el Guía me transmitió. Esa información fue la que hizo que reuniera mi fortuna. Y me ayudó a alcanzar un consumado sentido de alegría diaria y de paz continuada conmigo mismo. En conjunto, me permitió alcanzar la libertad personal. Aplica el método según se corresponda mejor con tus valores, aspiraciones y estilo de vida. No obstante, ten en cuenta que *el compromiso a tiempo parcial arroja también resultados parciales* —respondió el millonario, girándose para atrapar una mosca con el puño.

—¿Podría decirnos algo más sobre *Los 4 imperios interiores*? —inquirió de nuevo la emprendedora—. Creo que esta parte de sus enseñanzas realmente me ayudarán mucho en mi lucha con los inversores y harán que recupere la esperanza, la felicidad y la confianza. No lo había comentado hasta ahora, pero en estos últimos días, desde que nos encontramos, he estado poniendo en práctica muchas de las cosas que ha tenido la generosidad de compartir con nosotros. Como estoy segura de que habrá notado, al principio mantenía una considerable resistencia a las filosofías del Guía. En realidad no quería acudir a este seminario, como sabe. Pero al final tuve que abrirme a las enseñanzas del Guía y a las suyas. Y lo hice de la manera decidida. Amo la vida y ahora tengo planeado vivirla durante mucho tiempo.

—Estupendo —dijo el artista tomando del suelo una concha con forma de corazón y poniéndola cuidadosamente sobre la palma de la mano de la emprendedora. Cerró la mano y la apretó contra su pecho.

—Y lo cierto es que he notado ya algunas mejoras significativas —continuó la emprendedora—. Levantándome a las cinco, me siento más concentrada, con menos estrés, más segura y con más energía. Tengo un mayor sentido de la perspectiva sobre todos los aspectos de mi vida. Siento mayor gratitud por todo lo positivo que hay en ella, estoy mucho menos preocupada por los ataques a mi empresa y mucho más esperanzada de cara al futuro. Sé que esos inversores son mala gente. Y aún no me encuentro preparada para hacerles frente, aunque lo haré. Pero el temor que me atenazaba en relación con todo ese asunto y el oscuro sentimiento de desesperación que se asociaba a él han desaparecido.

—¡Chachi! —dijo el millonario con un lenguaje que sonaba algo anacrónico para él.

Se cambió de camiseta. El coche regresó y el chófer lo aparcó justo enfrente del restaurante de pescado.

—Y sois listos —agregó el millonario—. Toda esta información no tiene precio. Pero, como estáis comprobando, son la práctica continuada y la aplicación diaria las que pueden hacer que os convirtáis es seres humanos excepcionales, en líderes inspiradores y en generadores de estímulo para los demás. Os felicito por ser capaces de dejar atrás vuestro pasado. Nadie dice que hayáis actuado de forma irresponsable ni que no hayáis afrontado con firmeza los problemas. *Pero el pasado es algo de lo que se debe aprender, no un lugar en el que vivir para siempre.*

Los tres amigos subieron al vehículo y se dispusieron a emprender el viaje de regreso.

—Bien, hablemos algo más de este modelo de aprendizaje; es algo crucial para lograr el éxito y la felicidad —comentó el millonario mientras el coche se ponía en marcha—. Hay muchos gurús que hablan de la disposición mental. Enseñan la importancia de la instauración de la llamada psicología de la posibilidad, por utilizar el término acuñado por Ellen Langer, profesora de psicología en Harvard. Enseñan a tener pensamientos optimistas todos los días. Sostienen que el pensamiento conforma la realidad y que mejorar la disposición mental mejora la propia vida. Sin duda, equilibrar el estado mental es un paso esencial para lograr el virtuosismo personal que nos permitirá acceder a una espléndida realidad exterior.

»Sin embargo —continuó el millonario—, hay algo que hay que tener en cuenta y que es extraordinariamente importante que comprendáis, porque la mayor parte de las personas no lo hacen: el Guía me enseñó que la elevación del estado de la mente, el primero de los cuatro imperios interiores, es solo el 25 % de la ecuación del virtuosismo personal.

—¿En serio? —preguntó al artista—. Siempre pensé que nuestro pensamiento es el que lo determina todo. Que no había nada por encima de él. ¿Qué pasa con eso de «cambia tu forma de pensar y cambiará tu vida», «tu actitud determina tu altitud» y todo ese rollo?

—Veamos —respondió el millonario—. Es evidentemente cierto que las convicciones más profundas son las que rigen el comportamiento diario. Sabes que es así como pienso y que creo que el modo en el que se percibe el mundo dirige la manera en la que actuamos en él. No obstante, un estado mental extraordinariamente desarrollado sin un estado emocional excelente conduce a un triunfo vacío de contenido. Trabajar solo en la mente nunca determina la plenitud de la expresión de la propia superioridad y el propio talento —expuso con claridad el magnate.

—Creo que ya lo voy pillando —asintió el artista con una sonrisa de oreja a oreja—. Charles Bukowski dijo: «Deja de insistir en limpiar tu cabeza, limpia tu maldito corazón en su lugar».

—Y tenía razón —exclamó el millonario acomodándose en el asiento de cuero del coche.

—Entonces ¿qué es exactamente la «disposición emocional»? —preguntó la emprendedora. Miró a un grupo de escolares que jugaban en un parque, con gran algarabía. Su mente se remontó a su infancia.

—La disposición emocional determina la vida afectiva. Incluso con las convicciones más arraigadas y con una disposición mental de primer nivel, no alcanzaremos la victoria si nuestro corazón está dominado por la ira, la tristeza, la decepción, el resentimiento y el miedo. Pensad en ello: ¿cómo podéis generar un trabajo excelente y conseguir resultados magníficos si estáis dominados por sentimientos tóxicos? Hoy en día todo el mundo se preocupa por conseguir un estado mental sano y fuerte. Pero nadie habla de la disposición emocional, física o espiritual. Y en la práctica matutina se debe atender con delicadeza y dedicación a cada uno de estos cuatro imperios. Eso os permitirá conocer el impresionante poder que hay en vuestro interior. Y solo cuando desarrolléis y profundicéis en la relación con esa autoridad natural que existe en vuestra esencia más íntima podréis integraros en la élite de los virtuosos. Y de los dioses. A medida que elevéis esos cuatro imperios interiores, comenzaréis a obtener logros en el mundo exterior que nunca soñasteis con alcanzar. Y del modo más elegante que podáis imaginar. Será como si desarrollarais las habilidades de un mago. Empezaréis a multiplicar la capacidad de los demás con vuestra simple presencia. Una antes improbable secuencia de pequeños milagros irá sucediéndose en vuestra vida cotidiana. Y una prolífica alegría, nacida de un rendimiento sobresaliente y del servicio al mundo, os invadirá como recompensa vital del admirable modo en el que habéis actuado. —El señor Riley miró por la ventana del coche y continuó su discurso—. Muchos de nosotros sabemos lo que debemos hacer mentalmente, pero la mayoría de las veces no sucede nada extraordinario, porque nuestra vida emocional está inmersa en el caos. Permanecemos anclados al pasado. No hemos perdonado lo imperdonable. Hemos reprimido todas las emociones generadas en nosotros por todos aquellos que nos han hecho daño. Sigmund Freud escribió que «Las emociones no expresadas nunca mueren. Son enterradas vivas y salen más tarde de peores formas». ¡Y nos preguntamos por qué nuestros esfuerzos por lograr un pensamiento positivo no funcionan! Ese es motivo por el que muchos libros de autoayuda no dan lugar a una transformación duradera y por el que muchas conferencias no proponen diferencias que perduren en el tiempo. Nuestra intención intelectual es buena. Deseamos realmente generar mejores logros y ser mejores personas. Pero solo obtenemos la información en el plano del pensamiento. Después saboteamos nuestras aspiraciones más elevadas con los residuos de nuestros corazones dañados. Así, nada cambia, nada aumenta, nada se transforma. Cuando se desea experimentar un crecimiento exponencial y lograr un rendimiento excepcional, es preciso programar un estado de la mente excelente, pero también reparar, reconstruir y reforzar las emociones para conseguir una disposición emocional que nos permita ir en pos de la victoria. En consecuencia, es imprescindible erradicar las emociones oscuras y tóxicas asociadas a dolores pasados. Hay que liberarse, limpiarse y purificarse. Para siempre. Y así el corazón, antes endurecido por las pruebas a las que le ha sometido la vida, volverá a abrirse en su más alto y noble esplendor.

—Una reflexión asombrosa... —reconoció la emprendedora—. Pero ¿cómo puedo ponerlas en práctica durante la Hora de la victoria entre las 5 y las 6?

—Aprenderéis a aplicar el método de las 5 de la mañana en breve —respondió el millonario—. Los dos estáis lo suficientemente abiertos y dispuestos y sois lo bastante fuertes como para utilizar pronto la *Fórmula 20/20/20*. Y, como ya os dije cuando comenzamos a reunirnos, vuestras vidas nunca serán iguales cuando la conozcáis y sepáis cómo ponerla en práctica. La *Fórmula 20/20/20* marca un punto de inflexión decisivo. Pero, por el momento, basta con que seáis conscientes de que la combinación de una magnífica disposición mental con una emocional que sea deficiente es uno de los principales motivos por el que muchas buenas personas abandonan sus intentos de alcanzar la excelencia.

»¡Ah! Y se me olvidaba —añadió el millonario—. También debo mencionar que, trabajar en la disposición emocional no solo consiste en eliminar las inquietudes negativas originadas por las frustraciones, las decepciones y las cargas de la vida. También hay que amplificar las emociones saludables. Por eso dentro de vuestra rutina matinal debéis incluir una práctica de gratitud: para alimentar vuestro sentido del respeto y recargar vuestra capacidad de entusiasmo.

—¡Me encanta! —dijo el artista—. Es realmente profundo todo lo que nos explicas, colega. Es revolucionario, debo admitirlo —insistió.

—Sí, absolutamente. El Guía me enseñó a desarrollar un trabajo profundo sobre mi disposición emocional cada mañana, durante la Hora de la victoria. De cualquier modo, incluso mejorando la disposición mental y emocional antes de que se alcen los primeros rayos de sol, solo se habrá realizado el 50 % del trabajo de desarrollo personal necesario para que los imperios interiores se materialicen y den paso a los imperios exteriores de los deseos más anhelados. Después de trabajar la disposición mental y la emocional, debéis trabajar la disposición física cada mañana.

—Se trata de un concepto nuevo para mí —apuntó la emprendedora.

—Bien, este concepto se centra en la dimensión física —explicó el millonario mientras el todoterreno atravesaba una de las numerosas plantaciones de té de la isla Mauricio.

—En este marco, uno de los principales elementos de la elevación a un nivel legendario es la longevidad. He aquí un breve pero esencial consejo si deseáis ser líderes en vuestros respectivos campos y escalar a los más altos grados de eminencia: no os muráis. Nunca llegaréis a ser figuras titanes en vuestra industria ni a convertiros en personas que pasan a la historia si estáis muertos.

La emprendedora y el artista rieron y el millonario, con gesto de felicidad, comenzó a aplaudir fuertemente al escuchar sus propias palabras.

—No, ahora en serio. Las cosas bellas suceden cuando se asume formalmente el compromiso de optimizar el propio estado físico y hacer lo posible por retrasar la vejez. Así se pueden ganar algunas décadas de vida, en las que además gozaréis de un buen estado de salud. Así dispondréis de un tiempo adicional en el que perfeccionar vuestras capacidades, en el que os podréis convertir en líderes más influyentes, en el que produciréis un trabajo que destaque por manifestar todas vuestras capacidades, en el que aseguraréis vuestra prosperidad y en el que consolidaréis un legado que pueda enriquecer a toda la humanidad.

Los productores de élite y los grandes líderes saben que solo se puede alcanzar el más alto grado de maestría y virtuosismo sin comprometer la propia vitalidad y, en consecuencia, blindándola. *Los días mejoran radicalmente si hacéis ejercicio.* Dejadme que lo repita, esta idea es un componente fundamental de una vida vivida como se debe: los días mejoran radicalmente si hacéis ejercicio. Y pocas cosas son mejores que sentirse en buena forma física. Estoy seguro de que hablar del estado de la salud es hacer referencia a la dimensión física, que hace que el cerebro opere a su máximo nivel cognitivo, con lo cual la energía se estimula, el estrés se disipa y, en consecuencia, el sentimiento de felicidad se expande. El hecho de sentirse realmente bien y en perfecta forma física hace maravillas en mis negocios, ¿sabéis?

El millonario hizo una pausa. Juntó las manos como suele hacerse en la India, donde la gente al hacerlo dice *Namasté*, que en sánscrito significa «me inclinó ante ti».

—Y de esta manera, señoras y señores, llegamos a la disposición espiritual. He aprendido que cada uno de nosotros tiene un espíritu y un alma inmaculados en lo más íntimo de su ser. La mayoría de la gente no se interesa por los susurros y las necesidades del alma. Como especie, hemos ido abandonando esa parte de nosotros mismos que, por lo demás, es la más sabia, maravillosa y eterna. La mayoría, programada por la propia sociedad, se centra en todos aquellos bienes y cualidades que fomentan la popularidad, que proporcionan validación y capital social a partir de sus selfis y que consiguen resultados socialmente aceptados, que sirven como legitimación. Sin embargo, alimentar el espíritu a diario es la actividad que realza el genuino liderazgo.

—Y dígame señor Riley, ¿a qué se refiere exactamente cuando habla de dimensión espiritual? —preguntó la emprendedora, haciendo evidentes progresos como discípula de las enseñanzas del Guía.

Parecía más fuerte y liberada que en cualquier otro momento desde que el artista se había encontrado con ella.

—Sí, colega, yo tampoco lo tengo demasiado claro —dijo el artista con sinceridad mientras se acomodaba en su asiento y el chófer conducía el vehículo por la sinuosa carretera que conducía a la casa del magnate.

Más mariposas revoloteaban en el aire. El doble arcoíris permanecía fijo en el cielo. El millonario se quedó observándolo y continuó con su discurso:

—«No hay belleza perfecta que no tenga alguna rareza en sus proporciones» —dijo el millonario mientras sacaba la lengua y saludaba a sus jardineros—. Es algo que dijo el escritor inglés Christopher Marlowe. Y, muchacho, tenía razón. Pero bueno, chavales, para ayudar a entender el cuarto imperio interior, dejad que os diga que, como la disposición mental se asocia a la psicología, la emocional a vuestra afectividad, la física a vuestro cuerpo y la espiritual a vuestra alma. Tal cual. No se trata de nada místico ni religioso, de nada relacionado con el vudú ni con nada extraño.

—Siga profundizando, por favor —pidió la emprendedora—. Con todas estas cosas está consiguiendo que reordene mi percepción.

—Bueno, se trata del trabajo del Guía. No del mío, recuérdalo. De cualquier modo, En mi ánimo está el anhelo de convertirme en un devoto espiritualista. Y este término, en cierto modo rebuscado, no debe asustarte ni hacer desmerecer esta área. A lo único que me refiero es a la necesidad de dedicar un tiempo en la quietud de la primera mañana a recuperar el ánimo, la convicción y la compasión por uno mismo. Solo abogo por la elevación hacia los ángeles de la más alta naturaleza, por la danza con los dioses de los más precisos talentos durante un tiempo breve antes de que salga el sol, como tributo a lo más sabio y cierto que hay en cada uno de nosotros. Solo entonces podréis empezar a conocer los shangrilás de la excelencia y grandeza y los nirvanas que habitan en el seno de nuestro yo soberano. La disposición emocional se relaciona con aquello que nos hace recordar lo que realmente somos. Los sabios, santos y profetas que ha habido en la historia se levantaban siempre al amanecer para consolidar los vínculos con ese héroe que todos llevamos dentro. La inseguridad, la penuria, el egoísmo y la infelicidad son todos ellos hijos del miedo. Son características que nos han enseñado. Seguro que no pertenecen a nuestro estado natural. Después de nacer, comenzamos a alejarnos de nuestro poder espiritual y descendemos hacia lo que este convulso mundo quiere que seamos. Nos dedicamos más a adquirir, acaparar y compararnos con los demás que a crear, ayudar y emprender aventuras. Al despertar, el ser humano trabaja para elevar su estado espiritual en la serenidad de las horas previas a la salida del sol, en un santuario de soledad, silencio y calma. A través de la esperanzada contemplación de la mejor versión de uno mismo, sin errores que condicionen el propio carácter. Por medio de una maravillosa meditación sobre cómo se desea que discurra el día que se tiene por delante. Mediante la razonada consideración de la inmediatez de la vida y de la salida de ella. Y con elaboradas reflexiones sobre qué dones se desean materializar para dejar un mundo mejor que el que encontramos al principio, cuando nacemos. Todas estas son algunas de las posibles opciones a través de las cuales es posible elevar el estado del alma.

—Sí —continuó el millonario mostrando cierta vulnerabilidad tras esta sincera expresión de su espiritualidad y hablando ahora con voz tenue—. Los dos tenéis un héroe valeroso, cariñoso y extraordinariamente poderoso en lo más íntimo de vuestro ser. Sé que a la mayoría de la gente este planteamiento le puede parecer una locura. Pero así es. Dedicar un tiempo al estado del alma durante la Hora de la victoria mejorará la consciencia de la existencia de esa magnífica parte de vosotros y la relación con ella. De este modo estaréis sirviendo de manera coherente a la sociedad, en vez de satisfacer los anhelos de los pequeños egos.

—Y con una mejor consciencia diaria de la disposición mental, emocional, física y espiritual podremos realizar cada día las mejores elecciones para obtener resultados mejores, ¿verdad? —dijo la emprendedora recitando la *Fórmula del éxito en 3 pasos* que había conocido en una sesión anterior.

—Precisamente —celebró el millonario—. Es exactamente así —reafirmó cabeceando—. Y, por favor, sed leales a aquello que es más importante en una existencia vivida plenamente —imploró el magnate—. No os dejéis abrumar por las superficialidades que acosan al espíritu humano y haced que nos alejemos de lo mejor que hay en nosotros mismos.

Sacó una pequeña cartera de un bolsillo y leyó unas palabras de Tolstói en un papel hecho jirones que llevaba doblado en ella, entonando la lectura con voz áspera pero solemne:

> *Una vida tranquila de reclusión en el campo, con la posibilidad de ser útil a aquellas personas a quienes es fácil hacer el bien y que no están acostumbradas a que nadie se preocupe por ellas. Después trabajar, con la esperanza de que sirva para algo; luego el descanso, la naturaleza, los libros, la música, el amor al prójimo... En eso consiste mi idea de la felicidad.*

Los tres se encontraban ahora frente a la casa del magnate. Un búho observaba desde la rama de un limonero. Al ver al millonario ululó con fuerza. Él respondió con un simple saludo.

—Encantado de verte, compañero —dijo el millonario—. ¿Por qué has tardado en volver a casa?

Enfoque número 4:
Acumulación de días

—Recordad que cada uno de vuestros valiosos días no es otra cosa que una vida en miniatura —observó el millonario—. Cada día que vivís es una pieza de vuestras vidas. Todos nosotros estamos tan centrados en perseguir el futuro que, en general, ignoramos el extraordinario valor de un único día. *Y lo que estamos haciendo hoy mismo no es más que crear ese futuro.* Es como aquel barco —comparó el señor Riley, señalando a un buque que navegaba en la distancia—. Unos pocos cambios en la navegación, en apariencia irrelevantes e infinitesimales realizados de manera sistemática a lo largo de un viaje prolongado, pueden marcar la diferencia para acabar en el asombroso Brasil o en el fantástico Japón. Todo lo que necesitáis para garantizar una vida plenamente satisfactoria y llena de significado es ser los dueños de vuestros días. Basta con introducir pequeñas correcciones y mejoras en cada 24 horas que nos son asignadas, de apenas un 1 % del total de tiempo, esos días mejorados se trasformarán en semanas, estas en meses y estos en años. El Guía llama a estas mejoras personales y profesionales diarias «microvictorias». Si diariamente mejoráis en un 1 % cualquier aspecto de vuestra vida, ya sea la rutina matinal, una forma de pensar, un asunto de trabajo o una relación personal, tras un mes conseguiréis mejorar vuestros resultados en un 30 %, (sí, sí, ¡un 30 %!). Si continuáis con ese mismo programa, en solo un año el nivel de mejora será de al menos un 365 %. Lo que quiero decir es que si os concentráis de forma obsesiva en crear días excelentes, conseguiréis convertirlos en una vida maravillosa.

—Los pequeños cambios, por insignificantes que parezcan, a la larga dan resultados espectaculares —afirmó la emprendedora, recordando uno de los mantras para el cerebro que había aprendido durante su aventura mágica.

—Sí —reafirmó el millonario jovialmente mientras se estiraba y realizaba una flexión hasta tocarse la punta de los pies y susurraba para sí mismo—: La vida es bella, y yo tengo que ayudar a estas dos almas maravillosas ser fabulosas... antes de que sea demasiado tarde.

»Esta es la verdadera moraleja —continuó el millonario—. Los productores de élite y los héroes de cada día saben que lo que se hace diariamente tiene más repercusión que lo que se hace una vez de manera aislada. La constancia es un componente esencial de esta faceta del desarrollo personal. *Y la regularidad es una necesidad para quienes están llamados a hacer historia.*

En ese momento, la atención de la emprendedora se distrajo cuando se encendió la pantalla de su teléfono en la que, de forma macabra apareció un mensaje con letras que simulaban chorros de sangre y que la dejaron temblorosa y sobrecogida:

EL ASESINO SE ACERCA

—¿Qué pasa, cariño? —preguntó el artista, revelando la creciente intimidad de la relación entre ambos.

—Sí, ¿qué sucede? —inquirió también millonario al ver la palidez fantasmal del rostro de la emprendedora.

—Es... mmm... es... bueno... es... —balbuceó.

Cayó sobre sus rodillas en un parterre con flores, cerca de donde el chófer había aparcado el vehículo. Pero de inmediato volvió a ponerse en pie.

—Es otra amenaza de muerte. Me dicen que han enviado a alguien para que me mate. Son los inversores de nuevo, presionándome para que deje la empresa. Pero ¿sabéis qué? —dijo la emprendedora adoptando ahora una actitud confiada y desafiante—. No voy a hacerlo. Yo fundé este negocio. Me gusta lo que hago. Haría cualquier cosa por mi equipo, nuestros productos son fantásticos y ver cómo crece la empresa es muy enriquecedor. Estoy preparada para hacerles frente, ¡de una vez por todas!

—Bien, parece que el problema está en vías de arreglarse —murmuró el millonario—. Ahora intenta estar centrada en la formación y no dejes pasar esta oportunidad de ser un nuevo miembro del Club de las 5 de la mañana. Sigue pasándotelo de miedo aquí con nosotros en Mauricio, continúa tu historia de amor con mi amigo tatuado —sonrió el millonario—. Y sigue reforzando la consciencia de tu fuerza natural, como líder, como intérprete de tu vida y como ser humano. Me siento realmente feliz al comprobar tus progresos. Ahora pareces menos tensa, más decidida y mucho más serena. Te felicito.

—Levantarme a las 5 me resulta más fácil cada día que pasa —dijo la emprendedora, que ya se sentía reconfortada y más calmada—. Los conocimientos que está compartiendo con nosotros son realmente valiosos. Me han hecho crecer de una manera increíble. Tengo muchas ganas de conocer con detalle la *Fórmula 20/20/20* y de convertirla en un hábito de seguir para saber qué hacer exactamente durante la Hora de la victoria. He estado practicando algo de yoga y paseando por la playa en la oscuridad antes de que salga el sol, pero aún necesito la ayuda de un ritual más específico. Sé que existe uno. En cualquier caso, la filosofía que nos han mostrado hasta ahora me ha resultado de gran ayuda.

—Pronto hablaremos de la metodología concreta. Por el momento solo deseo que sepáis que el concepto del que hemos estado hablando es el llamado *Fundamento de la acumulación de días*. El triunfo empieza exactamente en vuestro propio comienzo. Cuando seáis dueños de vuestras mañanas, la calidad de vuestros días aumentará exponencialmente, lo que, a su vez, mejorará la calidad de vuestra vida, también de manera exponencial. Os sentiréis más cargados de energía, productivos, confiados, excelentes, felices y serenos, incluso en los días más difíciles, cuando valoréis lo logrado al final de cada día. Así pues, pasemos otro fantástico día juntos.

Siempre me ha gustado un poema de John Keats que dice: «Casi desearía que fuésemos mariposas y viviéramos solo tres días de verano. Tres días así contigo los llenaría de más placer del que cabe en cincuenta años». Bonito, ¿verdad?

—Totalmente —respondió el artista, mientras se estiraba las rastas, se palmeaba el estómago y se ataba una de las botas militares que calzaba—. Estoy totalmente de acuerdo.

—Bueno, y ¿a qué hora nos vemos mañana? —preguntó el millonario con un gesto de sorna que denotaba que conocía de antemano la respuesta.

—¡A las 5 de la mañana! —respondieron al unísono la emprendedora y el artista con entusiasmo.

11

Navegar las mareas de la vida

> Las mejores y más bellas cosas en el mundo no pueden verse, ni siquiera tocarse; deben sentirse con el corazón.
>
> HELLEN KELLER

La emprendedora había aprendido a navegar de niña. Le encantaba sentir el agua salada en su joven rostro y la sensación de libertad que invadía su espíritu en el ancho mar. Se preguntaba por qué había dejado de hacerlo. En aquel instante, también pensaba en por qué había renunciado a muchas de las actividades que le habían proporcionado armonía. Y notó que, en este preciso momento, en un pequeño bote deslizándose sobre las infinitas aguas del océano Índico, se sentía verdaderamente despejada. E intensamente viva.

«Nuestra cultura mide el éxito en función de cuánto dinero tenemos, la cantidad de logros que hemos alcanzado y la influencia que ejercemos. Sin embargo —pensaba la emprendedora—, aunque tanto el Guía como el señor Riley coinciden en señalar que estas victorias son importantes, me han animado a pensar en lo bueno que ha sido mi comportamiento en la vida, en función de otra serie de parámetros; por medio de mi conexión con mi poder natural y mi intimidad, con mi propia autenticidad, la vitalidad de mi entidad física y la dimensión de mi felicidad. Todo esto parece una manera mejor de evaluar el éxito: sentir que puedo realizar mis objetivos y, a la vez, estar en paz conmigo misma».

La conferencia del Guía y esos maravillosos días en esa isla virgen, con personas que todavía tienen tiempo para decir «buenos días» para sonreír a los extraños y para demostrar una genuina calidez, continuaban inspirándola y provocando en ella cambios, tanto mínimos como de gran alcance, en la interpretación de la verdadera naturaleza de lo que ha de ser una vida productiva, próspera y gratificante.

La emprendedora percibía que ahora tenía un comportamiento menos mecánico y más humano. Ya no estaba pendiente de todos sus dispositivos tecnológicos de una manera tan compulsiva. Nunca se había sentido tan creativa ni tan abierta a las milagrosas maravillas de la vida. Nunca se había sentido tan receptiva ante las bendiciones que la Tierra nos ofrece cada día. Y nunca, al menos en lo que podía recordar, se había sentido tan agradecida, sí, más absolutamente satisfecha por absolutamente todo cuanto había experimentado. Sabía que los aspectos más duros de su vida la habían fortalecido y habían hecho que ahora fuera más perspicaz, interesante y sabia. Comenzaba a comprender que una vida fascinante y rica en matices deja muchas cicatrices.

Se había prometido a sí misma que iba a aprovechar el desafío al que se enfrentaba con sus inversores para intensificar su coraje. El intento de absorción de los inversores sencillamente incrementó su nivel de implicación, defendiendo ese heroísmo natural que, según había aprendido, todos atesoramos en lo más profundo de nuestro ser, bajo esas capas de temor, inseguridad y limitación que vamos acumulando a medida que avanza nuestra vida. El comportamiento de esos socios indignos de confianza solo había servido para hacer de ella una persona mejor, más valiente y más íntegra. A menudo, un mal ejemplo nos enseña más sobre aquello en lo que deseamos convertirnos que uno bueno. Y, en ese mundo de seres humanos encallecidos, que han perdido la referencia de lo que realmente son, se había prometido a sí misma dedicar el resto de sus días a fomentar la excelencia, la adaptabilidad y la más absoluta bondad.

Mientras la emprendedora y el artista navegaban es ese pequeño bote de madera en aguas tan trasparentes como el cristal, esquivando arrecifes de coral que, en caso de impacto contra ellos, podrían producir consecuencias graves, la mujer podía entrever la masa de tierra, en la que el señor Riley le había propuesto que tuviera un picnic marítimo con su nuevo amor.

También percibía que sentía cada vez mayor afecto por el hombre que estaba sentado a su lado. Aunque procedían de universos completamente distintos, la química que había entre ellos era innegable. Era como si dos galaxias hubieran entrado en colisión. Y, a pesar de que tenían formas de actuar muy diferentes, su compatibilidad era algo que no había experimentado nunca antes. Su madre le había dicho en cierta ocasión que, si tenía la suerte de enamorarse dos o tres veces en la vida, hiciera que las historias de esos amores fueran algo realmente importante.

Las capacidades artísticas de su pareja eran algo que la intrigaba profundamente. Sus deseos de hacer algo grande por sí mismo la atraían. Su ocasional rudeza suponía para ella un reto. Su sentido del humor la divertía. Su manifiesta humanidad la enternecía y sus ojos negros la volvían loca.

—Ha sido una buena idea —dijo el artista mientras la emprendedora ajustaba el aparejo del bote y manejaba diestramente el timón para esquivar unas boyas que habían dejado los pescadores por la mañana—. Venir aquí, lejos de todo.

Necesitaba hacer un alto en el aprendizaje. Me encanta todo lo que nos está contando el señor Riley y estoy aprendiendo muchas cosas nuevas sobre mí que no conocía. Menudo personaje, ¡es un tesoro! Pero tengo la cabeza como un bombo. Deseaba dejar de pensar unas horas, pasar un buen rato y disfrutar de la vida. Para mí estar aquí, contigo, es algo muy especial.

—Gracias —respondió sencillamente la emprendedora, cuyo pelo ondeaba al viento y cuyos centelleantes ojos miraban fijamente el agua que se extendía frente a ella.

«No la había visto nunca tan feliz desde que la conocí en la conferencia», pensó para sí el artista, y la rodeó con sus brazos. Ella aceptó el abrazo, permaneciendo junto a él relajada, mientras el bote pintado de colores chillones se adentraba en el océano. Después de un rato la pequeña isla hacia la que se dirigían se perfiló en el horizonte.

—El personal del millonario nos ha preparado un picnic bastante bueno —comentó la emprendedora—. ¿Qué tal si echamos el ancla en esa zona de aguas bajas y comemos en la parte de playa de arena blanca?

La isla parecía desierta. Solo había una bandada de gaviotas bien alimentadas, algunas de ellas con peces vivos colgando de sus agudos picos amarillos, y una tortuga gigante que caminaba por la orilla como si fuera la reina del islote.

—Genial —afirmó el artista—. Es un plan de coña —añadió, quitándose la camiseta y lanzándose casi inconscientemente al agua.

Juntos disfrutaron de una comida deliciosa: langostinos a la plancha con ensalada de mango acompañados por un gran trozo de queso pecorino que habían traído por avión desde Italia esa misma mañana. Y de postre, una macedonia de sandía, piña y kiwi.

Mientras saboreaban la comida y se relajaban en aquel santuario de pacífico aislamiento, la emprendedora habló de su deseo de lograr que su empresa llegara a tener fama mundial. Dijo que su aspiración era constituir un verdadero emporio empresarial y, después, tal vez retirarse a un lugar como Ibiza. Habló también de su dolorosa infancia, rememorando desde la traumática separación de sus padres hasta la muerte violenta de su padre, al que adoraba, y de toda una serie de relaciones fallidas, que hicieron que se concentrara la mayor parte del tiempo en su trabajo y que, cuando no se dedicaba a él, sintiera una profunda soledad.

—Esas no fueron relaciones fallidas —reflexionó el artista mientras tomaba un trozo de sandía—. Te convirtieron en lo que ahora eres. ¿O no? Y me gusta mucho como eres —dijo con cariño—. Es más: te quiero tal y como eres.

Se inclinó hacia ella y la besó.

—¿Por qué has tardado tanto en decir eso? —preguntó la emprendedora.

—No sé. Durante mucho tiempo no he tenido demasiada confianza en mí mismo —confesó el artista—. Pero escuchar las palabras del Guía en el seminario, encontrarte a ti, sentir esta conexión tan alucinante y compartir esta aventura contigo es una locura... No sé. Todo esto ha hecho que crea más en mí. Supongo que me ha ayudado a recuperar la confianza en la vida. Poder volver a abrirme a alguien de nuevo es fabuloso. Debería pintar algo hoy, cuando regresemos. Creo que está a punto de suceder algo especial. Estoy seguro.

—¡Claro que sí! Debes hacerlo —le animó la emprendedora—. Yo también tengo esa sensación. Seguro que serás un pintor de éxito, conocido en todo el mundo.

Y tras una larga pausa, añadió:

—Yo también te quiero, por cierto.

De repente, una música de hip-hop a todo volumen interrumpió el romanticismo de ese momento que estaban compartiendo los dos nuevos miembros del Club de las 5 de la mañana. En el agua podía verse una figura que se desplazaba a gran velocidad, zigzagueando y acelerando cada vez más. Pronto se pudo identificar al ruidoso e inesperado intruso: Stone Riley, a los mandos de una moto de agua tuneada y con un sombrero de copa sujeto por una cinta atada al mentón. Sí, sí: un sombrero de copa. De cerca se podían ver dos tibias y una calavera en él, el emblema de la bandera pirata.

El millonario llegó enseguida a la playa donde estaban los dos enamorados y empezó a engullir una abundante ración de langostinos y mango, y a devorar varias piezas de fruta. Con igual celeridad, estrechó las manos de la emprendedora y el artista.

Este hombre era un verdadero excéntrico. Y una gran persona. Los dos se miraron mientras contemplaban la escena que había montado el millonario. Sacudieron la cabeza, batieron palmas y empezaron a reír a carcajadas.

—¡Chavales! —gritó el magnate con un tono de voz más alto que el penetrante sonido de la música, mientras la moto encendida se mecía en el agua cerca de la orilla—. Os echaba de menos. Espero que no penséis que quería estropearos el picnic —dijo aún con comida en la boca. Sin esperar respuesta, subió aún más el volumen y se puso a cantar acompañando la música.

—Esta canción es la bomba, ¿no? —vociferó con la energía de una central eléctrica.

—Es total —respondió el artista.

Los tres pasaron el resto de esa inolvidable tarde nadando, cantando, bailando y hablando. Por la noche, el millonario les ofreció una magnífica cena en su playa, iluminada con antorchas, faroles de color crema y lo que parecían miles de velas.

Sobre una larga mesa de madera, cubierta con refinados manteles, había fuentes con todo tipo de manjares. El Guía también asistió al banquete y conversó largamente con el millonario, mientras que algunos otros amigos del señor Riley se fueron incorporando a la reunión, para tocar los bongos, compartir la magnífica comida y saborear exquisitos vinos. Incluso los asistentes del millonario, siempre tan profesionales y excepcionalmente hospitalarios, fueron invitados a la velada. Era algo irreal, algo realmente especial.

Durante un instante, la emprendedora reflexionó sobre el encanto de esa noche y recordó una frase que tenía pegada en la puerta de la nevera familiar cuando era niña. Era de Dale Carnegie, el escritor de libros de autoayuda: «Una de las cosas más trágicas que conozco de la naturaleza humana es que todos tendemos a posponer la vida. Todos soñamos con algún mágico jardín de rosas en el horizonte, en vez de disfrutar de las rosas que florecen hoy delante de nuestra ventana».

La emprendedora sonrió para sí misma. No solo se había enamorado de un buen hombre. Estaba empezando a experimentar una fecunda alegría de vivir.

A las 5 de la mañana del día siguiente, el sonido de un helicóptero quebró la serenidad que solo se presenta a esa hora del día. La emprendedora y el artista esperaban en la playa, como habían prometido al millonario. Esperaban la siguiente lección, cogidos de la mano con fuerza, pero él no aparecía por ningún lado.

Una de las integrantes del personal de servicio, vestida con una impecable camisa de color azul celeste, unas bermudas rojas y sandalias de cuero, salió sigilósamente de la casa del magnate.

—*Bonjour* —dijo amablemente—. El señor Riley me ha pedido que les acompañe a su helipuerto. Me ha dicho que tiene un gran regalo para ustedes. Pero hemos de darnos prisa. Hay poco tiempo.

Los tres corrieron por la playa, subieron por un sendero, bordeado por frondosos árboles, atravesaron un jardín en el que había carteles de madera, con frases de algunos famosos líderes, así como uno que rezaba «Propiedad privada. Los intrusos se transformarán en abono». Finalmente, salieron a una amplia pradera, donde les esperaba un helicóptero con los rotores encendidos, que brillaba bajo las primeras luces del alba.

Dentro del aparato solo se veía a un piloto. Llevaba gafas de aviador, una gorra de béisbol negra de visera plana y un uniforme negro. Cuando los pasajeros subieron al helicóptero el piloto permaneció en silencio manipulando los controles y comprobando una detallada lista que llevaba sujeta en un viejo portapapeles, en cuya parte superior podía leerse la frase «Elévate y brilla para escapar de la miseria de la mediocridad». Debajo de la cita se veía una carita sonriente.

—¡Buenos días! —saludó animada la emprendedora al piloto—. ¿Dónde está el señor Riley?

El piloto no contestó. Ajustó uno de los controles, giró un botón e hizo otra anotación en la lista de comprobación.

—Buena suerte y que tengan un buen vuelo —dijo la asistente, mientras les ajustaba los cinturones y les colocaba a los dos invitados cascos con micrófonos sobre la cabeza.

—¿Adónde demonios vamos? —preguntó el artista, que ya empezaba a estar enfadado.

No hubo respuesta. La puerta se cerró con un ruido sordo y, a continuación, se bloqueó con un chasquido.

El ruido del motor se hizo más intenso, *brum, brum, brum*, y el propulsor aumentó su frecuencia de giro. En una especie de trance imperturbable y con una actitud nada amable, el piloto empujó el mando de control y el helicóptero empezó a elevarse. De manera inesperada, el aparato se inclinó considerablemente hacia un lado y descendió bruscamente, aunque tras una sacudida, volvió a elevarse.

—¡Maldita sea! —gritó el artista—. Este piloto es un inútil total, ¡lo odio!

—Tranquilo. Toma aire. Todo irá bien —dijo la emprendedora manteniendo la calma para intentar serenarlo. Ella parecía relajada y segura, mantenía por completo el control. Su entrenamiento matinal parecía funcionar. Se acercó al artista, estrechándolo contra ella—. Estoy aquí. Estamos seguros. Todo irá bien.

Poco después el helicóptero surcaba los cielos, equilibrado, estable y con elegancia.

El silencioso piloto observaba los lectores de medición y jugueteaba con los controles, aparentemente ajeno al hecho de que llevaba dos pasajeros.

—Eh, ese reloj me suena de algo... —observó artista al ver el enorme aparato que el piloto llevaba en la muñeca—. Es el mismo que Stone llevaba en la presentación del Guía. ¡Esto es de locos! —dijo el pintor con voz temblorosa. Estaba sudando como un oso polar en una ola de calor.

—Controla tus mañanas, impulsa tu vida —se escuchó canturrear desde la parte delantera del helicóptero—. ¿Qué hay, chavales? *Bonzour*! ¿Contentos de ser miembros del Club de las 5 de la mañana al comienzo de esta jornada? —preguntó la voz con tono ronco—. ¡Ay, muchachos, muchachos! Os encantará la sorpresa que os espera. Otro país para otra lección sobre la rutina matinal de los líderes que alcanzan la categoría de leyenda, los genios de la creación y los grandes hombres y mujeres que cambian el mundo.

El piloto giró bruscamente la cabeza y se quitó las gafas con un movimiento rápido. Después dejo escapar un considerable eructo.

Era el millonario.

—¿Qué tal, gente? No era mi intención asustar a dos seres humanos tan excepcionales como vosotros. Tengo licencia de piloto de helicópteros. ¿A que no lo imaginabais? —dijo el señor Riley con cierto tono de disculpa.

—Puede estar seguro —respondió el artista, aún aferrado a la emprendedora como un jugador a su última ficha.

—Me la saqué hace años —continuó el millonario—. Los helicópteros son superguapos. Pero mis negocios no me han dejado practicar las horas de vuelo que antes solía aprovechar. Perdonadme por la torpeza en el despegue. Creo que necesito más práctica.

—Bueno, pero ¿adónde vamos? —preguntó la emprendedora mientras se acomodaba en el blando asiento de cuero.

—A Agra —contestó lacónico el millonario.

—Y eso qué significa —inquirió un tanto excéptico el artista—. ¿Qué es Agra?

—Os estoy llevando de nuevo al aeropuerto —dijo el millonario—. Vamos a cambiar de lugar en esta aventura única que estamos viviendo.

—¿Nos marchamos de Mauricio? —se lamentó decepcionada la emprendedora, mientras sus pulseras colgaban de sus brazos y chocaban entre ellas.

—¿Y qué hay de todo lo que todavía le queda por explicarnos? —insistió el artista—. Aún no sabemos nada de la *Fórmula 20/20/20*, la que nos dijo que revolucionaría nuestras vidas. Nos explicó que era la base del Método de las 5 de la mañana. He estado esperando para saber de qué se trata —protestó el artista, golpeándose una mano con el puño de la otra—. Y lo cierto es que, realmente, me encanta Mauricio. No esperaba tener que ir a otro lugar.

—Yo también —reafirmó la emprendedora—. Pensaba que nos había prometido explicarnos con detalle las tácticas relativas a lo que hay que hacer después de levantarse a las 5 de la mañana. Y en la conferencia del Guía me aseguró que me mostraría técnicas prácticas relacionadas con la productividad que me ayudaran a ampliar mi negocio y algunas técnicas clave para lograr una fortuna personal. Y mi chico y yo solo hemos tenido tiempo para hacer un picnic juntos. Que, por cierto, ¡consiguió interrumpir con su música atronadora y su moto de agua tuneada!

Nadie dijo nada durante un rato. Después, poco a poco, todos en el helicóptero comenzaron a reír nerviosamente.

—¡Relajaos muchachos! —dijo alzando la voz el millonario—. Mi casa es vuestra casa. Podéis volver a Mauricio siempre que queráis. Os enviaré los mismos conductores, la misma tripulación y el mismo avión. Y estoy seguro de que sentiréis el mismo afecto por mí y por mi excelente equipo. No hay problema. Encantado de ayudar. Siempre.

Ajustó otro de los controles del aparato, y añadió:

—Un avión nos está esperando en la pista. Vosotros, mis queridos tortolitos, habéis sido unos discípulos formidables. Habéis asimilado con pasión las enseñanzas del Guía. Os habéis levantado al alba todos los días. He asistido a todos vuestros progresos. Así que hoy deseo haceros un gran regalo.

—¿Un regalo? —preguntó dubitativo el artista—. Bueno, lo cierto es que yo debería regresar a casa, a mi estudio, en breve. Tengo que plantear una reestructuración a fondo de mi trabajo y arreglar otros aspectos de mi vida, después de todo esto.

—Y yo tengo que volver pronto a ocuparme de mi empresa —dijo la emprendedora.

Al decirlo, las arrugas de preocupación regresaron a su frente, aunque esta vez había menos que las que mostraba cuando se unió al Club de las 5 de la mañana.

—Todavía no, chavales. Tened paciencia, todavía no —suplicó el magnate—. Ahora iremos a Agra.

—No tengo ni idea de dónde esta eso —reconoció la emprendedora.

—Agra está en la India —explicó el millonario—. Os voy a llevar a ver una de las Siete Maravillas del mundo. Y a preparar la siguiente parte del Método de las 5 de la mañana. Todo lo que habéis aprendido hasta ahora es la preparación de lo que viene a continuación. Estad preparados, muchachos. Estamos listos para acceder a la información avanzada que ayuda a alcanzar un aumento exponencial de la productividad, un rendimiento máximo, unos niveles de liderazgo legendarios y un modelo de vida excelente, que mejora el mundo. Estad preparados para recibir la información más práctica que habéis recibido hasta ahora relativa a la rutina de la mañana de los triunfadores, los llamados a hacer historia. Lo mejor está todavía por venir.

El millonario aterrizó el helicóptero con pericia cerca de un impoluto jet privado con los motores en marcha. A diferencia del primero, este avión era completamente negro. Pero, igual que el que había llevado a los discípulos a Mauricio, tenía el símbolo del Club, C5M, estampado en la cola, en tono naranja.

—¡En marcha hacia la increíble India! —exclamó el millonario con energía.

—¡En marcha, pues! —exclamaron la emprendedora y el artista.

Una de las más valiosas experiencias de su extraordinaria aventura con Stone Riley, el excéntrico magnate, estaba a punto de comenzar.

12

El Club de las 5 de la mañana descubre el protocolo de establecer hábitos

> Odiaba cada minuto de entrenamiento, pero no paraba de repetirme: «No renuncies, sufre ahora y vive el resto de tu vida como un campeón».
>
> MUHAMMAD ALI

La siguiente lección de la mañana estaba programada para tratar más profundamente el modo en el que los líderes y creadores más productivos del planeta establecen los hábitos que los convierten en verdaderas superestrellas. Y les hacen vivir unas vidas fascinantes, intrépidas y plenamente resueltas. En respuesta a la solicitud del señor Riley tanto la emprendedora como el artista habían tratado de organizar sus agendas para poder ampliar la duración de su viaje. Conocían el profundo valor de la formación que estaban recibiendo. Y sabían que lo más inteligente era aprovecharla en su totalidad.

—¡Bien, chavales! —gritó el millonario dirigiéndose a sus compañeros de viaje mientras el sol de la India se elevaba tímidamente desde un horizonte a la vez árido e impresionante.

Eran exactamente las 5 de la mañana.

El magnate vestía una camisa negra con cuello Mao, bermudas y sandalias negras. Mostraba una amplia sonrisa. Lucía el bronceado del sol de Mauricio y se había puesto un turbante.

—Esta mañana os hablaré de los conocimientos que me transmitió el Guía sobre la implementación de sistemas de rendimiento máximo que os ayudarán a activar vuestra excelencia en el trabajo y en la vida. Como ya vimos en una lección anterior, los mejores no son los mejores debido a la genética, sino a sus hábitos. No por la magnitud de sus capacidades, sino por la fuerza de su *grit*. En la sesión de hoy trataremos sobre lo que la ciencia y la investigación nos dice sobre lo que tenemos que hacer para eludir los comportamientos que nos debilitan y para centrarnos en aquellos que nos sirven.

—¿Qué es eso del *grit*? —preguntó la emprendedora, prestando atención a cada palabra que el millonario decía.

Hoy llevaba el pelo recogido en una coleta y calzaba unas sencillas zapatillas.

—Es un término popularizado por la psicóloga social Angela Duckworth, que estudió a muchos de los que conforman la élite en campos como los negocios, la educación, el ámbito militar y los deportes. Esta investigadora observó que lo que hace grandes a los que alcanzan los mayores éxitos no es su talento innato, sino su nivel de compromiso, disciplina, capacidad de adaptación y perseverancia. *Grit*, que podría traducirse por determinación, es el término inglés que utilizó para describir esos rasgos.

—Mola, colega —dijo el artista—. Este concepto me servirá de inspiración para no rendirme ante un cuadro cuando me asalta una avalancha de dudas. O cuando me siento frustrado por la falta de progresos. O cuando siento temor de que los demás se rían de mí por producir un arte innovador y original, y no copiado o estereotipado.

—Estupendo —respondió el millonario, frotándose sus musculados abdominales—. Albert Einstein escribió: «Los grandes espíritus siempre se han enfrentado a una violenta oposición por parte de las mentes mediocres. La mente mediocre es incapaz de comprender al hombre que se niega a inclinarse ante los prejuicios convencionales y en cambio elige expresar sus opiniones con valor y honestamente».

—¡Sabias palabras! —dijo el artista entusiasmado, adoptando una expresión que reflejaba su creciente orgullo por confiar en su visión personal cuando se trataba de su arte.

—Pues bueno, gente. Volvamos al asunto y analicemos las más poderosas formas de instaurar hábitos de primer nivel que perduran en el tiempo, en detrimento de aquellos que se disipan pocas semanas después de haberlos adoptado. Es evidente que la clase de esta mañana es absolutamente esencial para vosotros, ya que, aunque ahora os estáis levantando a las 5 de la mañana a diario, el objetivo es que esa disciplina se convierta en una rutina permanente. Y una parte esencial de la instalación de los hábitos de primer nivel implica el aprendizaje de cómo los profesionales más relevantes logran un notable autocontrol y despliegan cantidades ingentes de fuerza de voluntad. Empecemos pues.

Los tres se hallaban frente al Taj Mahal. Estaban solos. La edificación era increíblemente sublime cuando se la contemplaba, un genuino testimonio de lo gratificante que puede ser el virtuosismo en la arquitectura y la ingeniería.

—Me fascina la India —afirmó el millonario—. Es uno de los grandes países de la Tierra. Y este lugar no es una de las Siete Maravillas del mundo por casualidad. Es de una belleza sobrecogedora, ¿verdad?

—Sí, es cierto —asintió la emprendedora después de dar un sorbo de café caliente.

El millonario sostenía en su mano una botella de agua. Como otras botellas que solía usar, tenía un texto impreso sobre ella, que el millonario leyó a sus dos discípulos, complacido:

El héroe no se hace grande durante los períodos de confort. Las ilustres y nobles almas de nuestro mundo se hacen fuertes, valerosas y éticas cuando afrontan resueltamente los embates de la adversidad, la dificultad y la duda. Es, pues, en el momento en el que afrontan su más profunda debilidad cuando tienen la oportunidad de forjar sus mayores fuerzas. El verdadero poder no procede, por tanto, de una vida de comodidad, sino de la de esfuerzo intenso, de la abnegada disciplina y de la actuación exigente en la dirección que tu yo supremo sabe correcta. Para continuar hasta el momento en el que tu dolor cese. Para avanzar cuando deseas abandonar. Para persistir en el instante en el que sientes que desistir es renunciar a pertenecer al ámbito de los grandes guerreros y de los personajes honorables que llevaron a la humanidad a un lugar mejor, alcanzando la invencibilidad.

—¡Uau! —exclamó el artista—. ¿Escribió eso algún gran poeta?

—No, en absoluto —presumió el millonario—. Son palabras enteramente mías.

A continuación, el señor Riley elevó una mano al cielo y, bueno, ya sabemos lo que siguió después.

De entre la bruma de la primera mañana surgió una asistente, impecablemente vestida y muy atractiva.

—Estamos todos muy felices de tenerle de nuevo en la India, señor. Le hemos echado de menos —saludó—. Aquí está lo que me pidió.

El millonario hizo una leve reverencia y dedicó a su asistente una amistosa sonrisa.

Le entregó al magnate una *pashmina* primorosamente decorada, que él extendió a la luz. La *pashmina* es un tipo de lana fina originaria de Cachemira que en la lengua de esa región significa «oro blanco». Si hubierais visto el chal de lana, entenderías el porqué.

La *pashmina* había sido delicadamente tejida y, cuando los dos discípulos se fijaron con más detalle en ella, vieron que tenía bordada la leyenda: *El Credo 5-3-1 del guerrero de la fuerza de voluntad*, bajo la cual había una serie de frases que explicaban el significado de la noción de «5-3-1». Era una pieza realmente singular.

He aquí el contenido del artesanal bordado:

5 verdades científicas de los hábitos excelentes

Verdad número 1: La fuerza de voluntad de máximo nivel no es una capacidad innata, sino que se desarrolla a través de la práctica constante. El hecho de levantarse al alba es una forma perfecta de autocontrol.

Verdad número 2: La disciplina personal es un músculo. Cuanto más se ejercita más se fortalece. En consecuencia, los samuráis de la autorregulación crean de forma activa condiciones adversas que permitan fortalecer su poder natural.

Verdad número 3: Como otros músculos, la fuerza de voluntad se debilita al fatigarse. Su recuperación es, pues, absolutamente necesaria para la expresión del virtuosismo. Y para controlar la fatiga en las decisiones.

Verdad número 4: La implementación satisfactoria de cualquier hábito de gran nivel sigue un patrón de cuatro partes que permite automatizar la rutina. Para que los resultados perduren, este patrón debe seguirse de forma explícita.

Verdad número 5: El incremento del autocontrol en un área aumenta el autocontrol en las restantes. Por eso, entrar en el Club de las 5 de la mañana es el hábito que cambiará las reglas del juego y que elevará cualquier otra cosa que hagas.

3 valores para crear hábitos extraordinarios

Valor número 1: La victoria requiere consistencia y persistencia.

Valor número 2: Continuar aquello que se ha iniciado determina la magnitud del respeto personal que se genera.

Valor número 3: La forma en la que se practica en privado determina con precisión el modo en el que se actúa en público.

1 teoría de los espartanos para la autodisciplina

Los guerreros nacen para hacer regularmente aquello que es difícil pero importante cuando resulta más incómodo.

El millonario cerró los ojos y repitió esta frase:

—No deseo una existencia fácil porque en ella no puedo desarrollar todas mis capacidades. Dadme una vida plena de retos, que saque a relucir lo mejor de mí mismo. Que me proporcione una voluntad de hierro y una personalidad inconquistable.

—Este chal es mi regalo para vosotros —continuó el magnate—. Por favor, estudiad a fondo las 5 verdades científicas, los 3 valores y la teoría general que conforman el *Credo 5-3-1 del guerrero de la fuerza de voluntad*. Os será de gran utilidad para configurar los hábitos perdurables.

Poco después, un tuk-tuk apareció en un área de aparcamiento vacía. De él descendió un joven sonriente, vestido con una chaqueta gris oscuro, unos pantalones planchados a la perfección y zapatos marrones recién abrillantados.

—*Namasté*, Arjun —dijo el millonario juntando las manos.

—¿Cómo va todo, jefe? —fue la cálida acogida de su asistente. A pesar de que sus palabras sonaron informales, el modo en el que las pronunció traslucía un profundo respeto por quien no dejaba, en efecto, de ser su jefe.

—¿Conocéis la historia del Taj Mahal? —preguntó el millonario, mientras el asistente se hacía a un lado en espera de cualquier solicitud que el señor Riley le formulara.

—Cuéntenosla, por favor —rogó la emprendedora.

Llevaba consigo un pequeño bloc de notas y un bolígrafo negro. Todas las indicaciones previas del millonario sobre el modo en el que el mal uso de la tecnología conduce a la destrucción de la creatividad y a una extrema reducción de la productividad estaban ejerciendo un importante efecto sobre ella. Hoy llevaba una pulsera con la inscripción: «Los sueños no se cumplen mientras duermes».

—Es una historia en verdad extraordinaria —anunció entusiasta el millonario.

—Como os sucede a vosotros, el emperador mogol Shah Jahan, que fue quien ideó esta maravilla, estaba muy enamorado de su esposa Mumtaz Mahal. Como símbolo de su devoción y adoración por ella, tras la muerte de su amada en 1631, se comprometió a construir un monumento en su honor cuya magnificencia nunca hubiera visto el mundo. Algo tan excepcionalmente sensacional, tan asombrosamente inspirador y tan estructuralmente excepcional que todos los que lo contemplaran comprendieran la profundidad del amor de ese hombre al percibir todo su esplendor.

—Hay algo que me toca el corazón al contemplarlo —murmuró el artista, embelesado ante la fachada de mármol que relucía frente a él. Entrecerró los ojos cuando los primeros rayos de la mañana incidieron sobre ellos. Miraba en un estado de estabilidad, calma, confianza y paz que la emprendedora nunca había visto en él.

—A mí me pasa lo mismo —apuntó el millonario con un matiz de melancolía en su voz—. Admirar el Taj Mahal no es solo un tránsito del intelecto, es también una resurrección del espíritu. Incluso en la persona más insensible, despierta todo aquello que, como criaturas humanas, somos capaces de crear. Pero, continuando con la historia, una vez que el marajá expresó su audaz intención, sus trabajadores iniciaron el proceso de traducir su noble inspiración en una realidad definida. Porque, como ambos sabéis, *la ambición sin realización no es más que un ridículo engaño*. Los dos sois ahora más conscientes de que cualquier cosa que entre en el ámbito de lo legendario requiere generosas cantidades de oficio, maestría y persistencia. El virtuosismo no es algo que se alcance súbitamente. En verdad es un proceso incesante, que puede llevar años de meticulosa destreza, práctica, sacrificio y sufrimiento, antes de que el proyecto, una vez concluido, intensifique su dimensión y se eleve hasta un nivel capaz de dinamizar el mundo.

—Esta es otra VCG, otra Ventaja Competitiva Gigantesca —continuó el señor Riley—. Una ventaja que hace que se pueda mantener la fidelidad a los nobles ideales, no solo durante las semanas siguientes al momento en el que se idea un sueño, sino también durante los largos meses, o tal vez los largos años, en el árido desierto de la producción creativa, haciendo frente al rechazo, al agotamiento, a la envidia de los demás y al escepticismo de los seres más queridos, siendo desviado por otras oportunidades atractivas, pero encontrando finalmente el camino entre los aislados inviernos de las dudas sobre uno mismo. Eso es lo que diferencia a la gente corriente de los iconos de la humanidad. Cualquier persona puede ser grande durante un minuto. El secreto de los ídolos radica en saber mantener un rendimiento de máximo nivel durante toda la vida. Y eso, en estos tiempos superficiales, requiere una determinación y una paciencia inusuales, cualidades que, por desgracia, la mayoría de la sociedad actual no ha conseguido desarrollar. ¿Sabéis lo qué quiero decir?

El millonario se mostraba animado, cargado de energía y resueltamente decidido. Alzó un brazo al cielo e hizo de nuevo el signo universal de victoria con dos dedos. Parecía como si hiciera ese gesto solo para proteger su inspiración, y también para preservar el fuego que se había activado dentro de su corazón.

—Hace décadas, Albert E. N. Gray dio a conocer un concepto, en principio destinado a los vendedores de seguros. Lo llamó *el común denominador del éxito*, y en él quedaban incluidos los conocimientos que el autor había acumulado a lo largo de más de treinta años de estudio sobre las claves para la consecución de la fortuna en los negocios, la familia, la salud y la vida económica y espiritual.

—¿De qué se trataba? —preguntó la emprendedora interesada, dando otro sorbo de café, ya tibio.

—Bueno —respondió el millonario—, por lo que recuerdo del folleto que se elaboró a partir del contenido de las conferencias que impartió, y que luego circuló entre los profesionales de ventas, el creador del concepto venía a decir:

»"Me había criado en la creencia popular de que el secreto para conseguir el éxito era trabajar duro, pero había visto a tantas personas trabajar duro sin alcanzar el éxito que acabé por convencerme de que el trabajo duro no era el verdadero secreto".

—Y entonces ¿cuál era? —intervino impaciente el artista.

—Tranquilo, muchacho. Vamos a ello —respondió el millonario en tono de broma—. Albert decía: «Este común denominador es algo tan grande y tan poderoso...».

—¿Y lo es? —interrumpió la emprendedora, también incapaz de esperar a conocer la respuesta.

—Gray sostenía que «el común denominador del éxito, el secreto de cualquier hombre o mujer que haya alcanzado el éxito, estriba en el hecho de que ellos *pudieron crear el hábito de hacer cosas que a quienes fracasan no les gusta hacer*».

—Sencillo. Y profundo —observó el artista, pasándose entre los dedos una rasta. Él también dio un sorbo de café, ya frío.

—Los productores excepcionales convierten en hábito la realización de actividades de alto valor que la mayoría de la gente no tiene ganas de desarrollar —continuó el millonario—. Y al practicar más y más el comportamiento deseado, su virtuosismo y su disciplina personales aumentan, y la nueva rutina se automatiza.

El artista asintió, mientras se tocaba la perilla. Estaba pensando en su arte.

—Realmente he estado poniéndome límites a mí mismo debido a mis inseguridades —pensó de nuevo—. Me preocupa tanto lo que los demás digan sobre mi trabajo, que no expreso en la medida suficiente mi creatividad. Y el señor Riley tiene razón. No tengo paciencia ni desarrollo el autocontrol que permite hacer las cosas que son más difíciles, pero también las más valiosas. Me dedico a hacer solo lo que quiero y cuando quiero. Hay días que siento cierta motivación y días en los que no hago más que dormir. En algunas ocasiones no hago más que holgazanear, mientras que en otras me dedico con tesón al trabajo. Soy como un corcho flotando en el agua sin dirección. Sin una estructura real. Sin una verdadera disciplina. A veces pasó horas jugando a videojuegos. Y tengo el mal hábito de producir aceleradamente cuadros que sé que se venden bien cuando necesito dinero, en vez de crear de forma pausada y concentrar toda mi capacidad en una obra que defina realmente la dimensión de mi conocimiento y mi experiencia. Y que lleve todo mi campo de visión a una perspectiva regida por la genialidad de esa obra.

—Pues bien —reanudó el millonario, volviendo a su historia sobre la construcción del Taj Mahal—, durante veintidós años (no veintidós días ni veintidós meses), más de veinte mil personas trabajaron sin descanso bajo el abrasador sol de la India. Uno tras otro, los grandes bloques de mármol fueron transportados, recorriendo inmensas distancias, por más de un millar de elefantes, hasta que un ejército de obreros y artesanos erigió con constancia lo que estáis viendo. Tuvieron que afrontar todo tipo de dificultades arquitectónicas, condiciones ambientales extremas e innumerables desgracias imprevistas. Sin embargo, estaban concentrados, decididos y plenamente comprometidos en hacer todo lo que fuera necesario para convertir en realidad el maravilloso sueño de su emperador.

—Es realmente increíble —dijo el artista, mientras lo contemplaba. Una mariposa revoloteaba en torno a él. Unas pocas gotas de lluvia mojaron su rostro, mientras una bandada de palomas se alzaba al cielo sobre la cabeza del millonario.

—¿Por qué tantas veces parece estar rodeado de palomas, arcoíris y mariposas? —inquirió curiosa la emprendedora, ajustándose una camiseta en la que podía leerse una frase de

Oscar Wilde, que parecía adecuarse bien a su recién descubierta nueva conciencia: «Sé tú mismo. Los demás puestos ya están ocupados».

—Todos tenemos magia. Pero la mayoría de nosotros no sabe cómo utilizarla —fue la breve y misteriosa respuesta del magnate—. Bien, volviendo al Taj Mahal, después de dos décadas, el mausoleo estaba concluido —dijo con un tono de voz susurrante—. Y a la humanidad se le había dado una de las mayores manifestaciones de poética audacia que nunca había recibido.

—Me siento realmente inspirada —confió la emprendedora—. Muchas gracias por habernos traído a Agra. Siempre le estaré agradecida.

—El emperador debía querer mucho a su esposa —reflexionó el artista, ofreciendo una perspicaz revelación de lo que resultaba maravillosamente obvio.

Miró con atención a la emprendedora. Su resplandeciente semblante denotaba una belleza que iba más allá de la de las estrellas de cine, las modelos y las mujeres de mayor glamur. El suyo era un atractivo más sereno, del tipo que hace especiales a ciertos amaneceres y que hace sentir el encanto de la luz de la luna. Pensaba para sí que el magnetismo de aquella mujer procedía de algo más profundo de lo que revela simplemente un rostro atractivo. Era un encanto nacido del esfuerzo, una electricidad que emanaba del sufrimiento, una energía que fluía de una inteligencia de orden superior y de una belleza asentada en su firme resolución de convertirse en una persona que transmitiera fuerza, sabiduría y amor.

—El Taj Mahal es una metáfora directa de lo que vosotros debéis considerar al pensar en mantener un compromiso firme de adopción de un nuevo hábito, sin importar los obstáculos que tengáis que afrontar. Y de manteneros fieles a vuestros ideales, no solo en las épocas de confort sino, sobre todo, en los momentos en los que las dificultades son mayores. Y ese es el motivo por el que la lección de hoy es tan esencial para vosotros. Lo que estáis a punto de aprender os ayudará a poner en práctica buena parte de los conocimientos filosóficos que os estoy transmitiendo. El Guía ha desarrollado cuidadosamente el modelo que enseguida os mostraré, trabajando durante muchos años con creadores de empresas, industriales expertos y generadores de cambio, como yo mismo. La sesión de esta mañana no se centra tanto en por qué debéis adoptar el ritual de levantaros antes del alba. Se trata más bien de conocer el modo en el que podéis instaurar ese hábito como rutina. Un hábito que dure toda la vida —concluyó el magnate, frotándose el lóbulo de la oreja, como un niño fantasioso frotando la lámpara maravillosa.

—¡Genial! —exclamó el artista—. Eso es lo que necesito. Conocer una manera práctica que me permita asegurarme de que no voy a dejar de levantarme a las 5 una vez que nuestra aventura termine.

—Estupendo —dijo el millonario—. ¡Vamos allá, pues!

Dos fornidos guardias de seguridad acompañaron al millonario, la emprendedora y el artista, pasando a través de una entrada privada al complejo, habitualmente reservada para jefes de Estado, miembros de la realeza y otros líderes. Una vez en el interior del monumento, oscuro y silencioso, el magnate inició su parlamento.

—Este es un período de la historia del mundo fascinante y seductor, pero confuso. Para quienes se sientan como víctimas cada mañana, y cada día, el futuro será ciertamente duro, peligroso y aterrador, porque no desean saber qué es lo que les causa daño. Y se hallarán absolutamente desprotegidos ante las inminentes perturbaciones medioambientales, económicas y sociales. Sin embargo, para la minoría comprometida que esté habituada a una rutina matinal a prueba de bala, que le permita defender sus capacidades, cultivar el aislamiento personal en el ámbito de lo heroico, y desarrollar un carácter a toda prueba, mediante el riguroso entrenamiento de sus músculos de autodisciplina, el tiempo por venir puede ser extraordinariamente fructífero, armonioso y ultraproductivo. Quienes se blinden a sí mismos de las turbulencias instaurando un ritual matutino de primer nivel y cuidadosamente diferenciado se colocarán en realidad en una situación que les permitirá convertir el desorden y la adversidad en una ingente fuente de aprovechamiento de oportunidades. Y trasformar la confusión en un elevado sentimiento de claridad, genialidad y serenidad, que les conduzca a la victoria.

El millonario se ajustó el turbante y, después, por alguna razón que sus dos oyentes desconocían, comenzó a susurrar.

—La primera idea que expondré se centra en el hecho de que el cerebro está creado para expandirse. Sí, estoy convencido de que quienes se quedan atascados en sus vidas profesionales y personales y los que trabajan pensando que no pueden hacer nada, en vez de aplicar la psicología de la posibilidad, argumentarán que no hay modo de lograr las mejoras que necesitan adoptando grandes hábitos, como hacen los miembros del Club de las 5 de la mañana. Lucharán hasta el fin, convencidos de en su «realidad» es imposible elevar su creatividad, su productividad, su prosperidad, su rendimiento y su influencia. Harán todo lo posible para convenceros de que creáis sus argumentaciones racionales sobre la incapacidad para desarrollar una actividad profesional de resultados sorprendentes y de llevar una vida privada verdaderamente gratificante. Han perdido su capacidad para incorporar cambios hace tanto tiempo, que han llegado a convencerse de que su impotencia es la verdadera realidad. Si descuidáis vuestras capacidades durante el tiempo suficiente acabaréis por pensar que no tenéis ninguna. Pero la realidad de su situación es bien distinta. El hecho es que esas personas, buenas, bienintencionadas y dotadas de talento, han dejado que, en ellas, el yo soberano se haya corrompido tantas veces que han sucumbido, cayendo en un estado de pasividad aguda. Sí, la mayoría de las personas son constructoras pasivas, no activas, de las ambiciones que hay en su interior. Y, de este modo, inconscientemente, han creado una serie de excusas referidas a las razones por las que no pueden revelarse como líderes en su trabajo y en creadores activos de sus propias vidas, porque temen abandonar la seguridad que sienten en su propio estancamiento y abordar las radicales mejoras que los conducirían a la gloria.

El millonario se detuvo para tomar una gran bocanada de aire. Un rayo de la luz dorada del sol penetró en el Taj Mahal. Después, el magnate prosiguió.

—La ciencia actual confirma que nuestro cerebro puede continuar creciendo durante toda nuestra vida. Este singular fenómeno se conoce como neuroplasticidad y es un testimonio de que el cerebro humano, al igual que la fuerza de voluntad personal, es mucho más parecido a un músculo de lo que antes se creía. Es plástico en el sentido de que, si se presiona sobre él, se expande y, si se flexiona, se extiende, haciéndose más potente para que podáis utilizarlo alcanzando la más elevada expresión de vuestras capacidades más brillantes. Así que debéis aseguraros de que ejercitáis vuestro cerebro de la manera más agresiva, adoptando nuevos hábitos, como el de levantarse al alba, en este vuestro nuevo estado de normalidad. *Las neuronas que se activan a la vez conectan para siempre*, ¿lo sabíais? A medida que repetís la rutina que deseáis incorporar a vuestra forma de vida, esa rutina resulta más fácil de asimilar y es más familiar. Este es un punto verdaderamente importante. Después, basta con ponerlo en práctica.

—Nunca había pensado en que tenemos la capacidad de que nuestro cerebro crezca —observó la emprendedora, entusiasta—. Creo que lo que intenta transmitirnos es que, cuanto más practiquemos un nuevo hábito, más trabajará el cerebro con nosotros y más evolucionará integrándose en mayor medida en lo que nosotros somos, ¿no es así?

—¡Bingo! —respondió el millonario.

Le encantaba comprobar cómo sus dos discípulos mejoraban a medida que les impartía sus enseñanzas. Los verdaderos líderes siempre experimentan una gran alegría cuando ven brillar la luz del talento de los demás.

—Es una idea poderosa —continuó, poniendo uno de sus dedos en la pared de la maravilla en la que se encontraban—. No tenéis el cerebro que deseáis, sino el cerebro que os ha tocado. O, dicho de otro modo, no tenéis el cerebro que deseáis sino el cerebro que os merecéis, basándose en el modo en el que lo habéis utilizado. Si pasáis los días enganchados a vuestros dispositivos electrónicos, pegados a la televisión y dedicados a objetivos intrascendentes, vuestro cerebro se hará cada vez más débil y flácido, como consecuencia del mal uso que hacéis de él. Como cualquier otro músculo, se atrofiará. Y eso dará lugar a una menor función cognitiva y a la ralentización de la capacidad de aprendizaje y de procesado de la información. Quienes os hacen la competencia acabarán con vosotros y vuestros objetivos no se cumplirán. En cambio, cuando utilizáis el trabajo de forma inteligente, expandiendo sus límites y actuando como un coloso, el cerebro se expande y aumenta su conectividad, dando lugar a importantes incrementos de la productividad, el rendimiento y la influencia. En un ensayo científico se analizaron los cerebros de personas que habían trabajado como taxistas en el área metropolitana de Londres, y se comprobó que la región cerebral responsable del razonamiento espacial, el hipocampo, estaba más desarrollada en ellos que en otras personas. ¿Adivináis por qué?

—Por la complejidad del sistema urbano de Londres —contestó confiado el artista.

—¡Respuesta correcta! —celebró el millonario—. Igual que la gente desarrolla sus bíceps en el gimnasio haciendo ejercicios de pesas o flexiones, los taxistas de Londres ejercitaban el hipocampo conduciendo todos los días por las calles de la ciudad. Y, como ya he dicho, dado que el cerebro se parece mucho más a un músculo de lo que los neuroanatomistas pensaban antes, esa parte de él crecía y se desarrollaba con más fuerza y con más intensidad. ¿Os dais cuenta de la capacidad del ser humano? Este es un ejemplo extraordinario de la neuroplasticidad que todos nosotros tenemos a nuestra disposición. El cerebro puede fortalecerse, modelarse y optimizarse, siempre que nosotros optemos por hacerlo. Cuando volváis a casa, estudiad este fenómeno junto con el sorprendente proceso de la neurogénesis, que refleja la capacidad natural del cerebro para, literalmente, desarrollar nuevas neuronas. La emergente disciplina de la neurociencia, que está explicando la posibilidad de acceso a la optimización de las propias capacidades de cualquier persona, sin importar el lugar en el que lo haga o qué edad tenga, es algo increíblemente apasionante —afirmó entusiasta el magnate—. Pero bueno, chavales —añadió—, por el momento limitaros por favor a recordar que el cerebro se caracteriza por su maleabilidad y su condición muscular. Y que lo que hace grandes a los más grandes es el hecho de que en verdad comprenden que el malestar diario es el precio del éxito perdurable. Y que trabajar duro es lo que genera en nosotros un cerebro adaptado a una disciplina militar. ¡La idea de que los grandes productores llevan una vida fácil no es más que un mito!

El millonario sacó de un bolsillo un sobre cerrado y se lo dio a la emprendedora.

—Por favor, ábrelo y léenos su contenido, con la mayor convicción y pasión que puedas —le pidió el magnate.

En su interior, la mujer halló un papel de carta cuidadosamente doblado, en el que estaban escritas las siguientes palabras del ilustre filósofo Friedrich Nietzsche:

¡Guardaos de hablar de dones naturales, de talentos innatos! Podemos citar hombres grandes de todo género que fueron poco dotados. Pero adquirieron la grandeza, se convirtieron en «genios» (como se dice) por cualidades que no nos gusta reconocer que carecemos de ellas: todos ellos tuvieron esa robusta conciencia de artesanos, que comienzan por aprender a formar perfectamente las partes antes de arriesgarse a hacer un todo grandioso; se tomaron tiempo para ellos, porque les gustaba más el buen resultado del detalle, de lo accesorio, que el efecto de un conjunto deslumbrante.

—Da la vuelta a la hoja, por favor —le pidió parpadeando por la luz que ahora penetraba en el Taj Mahal.

La empresaria leyó un segundo texto que había sido manuscrito con lo que a ella le parecía la tinta azul de una pluma estilográfica. Se trataba de un fragmento de un poema del poeta inglés William Ernest Henley. Imaginad la lectura de estas palabras desde la parte más profunda e inmaculada del alma:

*No importa cuán estrecha sea la puerta,
cuán cargada de castigos la sentencia,*

*soy el amo de mi destino,
soy el capitán de mi alma.*

—Los grandes maestros, los genios y los héroes de la civilización viven todos ellos vidas muy arduas —prosiguió el millonario—. Su entrenamiento es muy duro. «Juegan con dolor», por tomar prestada una expresión que muchos deportistas de élite utilizan en la actualidad. Refuerzan su potencial con total entrega. Son ambiciosos y tenaces cuando se trata de lograr la completa capitalización de su mayor potencial. La raíz latina de la palabra «pasión» significa «sufrimiento». Estas mujeres y estos hombres sufren para ver cumplidos sus intuiciones, sus ideales y sus aspiraciones. Sufren por la elevación del nivel de sus capacidades y se sacrifican por la consecución de su pericia. Soportan una enorme angustia a medida que progresan en sus habilidades y abandonan sus tentaciones. Y también tengo que deciros que estos creadores excepcionales sufren por el estado del mundo. No mantenerse firme en el propio compromiso degrada nuestro mundo, en tanto que el planeta se convierte en un lugar peor sin la aportación de los más grandes.

De repente, el millonario se puso de rodillas, se tumbó en el suelo y cerró los ojos. Cruzó los brazos sobre el corazón y empezó a roncar sonoramente.

—¿Pero se puede saber qué demonios hace? —preguntó el artista entre confundido y divertido.

—Incomodidad voluntaria —fue la escueta y rápida respuesta. Más ronquidos—. ¡Quiero mi osito! —lloriqueó—. Y mi pijama.

Stone Riley empezó después a chuparse el dedo.

—A veces parece de otro mundo —rio la emprendedora, divertida por la nueva escenita del extravagante magnate.

Poco después podía vérsele sonreír, aparentemente satisfecho de sus dotes de comediante y de sus inusuales recursos para impartir enseñanzas.

Permaneciendo en el suelo, continuó:

—La mejor manera de fortalecer la fuerza de voluntad es ponerse uno mismo intencionadamente en una situación de incomodidad. Es lo que el Guía llama «situaciones para el fortalecimiento». Cuando era mucho más joven y mi capacidad para ordenarme a mí mismo lo que tenía que hacer si sentía que no lo estaba haciendo era mucho menor, caía a menudo en la tentación de satisfacer mis deseos menos importantes con gran facilidad. Mis músculos de la autodisciplina estaban flácidos porque no los ejercitaba. El Guía sabía que necesitaba ser mucho más fuerte para establecer la rutina de las 5 de la mañana, de modo que pudiera mantenerla durante toda mi carrera. Así que se dedicó a ponerme activamente en situaciones de dificultad. Y el método funcionó, como por arte de magia.

—¿Qué tipo de situaciones? —preguntó el artista.

—Una vez a la semana dormía en el suelo.

—¿Habla en serio? —se sorprendió la emprendedora.

—Por completo —contestó el millonario—. Empecé a darme una ducha fría todas las mañanas. Dos veces por semana ayunaba, como han hecho muchos de los grandes hombres y mujeres del mundo para capitalizar y manifestar su poder primordial. Es increíble la cantidad de tiempo que ahorré en los períodos de ayuno durante las horas dedicadas normalmente a las comidas. Y me sorprendía también lo claros que eran mis pensamientos y la energía que atesoraba. Recuerdo que cuando estaba en mi piso de Zúrich, en algunos fríos días de invierno, salía a correr por las calles nevadas solo con unos pantalones cortos y una camiseta, para fortalecer mi resistencia y mi determinación.

El millonario se levantó.

—Eso es exactamente lo que he venido sugiriendo desde que llegamos al Taj Mahal: estáis capacitados para alcanzar un autodominio de primer nivel. La ciencia lo confirma una vez más. La verdadera clave radica en dar impulso a vuestro cerebro para desarrollar nuevas vías neurales y fortalecer los músculos de la fuerza de voluntad, flexionándolos y estirándolos, trabajando deliberadamente estos recursos naturales para llevarlos a su expresión más elevada. Así es como todas las personas pueden llegar a ser tan fuertes, audaces e invencibles como para que, sin importar los obstáculos que afrontan y las dificultades que experimentan, continúen su búsqueda para cumplir los más ambiciosos objetivos. ¿Por qué creéis que los miembros de unidades de operaciones especiales, como los Navy Seals estadounidenses y los SAS británicos, auténticos campeones de la fuerza de voluntad, se exponen a situaciones tan potencialmente devastadoras para el espíritu? Esas interminables carreras bajo la lluvia con pesadas mochilas. Los ejercicios de arrastre por el barro en medio de la noche. La obligación de tener que alimentarse en situaciones inhumanas y de vivir en un entorno realmente espartano. Afrontando su miedo con pruebas como el salto al mar desde un acantilado, de espaldas, con los ojos vendados, o sometiéndose a ejercicios que implican degradación psicológica, para entrenar la capacidad de trascender sus propios límites. Así que, chavales, sabed que la capacidad de hacer cosas difíciles es necesaria para la completa expresión de vuestra grandeza, no es un don divino. En absoluto. Es una práctica voluntaria. La consecución de fuerza y resistencia, y de una voluntad de hierro, requiere dedicación. Así que os animo decididamente a sofocar vuestros demonios, a acabar con vuestros dragones y vuestros monstruos, haciendo cosas que resulten cada vez más exigentes. Esa es una de las mejores vías de acceso al virtuosismo y a una vida personal de la que, tarde o temprano, os sentiréis orgullosos. Eso me recuerda al dramaturgo irlandés George Bernard Shaw. La barba de ese tipo sí que molaba... —dijo el millonario—. ¿Habéis oído hablar de él?

—Yo no —respondió el artista.

—Pues deberías; es la bomba —apostilló el magnate.

Entonces chasqueó los dedos ocho veces, tras lo cual una voz desconocida surgió de alguna parte del mausoleo: «Un hombre razonable es aquel que se adapta al mundo a su alrededor. El hombre no razonable espera que el mundo se adapte a él. Por lo tanto, todo progreso es hecho por los hombres no razonables».

La voz guardó silencio.

—George Bernard Shaw escribió eso en *Hombre y superhombre*, una obra de teatro en cuatro actos que estrenó en 1903. Lo que intento decir es que, cuando se trata de satisfacer vuestros dones, talentos, ambiciones admirables e instintos de cambiar el mundo de cualquier modo que esté en sintonía con vosotros, no debéis ser razonables.

El millonario se detuvo e hizo algo que sus dos discípulos no le habían visto nunca hacer. Se besó la piel de la mano izquierda comprendida entre el índice y el pulgar.

—Debéis conseguir amaros a vosotros mismos antes de dejar el mundo —musitó con una sonrisa antes de continuar.

—Inspiradoras palabras las de George Bernard Shaw —reconoció el artista.

—La investigación demuestra que el entrenamiento para optimizar la propia fuerza de voluntad es uno de los mejores logros de una vida legendaria —continuó el millonario—. El explorador galés Henry Morton Stanley dijo en cierta ocasión que el autodominio es más imprescindible que la pólvora.

—Sabias palabras —comentó la emprendedora.
—Veréis —prosiguió el millonario—. Existe el mito de que los deportistas más laureados, los artistas más legendarios y los grandes hombres y mujeres de Estado tienen una fuerza de voluntad natural mayor que la del resto de nosotros, lo que constituye una gran mentira. Lo cierto es que todas estas personalidades excepcionales son al principio gente corriente. Gente que, a través de una incesante práctica y un constante entrenamiento para adoptar hábitos diarios excepcionales, para desarrollar su capacidad de hacer frente a las tentaciones, consiguen hacerse más fuertes, hasta que la cultura los percibe como seres humanos con cualidades superiores.

—Los pequeños cambios, por insignificantes que parezcan, a la larga dan resultados espectaculares —dijo el artista evocando uno de los mantras para el cerebro que había asimilado durante este maravilloso viaje.

Alargó su mano y tomó la de la emprendedora.

—Así es —ratificó el millonario—. Lo que a simple vista parecen optimizaciones infinitesimales, casi inapreciables, de la propia fuerza de voluntad es lo que, cuando se practica a diario, puede convertirnos en un Miguel Ángel o un Da Vinci, en un Disney, un Chopin, una Coco Chanel o un Roger Bannister, en un Pelé, un Marco Aurelio o un Copérnico. Los auténticos grandes genios comenzaron siendo personas corrientes. Pero practicaron el desarrollo de sus capacidades tan a fondo y con tanto tesón que la manifestación de su excepcionalidad llegó a expresarse de manera automática. He aquí otro mantra para el cerebro que el Guía me enseñó: *La práctica de las figuras legendarias es espectacular durante tanto tiempo que ellas mismas no pueden recordar cómo se actúa de una manera que no sea espectacular.*

—Bien, pero, hablando en términos prácticos, ¿por dónde empezamos? —planteó la emprendedora.

—Sé que ambos deseáis alcanzar un nivel mucho más elevado de autodisciplina y establecer hábitos que perduren toda la vida. Lo principal es automatizar el hábito de levantarse a las 5 de la mañana. Seguidme —dijo el magnate.

El señor Riley los condujo a través de un corredor del gran monumento, pasando por una serie de salas en penumbra, hasta llegar a una pequeña cámara. En una esquina había una pizarra. Cogió una tiza y dibujó el siguiente diagrama:

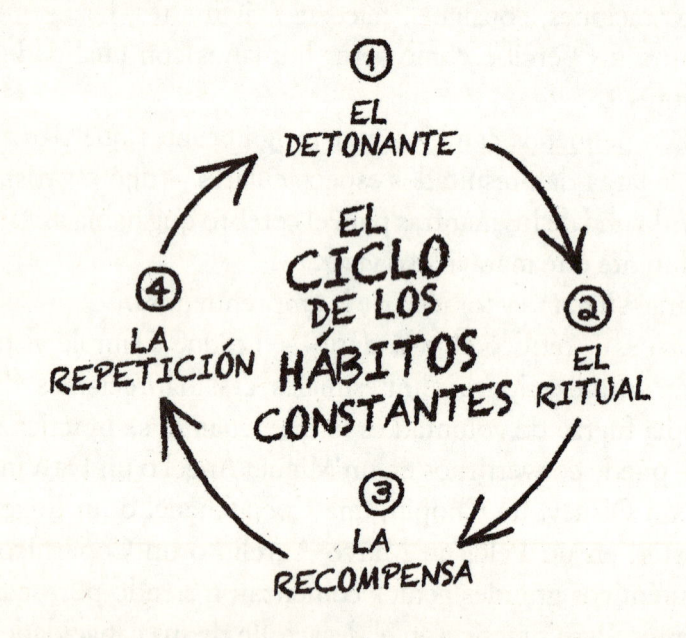

① EL DETONANTE
② EL RITUAL
③ LA RECOMPENSA
④ LA REPETICIÓN

EL CICLO DE LOS HÁBITOS CONSTANTES

—Este sencillo modelo está basado en los últimos estudios sobre el modo en el que se generan los hábitos. El punto de partida consiste en crear algún tipo de detonante. Para incorporar el ritual de levantarse al alba en vuestras mañanas, por ejemplo, ese detonante puede ser algo tan simple como tener un viejo despertador junto a la cama que suene a las 5.

Cuando vayamos a Roma os explicaré por qué no debéis tener ningún dispositivo electrónico en el dormitorio.

—¿A Roma? —exclamaron los dos al mismo tiempo.

El millonario los ignoró.

—Cuando hayáis dispuesto el detonante en su lugar, el despertador, el siguiente paso, como indica el esquema, es aplicar el ritual de la rutina que se desea asimilar.

—En este caso levantarse de la cama, ¿no? —dijo la emprendedora.

—Eso es, lo vais pillando —respondió el millonario—. Puede parecer una obviedad, pero lo que hay que hacer es saltar de la cama antes de que la mente racional, es decir, la corteza prefrontal, os plantee un montón de excusas sobre los motivos por los que no podéis seguir durmiendo. Ese es el preciso instante en el que, al levantaros de la cama, activáis el circuito neural cerebral para despertaros antes del amanecer, por medio del poder de la neuroplasticidad. Y, recordad: las vías cerebrales que se activan simultáneamente permanecen interconectadas conformando, con el tiempo, una potente autopista neural.

Es en ese momento en el que se debe decidir si quedarse en la cama o levantarse para iniciar la mañana de un modo excepcional cuando se tiene la posibilidad de fortalecer la propia fuerza de voluntad. Al principio cuesta, lo sé.

—Todo cambio es duro al principio, desordenado a la mitad y precioso al final —interrumpió el artista, recordando otra de los mantras para el cerebro del Guía.

—Así es —asintió el millonario—. El siguiente paso de este patrón de cuatro partes para asimilar un ritual nuevo consiste en asegurarse de que se dispone de una recompensa convenientemente preestablecida. La recompensa es lo que hace arrancar primero y aumentar después el impulso de la consolidación del nuevo hábito. Aprovechad siempre el poder de las recompensas para progresar hacia la consecución de vuestros triunfos. Bien, supongamos que hacéis lo que sabéis que es más correcto, y no lo que es más fácil, y salís rápido de la cama en cuanto suena el despertador. Os explicaré qué hacer exactamente durante la Hora de la victoria, de las 5 a las 6, cuando hablemos de la *Fórmula 20/20/20*.

—Pero, colega... ¿nos lo vas a enseñar de una vez? —interrumpió el artista. No es que estuviera siendo brusco. Hablaba de ese modo porque se sentía realmente interesado por el Método de las 5 de la mañana. Eso es todo.

—La *Fórmula 20/20/20* es lo que trataremos en la sesión de mañana —expuso el millonario con la mayor elegancia—. Por el momento, centrémonos en este tercer paso. Debéis establecer una recompensa. Esto es lo que los más eminentes investigadores sobre la fuerza de voluntad afirman que es esencial para crear comportamientos en los que perseverar. La recompensa por levantarse al alba puede ser un trozo de chocolate negro como postre a la hora de comer. Echarse una pequeña siesta también es uno de los hábitos empleados como incentivo por las grandes personalidades creativas. O también es posible comprar ese libro que desde hace tiempo deseabais leer. Cada cual puede optar por lo que más le guste.

—Vale, ya lo entiendo —asintió la emprendedora.

Ahora estaba segura de que toda esta información repercutiría de manera significativa en el rendimiento de su empresa y elevaría de manera drástica su disposición mental, emocional, física y espiritual, conduciéndola al desarrollo de una vida realmente excelente.

—Bueno. Esto nos lleva al último punto del esquema —continuó el millonario, tocando con la tiza la palabra «repetición» sobre la pizarra, en aquella sala del Taj Mahal.

—La forma de destruir los impulsos más débiles de vuestro yo interior y liberaros de las ansias y tentaciones que bloquean lo mejor de vosotros mismos es la continua repetición del nuevo comportamiento en cuya consolidación estáis trabajando. La palabra que me viene a la mente en este contexto es firmeza. Manteneos firmes en vuestro compromiso de ser miembros del Club de las 5 de la mañana. Cumplid de manera absolutamente entregada e inexcusable vuestra promesa de cambio vital. Llegad hasta el final en cada ocasión, profundizaréis en la relación con vuestro yo soberano. Cada vez que os levantéis al alba, veréis purificado vuestro carácter, fortalecida vuestra fuerza de voluntad y alimentado el fuego de vuestra alma. Lo que estoy intentando ayudaros a conseguir es que vosotros, dos personas maravillosas, sepáis apreciar que la medida real de vuestra grandeza no solo se manifiesta cuando estáis en el exterior, ante los demás, sino también envueltos en la suave y primordial luz de la práctica en la intimidad. Os convertiréis en invencibles en el mundo gracias a lo que hacéis cuando nadie os ve.

—He leído bastante sobre equipos campeones de distintos deportes —apuntó la emprendedora—. En verdad es algo que me ha ayudado mucho en la constitución de equipos de trabajo realmente magníficos en mi empresa. Y, si hay algo que he aprendido, es que lo que conduce a los equipos a la victoria no es tanto su rendimiento en los últimos segundos de una final, sino lo disciplinados que se han mostrado los jugadores en los entrenamientos.

—Exacto —confirmó el millonario—. Las jugadas brillantes en los últimos momentos de la final del campeonato son automáticas, son resultado de las incontables horas de repetición de los movimientos durante el entrenamiento.

—Me mola esta idea... —pensó para sí mismo el artista.

—Antes de dejaros marchar, quiero mostraros otro modelo de aprendizaje, con el que os quedará increíblemente claro que la implementación de un hábito sigue un proceso de sesenta y seis días de duración. Pero antes, quiero compartir con vosotros otra serie de enfoques prácticos sobre la autodisciplina.

—¡Genial! —exclamó el artista—. La lección de hoy está siendo muy fructífera para mí. Sé que me ayudará a dejar de procrastinar y estoy seguro de que mejorará la calidad de mi arte. Y, además, ya he hecho progresos en el equilibrio de mi forma física.

—Sí que lo ha hecho —confirmó la emprendedora con un guiño.

—Bueno, recordad que la fuerza de voluntad se debilita a medida que va fatigándose. Es lo que los investigadores de este campo llaman «agotamiento del ego». Cada mañana os levantáis con las pilas del autocontrol completamente cargadas. Ese es el motivo por el que estáis en mejores condiciones para hacer las actividades más importantes para elevar vuestros imperios interiores aun cuando vuestra capacidad es mayor, es decir, a las 5 de la mañana. Y aquí está la cuestión: a medida que va pasando el día, a base de sucesivas reuniones, comprobación de mensajes y realización de tareas, la capacidad de autorregulación disminuye, junto con la del manejo de las tentaciones y los impulsos débiles. El hecho de que los músculos de la disciplina humana se fatiguen a medida que se van tomando decisiones explica la razón por la que tantas personas que han alcanzado el éxito a nivel de masas acaban por hacer alguna estupidez que destruye su carrera. Sucumben a la tentación que provoca su caída, precipitada por el agotamiento debido a la continuada sucesión de toma de decisiones importantes. Al caer la noche se carece de la fuerza de voluntad precisa para resistir a las tentaciones.

—Esto es superinteresante —exclamó la emprendedora—. Además explica muchas cosas.

—En definitiva, la clave es el descanso y la recuperación del músculo del autocontrol —explicó el millonario—. No dejéis nunca que se canse demasiado. Vuestra fuerza de voluntad es mucho más débil cuando estáis cansados. Este es un punto importante sobre el que tenéis que trabajar. Cuando estamos agotados es cuando tomamos nuestras peores decisiones y optamos por las posibilidades menos satisfactorias. Así que, no permitáis jamás llegar a estar agotados. Y punto. Más adelante dedicaremos una sesión a la forma en la que los mejores protegen sus valiosos activos, como la fuerza de voluntad, por medio del casi perdido arte de la regeneración personal. —El señor Riley empezó a toser, con una preocupante tos ronca, no con una tos intrascendente.

—Bien, ¡ejem! —continuó, recuperando la compostura—. También tenéis que tener en cuenta que la investigación avala la idea de que el orden externo incrementa la disciplina. Ese es el motivo, por ejemplo, por el que Steve Jobs quiso que su lugar de trabajo en NeXT fuera minimalista y estuviera completamente pintado de blanco. El desorden perjudica al autocontrol y reduce el ancho de banda cognitivo.

—Quizá por eso muchas de las personas que consideramos genios llevan siempre la misma ropa —comentó el artista—. Tal vez lo consideren una forma de mantener orden y estructura en sus vidas. Y piensen que cada mañana nos levantamos con una cantidad limitada de fuerza de voluntad y de capacidad de concentración. Así, en vez de desaprovechar sus valiosas capacidades en varias elecciones intrascendentes, como qué ponerse o qué comer, automatizan el mayor número posible de cuestiones básicas, para concentrarse en sus potencialidades más elevadas, para aplicarlas a unas pocas actividades importantes. Creo que voy entendiendo cada vez mejor por qué los genios se convierten en genios. Si dedicara todo el día a cultivar mi arte y a unas pocas cosas más, no sufriría ese agotamiento del ego del que hablas. Perdería mucho menos tiempo al anochecer y abandonaría hábitos perniciosos, como ver estúpidos programas de televisión, comer demasiada comida basura o beber demasiado tequila.

—De acuerdo —dijo millonario—. Creo que ahora ya sois conscientes, amigos, de que «todo cambio es duro al principio, desordenado a la mitad y precioso al final». Se trata de una idea que debe quedar bien asentada como convicción estándar en vuestra disposición mental. Procedamos ahora a desglosar este importante mantra para el cerebro del Guía, para reconvertirlo en un modelo que explica las tres fases por las que pasa la instalación de un hábito, de modo que dispongáis de mayores recursos para consolidar el proceso de levantarse al amanecer. Alucinaréis con lo que vais a aprender ahora. ¿Me prometéis que estaréis súper atentos mientras hablamos de esto? Y así terminaremos la sesión de esta mañana.

—Prometido —asintieron a la vez la emprendedora y el artista.

—¿Sellamos la promesa con un apretón de manos? —preguntó el millonario, tendiéndoles la mano.

—¡Venga! —respondió la emprendedora agarrando la del millonario.

—¡Cómo no! —dijo el artista, que hizo lo mismo.

—¡Estupendo! —exclamó satisfecho el magnate.

Uno de los guardias de seguridad que había acompañado al trío, entró en la sala y sacó de una bolsa un gráfico, que iluminó con su linterna para que pudieran verlo. Era más o menos así:

PROTOCOLO DE IMPLEMENTACIÓN DE UN HÁBITO

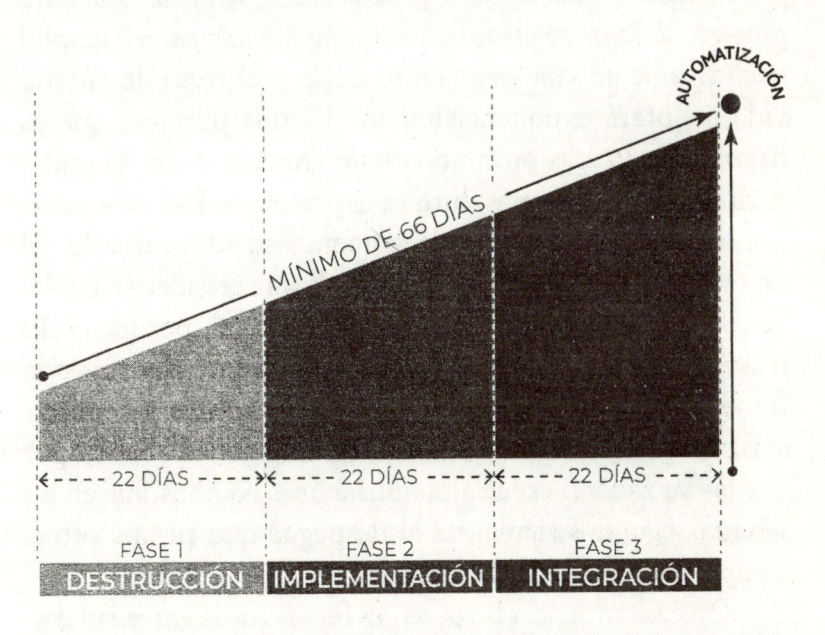

```
                                        AUTOMATIZACIÓN

              MÍNIMO DE 66 DÍAS

  <---- 22 DÍAS ----><---- 22 DÍAS ----><---- 22 DÍAS ---->

       FASE 1            FASE 2            FASE 3
     DESTRUCCIÓN     IMPLEMENTACIÓN     INTEGRACIÓN
```

—En la asimilación de cualquier nuevo hábito, se pasa por un período inicial de destrucción —expuso el señor Riley señalando la primera etapa del gráfico—. Una vez transcurrida esta fase, se pasa a la segunda, en la que se forman las vías neurales, con lo que comienza el verdadero proceso de implementación. Esta es la etapa desordenada del medio. Por último, una vez que se adquiere práctica en la incorporación de una nueva rutina a la vida normal se llega a la última y gratificante etapa: la integración.

El proceso completo dura unos 66 días, según las investigaciones realizadas en el University College de Londres.

El Guía, en sus clases, llama a este período el *Mínimo de 66 días*. Los 66 días que hacen que incorporéis plenamente el nuevo hábito. Así que, no lo abandonéis, bajo ningún concepto: ni tras pocos días, ni tras pocas semanas, incluso tras 2 meses. *Como esto está estrechamente relacionado con la pertenencia al Club de las 5 de la mañana, sed fieles a vuestra promesa durante al menos 66 días. Pase lo que pase.* Cumplid exclusivamente con este compromiso y el resto de vuestra vida mejorará exponencialmente. Es una promesa que os hago desde lo más profundo de mi corazón —dijo el millonario—. ¿Veis? Lo más duro es el principio. Esa es la razón por la que el Guía llamó a la primera fase «destrucción». Si no es difícil al principio, no se trata de un verdadero cambio. Se da por supuesto que debe resultar difícil, porque estáis reescribiendo los patrones pasados de la mente, destruyendo las viejas formas de actuación, mientras volvéis a conectar antiguos programas del corazón y las emociones. ¿Sabéis por qué las lanzaderas especiales utilizan más combustible en los sesenta segundos siguientes al despegue que en una órbita completa alrededor de la Tierra?

—Necesitan vencer las potentes fuerzas de la gravedad después de despegar —contestó el artista, seguro de la respuesta.

—Exactamente —reafirmó el millonario—. Necesitan una gran cantidad de combustible para superar esas fuerzas iniciales y alcanzar la velocidad de escape. Pero una vez que lo hacen, se despliega la fuerza de impulso y la nave sigue adelante. La primera fase de la creación de un nuevo hábito, la fase de destrucción, es exactamente igual a ese proceso. Debéis superar hábitos que estén arraigados profundamente, los rituales dominantes y los estados de rendimiento establecidos. Debéis elevaros por encima de las vuestras fuerzas de gravedad hasta que vuestra velocidad de escape se dispare. Es todo un reto al principio. No voy a mentiros: los dos habéis mantenido un comportamiento excelente en lo que respecta a levantarse a las 5 estos días que habéis estado conmigo. Pero os encontraréis con un muro tras estos primeros veintidós días en los que estáis en la fase uno. No pasa nada: es solo una parte del proceso de implementación de nuevos hábitos, por el que deben pasar todos aquellos que buscan una productividad máxima y una vida más gratificante. Para la mayoría de las personas dispuestas a levantarse antes de la salida del sol, cada uno de los días de esta fase son realmente duros. Sienten que van a rendirse. Hay muchos que simplemente dicen que levantarse tan temprano no es para ellos. Que no están hechos para asimilar esta rutina y que no les merece la pena el esfuerzo. Mi consejo es simple: *Hay que continuar a toda costa. La persistencia está en el umbral del virtuosismo.* Las cosas que parecen más complejas son también las más valiosas. Recordad que los mayores triunfadores y los grandes héroes de nuestra civilización consiguieron su poder alcanzando logros difíciles y de gran importancia. Y recordad también esta regla: *Cuando os enfrentéis a una elección, optad siempre por la que más os haga crecer, por la que aumente vuestro desarrollo y promueva el despliegue de vuestras capacidades, vuestro talento y vuestro valor.* Así que, cuando queráis abandonar, persistid. Pronto pasaréis a la siguiente fase. Y sed conscientes de que los pensamientos negativos, las emociones negativas y el fuerte deseo de rendirse son componentes normales del proceso de consolidación de cualquier nuevo régimen. Los primeros 22 días os parecerán una forma leve de tortura.

—Porque la primera fase es una destrucción de viejas maneras de actuar para reemplazarlas por otras nuevas, ¿no es así? —preguntó la emprendedora.

—Precisamente —le confirmó el millonario—. Y aunque no puedas hacer algo con mucha antelación, eso no implica que no puedas hacerlo en un determinado momento —añadió asintiendo con gesto de ánimo—. Tengo que repetir algo que es esencial que asimiléis: cuando un cambio no resulta difícil de introducir al principio, es que no se trataba de un cambio real y valioso. La sociedad nos ha programado para pensar que, cuando hay dificultades al principio, es que algo va mal. Que tenemos que dejar de hacer lo que estamos haciendo y regresar a la seguridad de nuestra vida normal. En esa forma de actuar no hay más que crecimiento cero y evolución cero hacia niveles de excelencia superiores. Cero.

—Es verdad —dijo la emprendedora—. Todas las personas que conozco repiten todo lo que les resulta familiar día tras otro. Bueno tal vez no todas, pero la mayoría. Las mismas ideas, los mismos comportamientos, las mismas acciones.

—Y no es que no puedan cambiar —afirmó el señor Riley—. Es solo que no aceptan el compromiso de mejorar ni la condición de mantenerlo durante el tiempo suficiente para que su neurobiología, junto con su psicología, su afectividad, su salud y su espiritualidad desplieguen sus potencialidades naturales.

»Y es que todo lo que ahora os parece fácil, tiempo atrás os pareció difícil, ya sabéis.

El millonario le pidió la linterna al guardia de seguridad y la enfocó hacia la parte del modelo de aprendizaje relacionada con la segunda parte del establecimiento de la rutina.

—Gracias, Krishna —añadió—. Mirad esto: todo el desorden del cambio se sitúa en la mitad del proceso. La fase dos se llama «implementación», porque en ella se produce una especie de renovación interior, de reordenación. Se tienen que demoler los cimientos anteriores para reemplazarlos por otros mejores. En esta fase os sentiréis confusos, estresados y frustrados. Querréis abandonar, más que nunca, y creeréis por un momento que la decisión de uniros al Club de las 5 de la mañana fue la peor de vuestras vidas. Anhelaréis volver al pasado, cuando podíais quedaros abrigados en la cama, contando ovejitas. Cuando sintáis esto, pensad que el proceso va bien. Bien no, muy bien de hecho. Aunque, llegados a este punto, no lo podáis ver, estaréis avanzando cada vez más en el proceso de convertir en rutina el hábito de levantaros al alba durante el resto de vuestra vida. En esta fase las cosas están a punto de ser cada vez más sencillas. En realidad lo son. Solo tenéis que pasar la segunda fase. Y solo parece desordenado, no lo es. Solo parece caótico, no lo es. La realidad es que estáis avanzando de un modo excelente, y dando alcance a una nueva forma de actuación. «En todo desorden hay un orden secreto», dijo el afamado psicólogo Carl Gustav Jung.

»Así pues, en el proceso de conexión a esta valiosa nueva rutina matinal, toda la estructura de vuestro cerebro está experimentando una conmoción a medida que vais generando nuevas vías neurales. En realidad, todo vuestro sistema se está reestructurando. Es un proceso en el que nacen nuevos brotes. En el que os adentráis en el mar azul. En el que conquistáis nuevos territorios de vuestro potencial y accedéis a los más elevados universos de la optimización humana. El cortisol, la hormona del estrés y del miedo, alcanza niveles altos en esta fase, por lo que tendréis miedo muchas veces. Lo que sucede en vuestro cerebro consume grandes cantidades de energía. Estaréis agotados a menudo durante la fase dos de implementación del hábito. Los antiguos sabios y filósofos llamaban a esta profunda transformación personal «la negra noche del alma». Pero lo que una vez fue una oruga se está transformando de manera confusa, casi mágica, en mariposa. Los místicos describían el cambio profundo y real como un itinerario en el que se producía una sucesión de pequeñas muertes.

Tu viejo «yo» debe morir para que pueda nacer tu mejor «yo». En palabras del Guía: «Para que puedas ascender a la grandeza debes experimentar la aniquilación de tu debilidad». Son palabras dramáticas, lo admito, pero que están llenas de verdad. A veces, en la fase dos es posible que parezca que todo se viene abajo, pero, en realidad, todo se está cohesionando para mejorar. Como ya habéis aprendido, vuestra percepción humana a veces no se corresponde con la realidad. En ocasiones, es como si el mundo se contemplara a través de una lente. De cualquier modo, el hecho es que la ilusión de seguridad siempre tiene consecuencias mucho más funestas que el ascenso hacia el virtuosismo personal. Seguid en la fase dos del proceso durante unos 22 días y os encontraréis con recompensas in-con-men-su-ra-bles.

—Es extraordinario todo lo que acaba de decir —interrumpió el artista—. Lograré implementar el ritual de levantarme al alba durante el resto de mi vida, aunque muera en el intento —se prometió a sí mismo.

El millonario quedó unos momentos en silencio.

—He pasado por este proceso de desorientación y transformación, muchas, muchas veces. Cada vez que busco instaurar un nuevo hábito, o lograr una capacidad superior, o incluso una convicción fundamental más evolucionada, paso por ese ciclo de muerte y resurrección. Y confieso que me hace sentir como si estuviera llegando al fin. A veces estaréis muy asustados, agotados durante algún tiempo y confusos por lo que os dirá la oscura voz de vuestro ego. Otras veces os parecerá incluso que os estáis volviendo locos. Esa es la razón por la que tan pocas personas emprenden este duro trabajo. Y es también el motivo por el que tan pocas personas alcanzan un rendimiento épico de máximo nivel y consiguen ejercer una influencia de repercusión mundial en la cultura. Es un juego en el que solo participan los guerreros más entregados. Requiere un valor enorme, una convicción inmensa y una fuerza de carácter descomunal. Son cosas que vosotros tenéis. Solo debéis decidiros a ponerlas en práctica. Y, como ya he dicho, con práctica y paciencia os será más fácil hacerlo. Con el tiempo, incluso de manera automática.

»Bueno, chavales —dijo el millonario batiendo las palmas de las manos como un entrenador que anima a sus jugadores—. Sé que estáis captando todo esto estupendamente, así que sigamos con todo este rollo. Perseverad en la implementación del nuevo hábito, destruyendo los viejos patrones en la fase uno. Continuad después con el establecimiento de nuevos circuitos cerebrales en la fase dos, por medio de la neuroplasticidad y la creación de vías perfeccionadas para acceder a vuestro centro emocional. Hacedlo y podéis estar seguros de que alcanzaréis la fase tres, la parte final de la ascensión: la «integración». Recordad: todo cambio es duro al principio, desordenado a la mitad y precioso al final.

El millonario hizo una pausa, esbozó una sonrisa y se tocó los dedos de los pies. Después volvió a besarse la piel de la mano entre los dedos. Luego continuó:

—Esta fase final es en la que todo confluye —apuntó—, y en ella experimentaréis las ventajas del excepcional compromiso que supone vuestra pertenencia durante toda la vida al Club de las 5 de la mañana. Os estáis aproximando al final del período de unos sesenta y seis días necesarios para que el cerebro y el ser humano asimilen y codifiquen una rutina. Ha llegado el momento del éxito. Habéis avanzado a través del período de destrucción inicial, habéis pasado por los peligros y el caos de la fase intermedia y habéis alcanzado la otra orilla, más fuertes, con mayor capacidad y con un conocimiento más íntimo de vuestra naturaleza suprema e invencible. Ahora sois la siguiente versión de vuestro yo más elevado, capaz de participar en un juego de mayor alcance, de influir más en las personas por medio del memorable poder de vuestro ejemplo y de ser más útiles al mundo, al haber adquirido una dimensión ampliada de vuestro heroísmo primigenio. Todo el duro trabajo, el sacrificio, el sufrimiento, la constancia y el valor convergen en esta fase, en la que el hábito en el que habéis estado trabajando se integra, a nivel mental, emocional, físico y espiritual. Y se convierte en vuestro nuevo estado normal.

—¿Normal? —preguntó el artista—. ¿Quieres decir que será más fácil mi vida?

El millonario se lanzó de repente al suelo de mármol del Taj Mahal y empezó a hacer flexiones. Parecía un boxeador entrenando para una pelea.

—¿Qué diablos hace ahora? —rio divertida la emprendedora—. Está más loco de lo que pensaba —reflexionó para sí—. Pero sin duda se hace querer.

—El principal propósito en la vida es el crecimiento: el continuo impulso de uno mismo para materializar en la mayor medida posible el propio potencial. Y ese impulso también se cultiva haciendo flexiones. Mis flexiones diarias no solo me mantienen en un estado de mejora continua orientada la consecución de prestaciones excelentes. Son también un magnífico sistema para hacer que me sienta joven, feliz y vivo. El aburrimiento mata el espíritu humano.

El magnate se levantó.

—Para los jugadores de primer nivel la cima de una montaña es la base de la siguiente. La instalación de un nuevo gran hábito genera una magnífica oportunidad para abordar la instalación de la siguiente. Hago unas mil flexiones al día, ¿sabéis? Son un excelente ejercicio. Uno de los mejores y de los más sencillos. Me ayudan a guardar la línea y a trabajar los músculos. Son buenas para los músculos del abdomen y para los glúteos —dijo el millonario con expresión desgarbada.

»Pero hacer mil flexiones diarias es un ritual que me ayuda a seguir adelante, a mantener la expansión y a elevar mi disposición mental, emocional, física y espiritual, ascendiendo a lo mejor de mí mismo. La verdad es que no tengo miedo del fracaso. Esta es solo una parte del proceso de aprender a volar. Lo único que me aterroriza es no avanzar, no crecer.

—¡Entendido! —asintió la emprendedora, garabateando frenéticamente su cuaderno de notas.

A continuación, el millonario señaló con el índice la parte del gráfico en la que se situaba la «automatización».

—Lo más fascinante es que, una vez que se llega a la automatización, ya no es necesaria ninguna fuerza de voluntad para levantarse a las 5 de la mañana. El hecho de despertarse antes del amanecer se convierte en una segunda naturaleza. Y es algo realmente fácil. Este es el verdadero don que se obtiene de la práctica de la excelencia y la dedicación a lo largo de aproximadamente sesenta y seis días: *la fuerza de voluntad que has usado para instaurar el hábito de levantarte al alba ahora es libre para que la apliques en la sistematización de otra conducta de máximo nivel,* para acceder a nuevas oportunidades de desarrollo más productivo, próspero, gratificante y satisfactorio. Este es, por ejemplo, el secreto oculto de las grandes figuras del deporte. No es que tengan más autodisciplina que las personas corrientes. Es solo que capitalizan cualquier forma de control de los impulsos de la que dispongan durante un período de sesenta y seis días, hasta que incorporan plenamente las rutinas ganadoras. Luego redireccionan su fuerza de voluntad hacia otro objetivo que mejore su rendimiento y su experiencia, lo que les ayuda a ser más líderes en su área y a optimizar aún más las opciones de victoria. Los grandes profesionales consiguen dominar su campo y alcanzar la victoria implementando un hábito tras otro. Con el tiempo automatizan, sistematizan, e institucionalizan los comportamientos con los que alcanzan la victoria. Una vez que consiguen la programación mental adecuada, el rendimiento óptimo no supone para ellos absolutamente ningún esfuerzo. Y estas superestrellas practican sus hábitos de la victoria con tanta frecuencia, que llegan a un punto en el que ya no recuerdan como lo hacían para no aplicarlos.

—Llega un momento en el que es más fácil utilizarlos que no utilizarlos, ¿no es cierto? —comentó la emprendedora.

—Exactamente eso —asintió el millonario.

El artista se sentía emocionado.

—Es algo tan valioso para mí, como persona y como pintor. ¡Y entiendo tan claramente los tres procesos de destrucción, instalación e integración! Cada uno dura unos veintidós días, ¿no?

—Sí, aproximadamente. Y alrededor de sesenta y seis días son los que hacen falta para que el proceso se convierta en una rutina automática. Entonces se logra la automatización, porque los hábitos tardan unas nueve semanas en establecerse. No dejéis de levantaros a las 5 después de una semana. No dejéis de hacerlo tampoco cuando se manifieste la confusión en mitad del proceso. Manteneos implacables a lo largo de toda la transición, afrontando todas las dificultades y todos los desafíos, como en su día hicieron Shah Jahan y los constructores del Taj Mahal, que lograron a fin de cuentas erigir lo que se convertiría en una de la Siete Maravillas del mundo.

Lo extraordinario requiere paciencia. Y lo genial requiere tiempo. Persistid en vuestro empeño de dedicar una hora a vosotros mismos cuando se alza el sol y, mientras los demás duermen, desarrollad vuestros cuatro imperios interiores, que os dispondrán a desarrollar sus homólogos exteriores, a su vez actualizados por vuestros grandes corazones. No descuidéis la llamada a vosotros mismos, por medio de la cual desplegaréis todo vuestro talento, amplificaréis vuestras extraordinarias capacidades, multiplicaréis vuestra felicidad y descubriréis un paraíso de paz en vuestro interior que ningún acontecimiento externo podrá reducir jamás. Es así, amigos míos, como os convertiréis en invencibles, en indestructibles y en auténticos maestros en vuestro campo, así como en asombro para el mundo, de un modo específicamente propio.

—¡Fantástico! —exclamó sonriente la emprendedora—. ¡Bravo! Eso explica por qué tan pocas personas consiguen desarrollar los hábitos necesarios para alcanzar la excelencia. Sencillamente no son fieles a su compromiso durante el tiempo suficiente como para que funcione. Podrían hacerlo, pero no lo hacen.

—¡Sí, señor! —asintió el millonario—. Ese es el motivo por el que la información y la educación, y el aprendizaje y el desarrollo tienen una importancia tan vital. La mayoría de las personas simplemente no conocen este modelo de cambio vital y todas las aplicaciones prácticas que os he revelado en relación a él. Y, al no conocerlo, no pueden ponerlo en práctica. El conocimiento no aplicado hace que el potencial quede infracapitalizado. Todos nosotros estamos hechos para el triunfo, cualquiera que sea la manera que elijamos para alcanzarlo. Pero, por desgracia, la gran mayoría de nosotros no ha recibido formación sobre la filosofía y la metodología que el Guía me enseñó a mí. Las mismas enseñanzas que ahora mismo os estoy transmitiendo. Es importante que le habléis al mayor número posible de personas del trabajo del Guía. Por favor. De esta manera podremos ayudar a todos aquellos que viven en la oscuridad de la apatía, la mediocridad y la escasez a encontrar su capacidad latente para alcanzar logros asombrosos durante el resto de sus vidas. Necesitamos hacer de este mundo un lugar mejor, más saludable, más seguro y más amable.

—Sin duda —asintieron tanto la emprendedora como el artista.

La chica se detuvo un instante para interiorizar la inolvidable naturaleza de la escena que la envolvía. Se encontraba junto al hombre del que, inesperadamente, se había enamorado, en el curso de una extraña, bella e irrepetible aventura, dentro de una de las Siete Maravillas del mundo, en la India, un país que siempre había querido visitar, por sus espectaculares paisajes, sus exóticos encantos y sus extraordinariamente singulares habitantes.

Se paró a pensar en lo que había dejado atrás en su mundo habitual: manipulaciones, robos, deslealtades y traiciones. En ese momento empezó a reír. Pero no con esa risa forzada que muchas veces se oye en las reuniones de trabajo, con las que las buenas personas enmascaran sus temores sociales, intentando adaptarse al entorno y parecer fuertes y brillantes. No, esta era la expresión de una alegría palpable de una persona que acaba de descubrir los verdaderos tesoros de una vida vivida en toda su plenitud.

En ese preciso instante, la emprendedora se fue consciente de lo afortunada que era.

El intento de absorción de su empresa se resolvería por sí mismo, dado que la vida siempre encuentra una forma de hacer que las cosas se solucionen de la mejor manera.

Ciertamente, había aprendido a no reprimir sus sentimientos naturales de indignación, decepción y, en ocasiones, tristeza, que la invadían de vez en cuando al pensar en esa situación. Eso era lo que le generaba su propia condición de ser humano, real y valiente, en ningún caso débil. Sin embargo, ahora también comprendía que había cosas más importantes que la riqueza, el reconocimiento y el prestigio. Y que muchas personas ricas en lo económico eran en realidad desesperadamente pobres.

«Nada es tan valioso como mi felicidad. Nada tan inapreciable como mi paz mental», pensó la emprendedora.

Había encontrado el amor. Su estado de salud era excelente. Tenía muchas cosas por las cuales estar agradecida: dos ojos para contemplar el esplendor de este maravilloso mundo, dos piernas para explorarlo en toda su extensión, comida en su mesa todos los días, cuando había miles de millones de personas que pasaban hambre. Y un techo que le proporcionaba un cobijo más que suficiente. Tenía gran número de libros aún por leer en su biblioteca, un trabajo que alimentaba su creatividad y, como el millonario solía decir con frecuencia, la oportunidad de alcanzar altas cotas de virtuosismo, no solo para su propio beneficio, sino también para ponerlo al servicio de la sociedad. Y así, en el interior de ese majestuoso mausoleo, que había exaltado la inspiración de tantos visitantes de todo el mundo, y mientras el sol se elevaba hacia el exuberante cielo de la India, halló en su corazón algo que todos necesitaríamos practicar con asiduidad: el perdón.

Dejó que se esfumara la hostilidad hacia sus inversores. Se liberó de los resentimientos hacia quienes pretendían perjudicarla y se desprendió de todo resto de sus onerosas decepciones. La vida es lo bastante corta como para tomarse las cosas demasiado en serio. Y, al final de su vida, lo que más importará no será si los capitalistas agresivos han conseguido hacerse con el control de su empresa, sino en qué se ha convertido ella como ser humano y cuál es la calidad del fruto de su trabajo. Y a cuantas personas ha ayudado. Y cuánto se ha reído. Y cómo ha disfrutado de la vida.

El millonario tenía razón: cada ser humano hace las cosas lo mejor que puede, basándose en el nivel de conciencia en el que se encuentra y el grado de auténtico poder que puede controlar. Si los inversores tuvieran un mayor nivel de conocimiento, hubieran actuado mejor. Estas personas provocaban dolor y sufrimiento en ella porque, a un nivel profundo y subconsciente, son esas personas las que experimentan dolor y sufrimiento. Quienes dañan a los demás, silenciosamente, se detestan a sí mismos. Sí, esta forma más elevada de ver las cosas no es nada frecuente en nuestra civilización. Y tal vez sea por eso por lo que nuestro mundo está lleno de guerras, de peligros y de odio. La emprendedora pensó que era posible que, en realidad, esa especie de bandoleros corporativos fueran sus maestros. Su mejor naturaleza entraba en juego para impulsarla a abandonar el estado de desánimo y desesperación que se había visto en la necesidad de cambiar. Y de aprender a elevarse. Es probable que todo lo que había experimentado fuera, como el magnate les había enseñado, una valiosa preparación para la necesaria transformación en alguien que pueda satisfacer el potencial de sus más luminosos dones y cumpla la promesa de su más alto destino, de un modo que beneficie a la humanidad. Y, tal vez, es cuando nos deprendemos de todo lo superfluo, cuando llegamos a conocer mejor a nuestro yo más elevado.

Este extraño maestro que tenía delante de ella, por momentos extravagante pero sincero a carta cabal, el señor Stone Riley, estaba vaciando su corazón, explicando cómo la sencilla, aunque inicialmente complicada, disciplina del Club de las

5 de la mañana podía, y de hecho conseguía, transformar la productividad, la prosperidad y el bienestar de cualquier persona que la aplicara. Había cumplido todas y cada una de las elevadas promesas que formuló cuando tuvieron su extraño primer encuentro en la fascinante conferencia del Guía. Había demostrado que era un gigante, pero no solo de la industria, sino también de la integridad y de la honradez.

«Necesitamos más personas como él», pensó la emprendedora. «Mujeres y hombres que sean líderes puros. Personas que influyan no por la fuerza que les otorga una titulación de prestigio o por la amenaza de una posición superior, sino por la fuerza de su personalidad, por la nobleza de sus conocimientos y su experiencia, por la compasión que aloja su corazón y por la inusual capacidad de dejar a las personas con las que trata mejor de cómo las encontró. Líderes movidos menos por las adicciones interesadas del ego y más por las directrices altruistas de nuestra más elevada sabiduría».

La empresaria recordó las palabras de la poetisa Maya Angelou: «Mi deseo para ti es que continúes. Continúa siendo quien eres, acostumbrando a este mezquino mundo con tus actos de amabilidad».

También le vinieron a la mente las de la madre Teresa de Calcuta: «Si cada uno barriera el patio de su casa, tendríamos un mundo más limpio».

Y así, en aquella mañana tan especial, en uno de los más espléndidos monumentos del mundo, no solo perdonó; también estableció un pacto consigo misma. Comprendiendo, como nunca antes lo había hecho, que la mejora de uno mismo es la mejor manera de perfeccionar el estado del mundo, y que el desarrollo del propio genio interior era la vía más rápida para elevar su relación con todo lo externo. Se hizo a sí misma la promesa, no solo de no volver a pensar en quitarse la vida, sino que cada uno de los días del resto de su vida se levantaría a las 5 de la mañana y se haría a sí misma el regalo de la Hora de la victoria, libre de distracciones triviales, estímulos intrascendentes y complicaciones innecesarias. De este modo podría continuar. Continuar equilibrando su disposición mental, purificando la emocional, reforzando la física y elevando la espiritual.

Se exigiría eso a sí misma, ignorando las excusas y racionalizaciones que la parte más débil y temerosa de su personalidad pudiera plantear. Porque se merecía experimentar su propia grandeza. Y porque esperaba convertirse en una de las figuras heroicas a las que todos estamos esperando.

—Bueno, chavales —gritó el millonario a un volumen impropiamente alto—. Para acabar vamos a ver tres tácticas ultraprácticas que os ayudarán a sistematizar los nuevos hábitos. Les he dedicado mucho tiempo, porque son absolutamente esenciales para la consecución del éxito. Os explicaré rápidamente estas tres técnicas que, según han confirmado las investigaciones al respecto, facilitan el cumplimiento de la rutina del Club de las 5 de la mañana. Y después saldremos de aquí.

Sacó la linterna y enfocó con ella el techo de la cámara en la que se encontraban. Lentamente aparecieron estos tres mantras para el cerebro.

1. *Para hacer que un hábito perdure, no lo implementes solo.*
2. *El maestro es el que más aprende.*
3. *Cuando sientas deseos de abandonar, debes continuar avanzando.*

El millonario sonrió de nuevo.

—Es muy sencillo, ¿no? Son profundamente simples porque son simplemente profundas. La primera frase os recordará que los rituales son más eficaces cuando se plantean en grupo. Esa es la razón por la que el Club de las 5 de la mañana es tan potente. Sus miembros no están implementando esta rutina matinal solos. Todos lo estamos haciendo. Deseo de todo corazón que, cuando regreséis a casa, atraigáis al club a tantas personas como podáis, a personas dispuestas a levantarse al alba para poder desarrollar un trabajo de primer nivel y crearse vidas excepcionales. Desde hace tiempo se ha demostrado que los grupos de trabajo son un recurso contrastado para hacer que las mejoras perduren. Así que aplicad este principio sabiamente, por favor.

El millonario tosió y se llevó la mano al pecho, como si sintiera dolor en él. Hizo como si no pasara nada y continuó hablando.

—La segunda frase os recuerda que debéis enseñar la filosofía y la metodología que yo os he estado mostrando. Al hacerlo, vuestro conocimiento de este método será más profundo. En muchos aspectos, educar a otras personas en todo lo que hemos compartido será un regalo que os hacéis a vosotros mismos.

—Nunca me lo había planteado así —observó la emprendedora.

—Pues así es —corroboró el millonario—. Y la última línea que aparece en este techado es la más importante. Recordad que la persistencia es necesaria para todas las formas de virtuosismo. El momento en el que sentís que ya no podéis seguir adelante es una oportunidad excepcional de acceder a un nivel completamente nuevo de fuerza de voluntad. Cuando sintáis que no podéis continuar, progresad un poco más. Vuestro músculo de la autodisciplina se fortalecerá considerablemente. Y el grado de respeto por vosotros mismos se incrementará aún en mayor medida. Y pocas cosas son tan esenciales para el aumento exponencial de la productividad, para alcanzar una posición de liderazgo en vuestros campos y para la creación de una vida plena que os satisfaga por completo, como el aprecio que sintáis por vosotros mismos.

De repente, y sin ningún signo previo de lo que iba a suceder, el millonario se inclinó y se puso a hacer el pino. Con los ojos cerrados pronunció una frase del escritor y filósofo Gerald Sykes que decía algo así como: «Cualquier logro sólido debe, por necesidad, llevar años de humilde aprendizaje y distanciamiento de la sociedad».

—Merecéis que se materialice vuestro mejor yo y que se hagan realidad en vosotros logros realmente épicos —prosiguió el millonario, ya de nuevo sentado en el suelo—. No traicionéis a las capacidades latentes en vuestro interior, quedándoos hasta tarde en vuestra cómoda cama, la que os mantiene sedados. Los grandes hombres y mujeres del mundo consiguieron serlo no por regodearse glamurosamente entre las sábanas, sino fijándose las más elevadas metas y procediendo a hacerlas realidad, aunque la mayoría les llamara locos. El rendimiento de máximo nivel requiere tiempo y compromiso, sacrificio y paciencia. Y el heroísmo no surge de forma súbita. Codificad el hábito de las 5 de la mañana. Mantenedlo indefinidamente y seguid adelante cuando más sintáis el deseo de abandonarlo. Así podréis ser legendarios. Y así sellaréis vuestro destino como personas que están a la altura de ejercer su influencia a nivel mundial.

A continuación, Stone Riley se puso en pie, abrazó a sus dos discípulos y desapareció por un corredor de mármol.

13

El Club de las 5 de la mañana aprende la *Fórmula 20/20/20*

> Por la mañana, cuando sientas pereza y te cueste levantarte, ten siempre a mano el siguiente pensamiento: me levanto para cumplir con la tarea propia de un hombre.
>
> MARCO AURELIO, emperador romano

«La ciudad de Roma corre por mis venas. Su energía fluye en mi sangre. Y su singular magia renueva mi espíritu», pensaba el millonario, mientras su reactor rodaba sobre el asfalto de la pista de ese aeropuerto para aviones privados de la Ciudad Eterna. La canción *Magnolia*, del grupo italiano Negrita, se escuchaba a través de los altavoces del avión, mientras el magnate balanceaba sus fornidos hombros al ritmo de la música.

«El fiero orgullo, el fantástico apasionamiento y los gloriosos corazones de los romanos son cosas que siempre he admirado», se dijo a sí mismo. «La forma en la que la luz cae sobre Trinità dei Monti, la iglesia que corona la escalinata de la Plaza de España, nunca deja de hacer que mi alma se eleve y, a menudo, que mis ojos se llenen de lágrimas. La deliciosa comida, con especialidades como la *mozzarella di bufala*, el *Cacio e pepe*, la pasta *amatriciana* o carbonara o el *abbacchio* a la brasa, alimenta mi deseo de disfrutar más y más de la alegría de vivir. Y la meticulosa perfección de la arquitectura de la ciudad, un verdadero museo al aire libre, en el que me fascina pasear bajo la lluvia, dice mucho del guerrero y del poeta que hay en mí», reflexionaba el magnate mientras su avión se aproximaba a la plataforma de desembarque.

El millonario había pasado muchos años de su vida fantástica, aunque no perfecta, en Roma, en un piso del centro histórico, en la Via Vittoria. Zúrich y sus otras residencias eran los lugares a los que solía ir para trabajar en proyectos y gestionar sus negocios globales. Pero Roma, bueno, Roma era el lugar que nunca dejaba de alimentar su capacidad de sorpresa. Y de nutrir su anhelo de alegría y deleite.

Inhalar la fragancia de las gardenias en primavera y dar largos paseos por las inmediaciones del templo del parque de Villa Borghese habían sido dos de sus actividades favoritas en su vida. Tras levantarse a las 5, antes de que el denso tráfico romano ahogara parte de la magnificencia de la ciudad, un paseo en su bicicleta de montaña, pasando frente a la Fontana di Trevi, hacia Trinità del Monti, el Coliseo y, finalmente, la Piazza Navona, donde se puede admirar la maravillosa belleza de la iglesia que se alza en esta célebre plaza, le hacía percibir la luminosidad que solo las primeras horas del día proporcionan. Mucho más que su riqueza, eran esas experiencias las que le hacían sentirse próspero. Y vivo.

El gran amor de su vida era de Roma. El millonario la conoció en una librería inglesa, justo al lado de la Via dei Condotti, la calle en la que todas las marcas icónicas de la moda italiana tienen sus tiendas más emblemáticas. Aunque ya estaba cerca de los cuarenta, el magnate aún estaba soltero; era una especie de *playboy*, conocido por saber disfrutar de los placeres de la vida. Aún recordaba el libro que buscaba, que ella le ayudó a encontrar. Se trataba de *Juan Salvador Gaviota*, de Richard Bach, una novela maravillosamente regeneradora sobre una gaviota que sabía que estaba destinada a volar más alto que el resto de la bandada, y que se embarcaba en un inolvidable viaje para convertir en realidad esa convicción interior.

Vanessa tomó en sus manos un ejemplar, muy amable, aunque algo distante, tras lo cual fue a atender a otro cliente. Al millonario le llevó un año de visitas a esa angosta librería, con libros alineados sobre viejas estanterías de madera y paredes desgastadas por el tiempo, conseguir que ella aceptara una invitación a cenar. El millonario se sentía motivado por la inusual belleza de la joven, su vibrante inteligencia, su bohemio estilo personal y su peculiar risa, que le hacían sentirse tan feliz como un enjambre de abejas sobre un tarro de miel.

Se casaron en el encantador pueblo costero de Monopoli, en la región de Apulia,

«Aquel fue un día muy especial», recordaba ensimismado el magnate con cierto aire de nostalgia. «La música sonaba en la plaza del pueblo mientras todos bailábamos con frenesí bajo la intensa luz de la luna llena». La *burrata* recién hecha, la pasta de *orecchiette* preparada por la abuela del cocinero. La gente del pueblo que se unía a la gran fiesta, desplegando la infinita hospitalidad italiana, trayendo botellas de vino negroamaro y primitivo hecho en casa, como regalos de boda. Recordar toda aquella experiencia todavía le conmovía profundamente.

La relación del millonario con Vanessa había sido tan sensacional como inestable, como sucede en muchas épicas historias de amor. A veces, en realidad a menudo, la intensa conexión romántica genera un dolor de raíces profundas. Con esa persona especial, con el tiempo nos sentimos lo bastante seguros como para desprendernos de nuestro blindaje social y para mostrar nuestro verdadero yo. Y, así, se nos puede contemplar en la plenitud de nuestra esencia, de nuestra pasión y nuestra luz. Pero también se perciben intensos atisbos del lado sombrío que todos tenemos, del lado que se desarrolla a partir de las sucesivas heridas que la vida nos va infligiendo.

En su libro *El profeta*, Kahlil Gibran escribió: «Cuando el amor te llame, síguelo, aunque su camino sea arduo y penoso. Aunque la espada oculta entre sus alas pueda herirte. Aunque su voz desgarre tus sueños, como el viento del norte devasta el jardín. Eso es todo lo que el amor te hará, a fin de hacerte conocer los secretos de tu corazón». No obstante, a pesar de su naturaleza turbulenta, el matrimonio del millonario y su bellísima esposa funcionó durante décadas.

Aunque ella falleció súbitamente, hace ya muchos años, él nunca volvió a casarse. No quiso volver a enamorarse; prefirió concentrarse solo en hacer crecer su imperio empresarial, expandir sus actividades filantrópicas y disfrutar de la vida realmente atractiva que se había ganado. El magnate cogió su cartera y sacó de ella lentamente una fotografía arrugada de Vanessa. Se quedó mirándola, cautivado. En ese momento empezó a toser fuertemente.

—¿Está bien, jefe? —preguntó uno de los pilotos desde la cabina.

El millonario permaneció en silencio, contemplando la foto.

La emprendedora y el artista habían volado a Roma pocos días antes y habían quedado prendados de las vistas, el esplendor y las curiosidades de la Ciudad Eterna. Cogidos de la mano, inmersos en la energía y la belleza de Roma, habían recorrido las calles adoquinadas por las que en el pasado caminaron grandes constructores y nobles emperadores.

Hoy era el día que tanto tiempo habían estado esperando. Esa mañana conocerían por fin la *Fórmula 20/20/20* que constituía la base del Método de las 5 de la mañana. Los dos discípulos conocerían con detalle y precisión qué hacer en la Hora de la victoria, esa ventana de acceso a las oportunidades que iba desde las 5 hasta las 6 de la mañana, por lo que antes se habían tomado unos días de descanso y diversión.

Hoy descubrirían con todo detalle cómo aprovechar las mañanas y cómo acceder a una existencia de primer nivel.

Como les había pedido el millonario, estaban esperando en la parte superior de la escalinata de la Plaza de España. Eran exactamente las 5 de la mañana.

En la plataforma en la que se levanta el obelisco que hay en ese lugar, mirando en dirección a las escalinatas que hay debajo de él, estaba el lugar en el que el mentor y sus dos discípulos se encontrarían esa mañana.

Los primeros rayos del sol romano besaron la iglesia de Trinità dei Monti, mientras los enamorados contemplaban la panorámica de la ciudad, cargada de cultura.

Los antiguos romanos destacaban por la grandeza de su visión, el equilibrio de sus edificaciones y la sublime capacidad para desafiar la realidad de la ingeniería. Desde allí podían admirar la basílica de San Pedro y el mausoleo de Augusto, así como las siete colinas, tan trascendentales en la gestación de un imperio, que se originó en una pequeña aldea a orillas del Tíber y que creció hasta ocupar una extensión que comprende cuarenta países actuales diferentes de Europa, Asia y África. El aire estaba perfumado, con una mezcla de aromas florales y olor a humo, como si hubiera un incendio en la distancia.

—*Buongiorno!* se escuchó exclamar a una voz en medio de la serenidad del alba—. ¡Controla tus mañanas, impulsa tu vida! —gritó el millonario con la misma exaltación que debían mostrar los soldados romanos después de una gran victoria.

El señor Riley se acercó caminando entre las primeras luces del día, con una rutilante y mágica sonrisa. Para la importante lección de ese día había elegido unas modernas gafas de sol de diseño italiano. También vestía una cazadora italiana sobre una camiseta negra con las iniciales SPQR impresas sobre ella, pantalón de chándal negro y zapatillas deportivas naranjas.

—*Tutto bene?* —preguntó jovial.

—Estamos bien —respondió contenta la emprendedora, que entendía algunas frases en italiano.

—Realmente bien —corroboró el artista.

—¡Hoy es un gran día, chavales! La lección que aprenderéis de mí, vuestro mentor devorador de queso y de *tonnarelli*, os servirá para conocer todo lo que necesitáis saber sobre la *Fórmula 20/20/20*. Por fin hemos llegado a ella. Ya estamos listos para equilibrar la rutina de la mañana, para materializar vuestra promesa de expresión de genialidad y de alcanzar una vida de satisfacción plena. Os encantará lo que estáis a punto de conocer. El resto de vuestra vida nunca será igual —afirmó el magnate.

Mientras el sol se elevaba lentamente, los discípulos vieron por primera vez un tatuaje que el millonario tenía en el dorso de la mano izquierda. Solo constaba de tres números: 20/20/20.

Los rayos de luz convergieron sobre su cabeza, envolviéndolo en una especie de halo. La imagen tenía algo etéreo, que causaba cierta impresión.

—¿Esto es nuevo? —preguntó el artista con curiosidad—. No me había fijado antes.

—Pues sí —respondió el magnate—. Me lo hicieron anoche en el Trastevere. Es la bomba, ¿verdad? —preguntó el millonario, con una expresión tan inocente como la de un recién nacido.

—No está mal —replicó el artista con un enorme bostezo, tras el cual dio un sorbo de café de una taza para llevar que sostenía en la mano—. Estupendo el café aquí en Italia —añadió.

—Bueno, en realidad es un tatuaje temporal —reconoció el millonario—. Me lo he hecho por ser hoy el día de la *Fórmula 20/20/20*. En realidad, es uno de los días más importantes de todos los que hemos compartido a lo largo de estas sesiones. Estoy encantado de estar aquí con vosotros. Empiezo a sentir que somos una familia. Y, para mí, estar de vuelta en Roma es algo increíblemente especial. No había regresado a la ciudad desde la muerte de mi esposa, Vanessa. Se me hacía muy duro estar aquí sin ella —confesó apartando la mirada.

Stone Riley escarbó en el bolsillo de su pantalón y extrajo de él un huesecillo en forma de «V» llamado hueso de los deseos. Lo colocó cuidadosamente sobre uno de los escalones de la escalinata, en el que había trazados unos misteriosos dibujos. Su aspecto era similar a este:

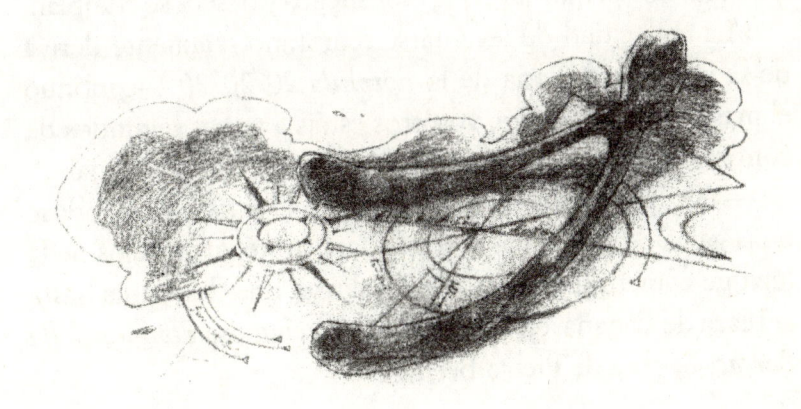

El millonario pidió a sus dos discípulos que formularan un deseo, antes de indicarles que rompieran el hueso, como señal de buena suerte.

—He traído esto a nuestra sesión de esta mañana, no solo para contribuir a la buena onda que hay entre vosotros, chavales —prosiguió el millonario—, sino también porque quiero que recordéis que el hueso de los deseos, sin los huesos de la espina dorsal, no os llevará muy lejos —explicó.

—Se parece a algo que ya aprendimos, eso de que «el compromiso a tiempo parcial arroja también resultados parciales» —preguntó el artista.

—Y a la idea de que «ninguna idea funciona hasta que la llevas a cabo» —dijo a su vez la emprendedora, mientras hacía un estiramiento de yoga frente al sol naciente.

—Algo así —replicó el millonario—. Sé que ambos anheláis llevar vidas productivas, felices y llenas de significado. Pertenecer al Club de las 5 de la mañana es el único hábito, de entre todos los posibles, que garantizará que esa poderosa ambición se convierta en realidad. Es la única y mejor práctica que he encontrado para que la intención de vivir una vida espléndida se traduzca en la realidad de cada día. Sí, los sueños y los deseos no son más que huesos de la suerte. Levantarse al alba es la espina dorsal que hará que esos sueños y deseos se cumplan.

»La capacidad de levantarse temprano realmente deriva de la aplicación diaria de la *Fórmula 20/20/20* —continuó el magnate. —Y, ahora, vosotros estáis a pocos segundos de conocer esta sorprendentemente poderosa rutina matinal.

—¡Ya iba siendo hora! —exclamó el artista poniéndose unas gafas de sol de color verde para proteger sus ojos de la luz que comenzaba a llenar la escalinata que descendía hasta la Plaza de España, en la que se erigía la famosa *Fontana della Barcaccia*, obra de Pietro Bernini.

—¡Dadme un abrazo antes de continuar! —exclamó cariñosamente el millonario al tiempo que estrechaba al artista y la emprendedora—. ¡Bienvenidos a mi querida Roma! —añadió, mientras desde la ventana de un piso cercano se oía la canción *Come un pittore*, del grupo Modà. Una cortina que colgaba en ella se movía con la suave brisa.

—Bien, vayamos a lo nuestro. Sed conscientes por favor de que vuestra creatividad, vuestra productividad, prosperidad, rendimiento y utilidad en el mundo, al igual la calidad de vuestra vida personal, no se transformará por el simple hecho de levantaros a las 5 de la mañana. No basta con eso para hacer que este método despliegue toda su potencialidad. Es lo que se hace en los sesenta minutos siguientes al despertar lo que hace que la pertenencia al Club de las 5 de la mañana sea tan determinante para cambiar las reglas del juego. Recordad esto: vuestras Horas de la victoria os proporcionan la mejor de las ventanas de acceso al aprovechamiento de oportunidades. Como ya sabéis ahora, el modo en el que comenzáis el día influye de manera radical en la forma en la que este se desarrolla. Algunas personas se levantan pronto, pero destruyen el valor de su rutina matinal viendo las noticias, navegando por Internet sin un propósito determinado, interactuando en redes sociales o comprobando sus mensajes. Sé que sabéis que este tipo de comportamientos son consecuencia de la necesidad de una inyección de dopamina rápida y placentera, una vía de escape de lo que es verdaderamente importante. Esta forma de actuar es la que hace que la mayoría de las personas dejen de hacer las cosas que les permitirían aprovechar la quietud de este momento especial para optimizar la grandeza que los días muestran abiertamente de manera sistemática.

—Y a medida que creamos cada día, vamos configurando nuestras vidas, ¿no? —consultó el artista, recordando la información que había asimilado en el complejo que el millonario poseía en la playa, frente al mar—. Se trata del *Fundamento de la acumulación de días*, que formaba parte de *Los 4 enfoques de los triunfadores* que nos explicó en su momento. Aún lo recuerdo.

—Absolutamente correcto —celebró el millonario—. La verdad es que comenzar el día de manera inteligente, saludable y serena no consiste solo en centrarse en la mejora del éxito público y privado. También se relaciona con la protección del mismo.

De pronto, un hombre que conducía un coche de caballos vestido de gladiador atravesó la Plaza de España, gritó *Buongiorno, signor Riley!*, y continuó su camino.

—*A dopo* —respondió el millonario alzando la voz lo suficiente para que el hombre lo escuchara.

—Ese disfraz es la bomba, ¿no? —dijo a sus discípulos. El millonario se frotó su falso tatuaje y miró al Coliseo.

—Ese hombre que acabamos de ver me ha hecho pensar en el auriga, un tipo de esclavo de la antigua Roma, especialmente elegido por su integridad, y que era el encargado de conducir el carro en el que eran transportados los altos dignatarios. Ah, y una cosa interesante: otra de las funciones del auriga era situarse detrás del comandante o *dux* homenajeado en las ceremonias de triunfo, susurrándole la frase *Memento, homo* al oído mientras sujetaba la corona de laurel sobre su cabeza.

—¿Qué significa? —preguntaba la emprendedora.

Ese día vestía vaqueros desteñidos y una camiseta roja con cuello en V y calzaba zapatillas deportivas blancas, con el pelo recogido en una coleta, tan de su gusto. Llevaba sus habituales pulseras e irradiaba el más absoluto optimismo.

—*Memento homo* quiere decir en latín «recuerda que eres solo un hombre» —respondió el millonario—. La función asignada al auriga era en este caso mantener bajo control la arrogancia del dignatario y ayudar a limitar la inevitable invitación a la egolatría que todo éxito grandioso implica. El ritual era un mecanismo rígido de disciplina para asegurar que el *dux* permanecía exclusivamente centrado en su verdadera misión, es decir, mejorar él mismo y expandir el imperio, y no dispersar sus energías en las diversiones y excesos que hacen caer las dinastías.

—¿Sabes qué? —apuntó el artista—. He conocido a varios genios artísticos que echaron por tierra sus imperios creativos y destruyeron su magnífica reputación por no saber gestionar adecuadamente su éxito. Así que ya pillo lo que quieres decir.

—Sí, de acuerdo total —dijo la emprendedora—. O sea, totalmente de acuerdo —se corrigió la mujer mientras agarraba la mano a su nuevo novio—. Yo también sé de muchas empresas de gran éxito que perdieron su mercado por regodearse en su fórmula de la victoria. Perdieron su energía, Se volvieron soberbias y petulantes, ante la falsa creencia de que siempre habría buenas perspectivas para sus excelentes productos, dejando de actualizarlos, de mejorar el servicio al cliente y de asegurarse de que cada uno de sus empleados mantenía un rendimiento de primer nivel. Así que yo también sé de qué hablamos. Le escucho, señor Riley.

—Estupendo —fue su escueta respuesta—. Cuando pongáis en práctica la *Fórmula 20/20/20*, recordad que debéis mejorar la forma en la que lo hacéis cada mañana. No os conforméis nunca, sed insaciables. Prestad atención en cada paso: pensad que vuestra mente será siempre un cinturón blanco en esta práctica. Porque *nada hace fracasar tanto como el éxito*. Una vez que experimentéis cómo os puede transformar esta práctica, es fácil que os relajéis en una de las fases del proceso, o incluso que omitáis alguna de ellas.

El millonario tocó con el índice uno de los escalones de la escalinata y, en voz baja, recitó las siguientes palabras:

—Es el momento de dejar de huir del yo más elevado y de aceptar la pertenencia a un nuevo orden de capacidad, de valor y de comprensión de la llamada de vuestras vidas, a fin de inspirar a la humanidad.

A continuación, atravesó caminando la plataforma de piedra que hay en lo más alto de la escalinata y elevó dos dedos de su mano derecha para formar el signo universal de la paz. Después saludó con el brazo en dirección a un hombre sentado frente a un puesto de castañas asadas en la Plaza de España, cerca de la entrada de la Via dei Condotti. El hombre vestía una camisa gris arrugada en la parte del pecho y pantalones azul marino y calzaba zapatillas deportivas amarillas.

Al ver el gesto, el hombre se puso en pie de inmediato y salió disparado, atravesando la plaza y subiendo las escaleras de tres en tres, hasta llegar a la parte más alta, donde estaba el millonario. Se abrió la camisa y dejó ver un chaleco antibalas, de debajo del cual extrajo una hoja de papel plastificado.

—Aquí lo tiene, *signore*. Me alegra verle de nuevo en Roma, jefe. —El hombre hablaba con marcado acento italiano y con una voz áspera como el papel de lija.

—*Grazie mille! Molto gentile*, Adriano —saludó el millonario, besándose la palma de la mano antes de tenderla para estrechar la del recién llegado.

—Adriano es miembro de mi equipo de seguridad —anunció el señor Riley mientras examinaba la hoja que le había dado—. Uno de los mejores. Creció en la ciudad de Alba, en la región del Piamonte, al norte de este gran país. ¿Os gustan los *tartufi*, chavales?

—¿Qué es eso? —preguntó el artista algo confundido por la escena que acababa de producirse.

—¡Trufas, muchacho! —contestó entusiasmado el magnate—. ¡Madre mía! Son la bomba. Combinadas con *tagliolini* y un poco de mantequilla fundida. O simplemente ralladas sobre unos huevos fritos. ¡Uf!, son una locura de buenas. ¡Eso sí que es comida de emperadores! —Mientras describía esos manjares, el millonario ponía los ojos como platos. Un hilillo de saliva serpenteaba desde la comisura derecha de sus labios. Sí, sí, de saliva. Un tipo raro, ¿verdad?

Adriano, que había permanecido en su lugar, le dio a su jefe un pañuelo de papel con discreción. Miró a la emprendedora y el artista con una mirada que parecía querer decir: «Sé que es raro, pero todos le apreciamos».

Entonces, los cuatro, encaramados en este espectacular mirador, comenzaron a reír, todos al mismo tiempo.

—Que tenga una buena mañana, jefe —dijo Adriano preparándose para marchar—. Nos vemos esta noche en Testaccio. Gracias por invitarme a cenar con usted. ¿*Cacio e pepe*, como de costumbre?

—Sí —confirmó el millonario—. *A presto*.

—Alba es de donde proceden las trufas blancas —explicó el magnate—. Se entrena a los perros, o a los cerdos, para que las encuentren. Es posible que alguna vez os lleve a buscar trufas conmigo. Bueno, chavales. Echemos un vistazo a este magnífico modelo de aprendizaje. En realidad, el Guía descompuso por elementos la Hora de la victoria y la *Fórmula 20/20/20* para nosotros. Una vez conocido el modelo, no hay preguntas que valgan sobre el modo de aplicar la rutina de la mañana. No hay excusas. El esquema ha sido creado para vosotros. Aplicad sus pautas a rajatabla y seréis los dueños de vuestros días. La postergación, la tan denostada procrastinación, es un acto de autodesprecio, de odio por uno mismo.

—¿En serio? —preguntó el artista.

—Absolutamente. Si en verdad sientes aprecio por ti mismo, debes rechazar todas las percepciones que te hagan sentir que no eres lo bastante bueno para llegar a ser grande y renunciar a la esclavitud de tus debilidades. Tienes que dejar de centrarte en tus defectos y celebrar tus asombrosas cualidades. Piensa en ello: no hay ninguna persona en el mundo con unas capacidades específicas como las tuyas. De hecho, en toda la historia no ha habido ni una persona exactamente igual que tú. Y nunca la habrá. Sí, eres un ser especial. Es un hecho indiscutible. Así pues, aprovecha toda la fuerza de tu talento inmenso, de tu fuerza luminosa, de tus capacidades imponentes. Libérate del hábito destructivo de no cumplir los compromisos que estableces contigo mismo. El incumplimiento de las promesas es una de las principales razones por las que muchas personas dejan de sentir aprecio por sí mismas. El hecho de no acabar lo que nos hemos propuesto hacer destruye nuestro sentido del valor personal y afecta a nuestra autoestima. Si mantienes ese tipo de comportamientos, tu parte inconsciente comenzará a creer que no eres digno de nada. Recordad el fenómeno psicológico conocido como profecía autocumplida, del que ya hemos hablado. Siempre actuamos de una manera que se asocia con el modo en el que nos vemos a nosotros mismos. Y, así, nuestra forma de pensar es la que genera nuestros resultados. Y cuanto menos nos valoremos a nosotros mismos y nuestras dotes —continuó—, menos capacidad tendremos para acceder a ellas.

El millonario se quedó mirando un grupo de mariposas que revoloteaba cerca de él, antes de proseguir.

—Es así como funcionan las cosas. Os sugiero que dejéis de postergarlas, ejercitéis los músculos de la voluntad de los que hablamos en el Taj Mahal y hagáis del resto de vuestra vida un testimonio de excepcional productividad y una expresión de inmaculada belleza. Honrad todo lo que sois viviendo vuestra genialidad, en vez de despreciaros a vosotros mismos, de negar vuestra exclusividad. La postergación es un acto de odio hacia uno mismo —repitió el millonario—. Debéis dar lo mejor de vosotros en el proceso de implementación de la *Fórmula 20/20/20*, el mecanismo esencial para la gestión de la mañana.

El millonario mostró a la emprendedora y al artista el recuadro que era aproximadamente así:

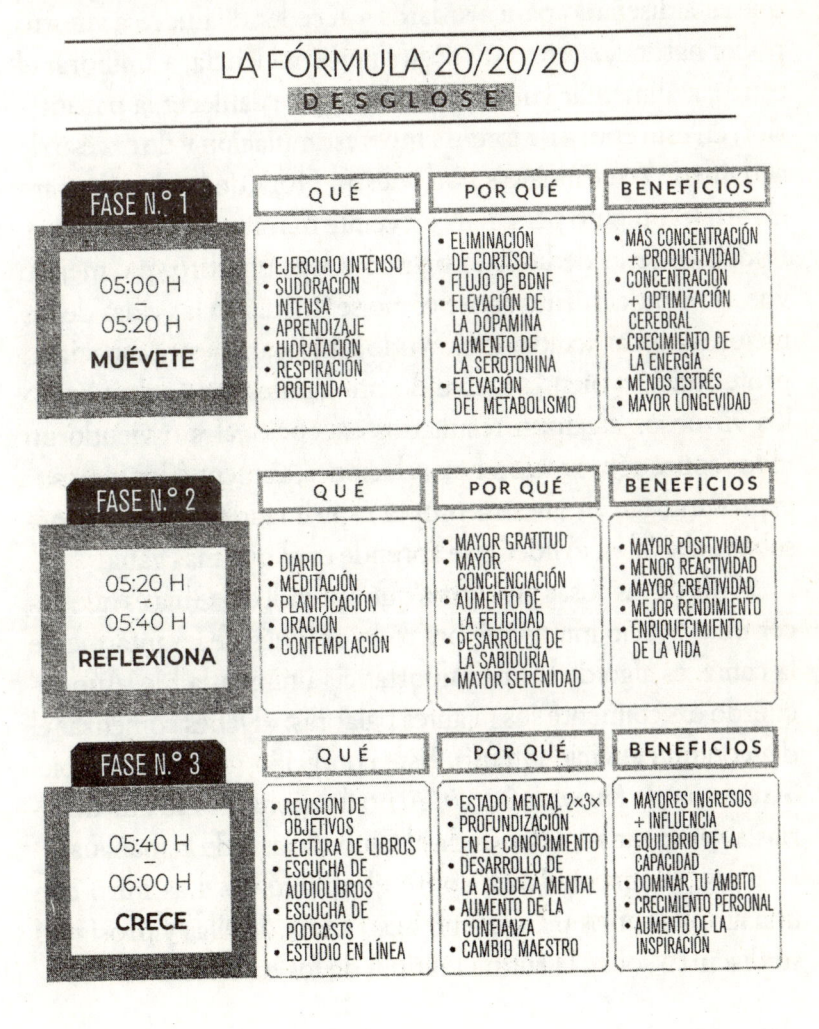

LA FÓRMULA 20/20/20
DESGLOSE

FASE N.º 1

05:00 H — 05:20 H
MUÉVETE

QUÉ	POR QUÉ	BENEFICIOS
• EJERCICIO INTENSO • SUDORACIÓN INTENSA • APRENDIZAJE • HIDRATACIÓN • RESPIRACIÓN PROFUNDA	• ELIMINACIÓN DE CORTISOL • FLUJO DE BDNF • ELEVACIÓN DE LA DOPAMINA • AUMENTO DE LA SEROTONINA • ELEVACIÓN DEL METABOLISMO	• MÁS CONCENTRACIÓN + PRODUCTIVIDAD • CONCENTRACIÓN + OPTIMIZACIÓN CEREBRAL • CRECIMIENTO DE LA ENERGÍA • MENOS ESTRÉS • MAYOR LONGEVIDAD

FASE N.º 2

05:20 H — 05:40 H
REFLEXIONA

QUÉ	POR QUÉ	BENEFICIOS
• DIARIO • MEDITACIÓN • PLANIFICACIÓN • ORACIÓN • CONTEMPLACIÓN	• MAYOR GRATITUD • MAYOR CONCIENCIACIÓN • AUMENTO DE LA FELICIDAD • DESARROLLO DE LA SABIDURÍA • MAYOR SERENIDAD	• MAYOR POSITIVIDAD • MENOR REACTIVIDAD • MAYOR CREATIVIDAD • MEJOR RENDIMIENTO • ENRIQUECIMIENTO DE LA VIDA

FASE N.º 3

05:40 H — 06:00 H
CRECE

QUÉ	POR QUÉ	BENEFICIOS
• REVISIÓN DE OBJETIVOS • LECTURA DE LIBROS • ESCUCHA DE AUDIOLIBROS • ESCUCHA DE PODCASTS • ESTUDIO EN LÍNEA	• ESTADO MENTAL 2×3× • PROFUNDIZACIÓN EN EL CONOCIMIENTO • DESARROLLO DE LA AGUDEZA MENTAL • AUMENTO DE LA CONFIANZA • CAMBIO MAESTRO	• MAYORES INGRESOS + INFLUENCIA • EQUILIBRIO DE LA CAPACIDAD • DOMINAR TU ÁMBITO • CRECIMIENTO PERSONAL • AUMENTO DE LA INSPIRACIÓN

—Como podéis ver en este modelo de aprendizaje, hay tres partes de veinte minutos que se deben instalar y practicar hasta alcanzar el nivel máximo de maestría y virtuosismo. La primera fase de veinte minutos de la *Fórmula 20/20/20* requiere movimiento. En términos simples, un ejercicio intenso que os haga sudar como primer componente todas las mañanas revolucionará la calidad de vuestros días. La segunda fase os anima a reflexionar durante los siguientes veinte minutos. Este bloque está diseñado para ayudaros a acceder de nuevo a vuestro poder natural, a reforzar vuestra autoconciencia, a aminorar el estrés, a alimentar vuestra felicidad y a restablecer la paz interior, en esta época de intensa hiperestimulación y de exceso de actividad. Y terminaréis con vuestra Hora de la victoria para el fortalecimiento personal con veinte minutos de crecimiento. Podéis hacerlo dedicando tiempo a leer un libro que mejore vuestro conocimiento sobre cómo se fraguaron las vidas de los mejores o un artículo que os ayude a mejorar vuestra capacidad profesional, o bien escuchando una conferencia sobre cómo los virtuosos alcanzan resultados excepcionales o viendo un vídeo sobre cómo mejorar las relaciones, aumentar los ingresos o profundizar en vuestra propia espiritualidad. Como ahora sabéis, chavales, el líder que aprende es el que más gana.

»Una de las cosas más útiles que aprendí del Guía es que hacer un ejercicio intenso, sobre todo después de levantarme de la cama, es algo de la una importancia i-ni-gua-la-ble. Aún recuerdo exactamente sus tajantes palabras: «Debes comenzar el día con un ejercicio intenso. Esta condición no es negociable. Si no es así, la *Fórmula 20/20/20* no funciona, por lo que deberías abandonar la pertenencia al Club de las 5 de la mañana».

Tres palomas volaron sobre el millonario. Las miró con una amplia sonrisa. Lanzó un beso a una de ellas y prosiguió su discurso sobre la rutina matinal de los triunfadores.

—Hacer ejercicio de forma regular a primera hora del día cambiará por completo las normas del juego. El movimiento intenso poco después de levantarse genera una alquimia en el cerebro, propiciada por su neurobiología, que no solo hará que os despertéis por completo, sino que además vuestra capacidad de concentración y su energía se avivará, vuestra autodisciplina se amplificará de modo que empezaréis vuestro nuevo día más a tope que nunca. Bien, para ser lo más práctico posible, este entrenamiento inicial puede consistir en pedalear en una bicicleta estática, practicar series de saltos de tijera o sentadillas, saltar a la comba, como hacen los boxeadores en su entrenamiento, o practicar carrera de *sprint*. No sé cuál es la mejor opción para vosotros, pero la clave es que sudéis la camiseta.

—¿Por qué? —preguntó el artista, que ahora tomaba abundantes notas.

—Por la razón que aparece aquí en el esquema. Como ya sabéis, el cortisol es la hormona del estrés y el miedo. Se produce en la corteza de las glándulas suprarrenales y, luego, se libera a la sangre. Es una de las sustancias que limita la expresión del propio talento y ejerce un efecto devastador sobre las oportunidades implícitas de alcanzar el triunfo. Numerosas investigaciones científicas han confirmado que las concentraciones de cortisol son máximas por la mañana.

—Excelente información —observó la emprendedora, mientras hacía un nuevo estiramiento mirando al sol de Roma.

—Sí, lo es. Así que hacer ejercicio de 5 a 5:20 (solo durante veinte minutos) reduce sustancialmente las concentraciones de cortisol y, en consecuencia, prepara al cuerpo para que ofrezca su máximo rendimiento. Es una fantástica manera de empezar la mañana, ¿no? La ciencia también demuestra que existe un estrecho vínculo entre la forma física y la capacidad cognitiva. El sudor generado por el ejercicio intenso libera factor neurotrófico derivado del cerebro, habitualmente conocido por sus siglas inglesas, BDNF, que sobrecarga ese órgano para afrontar un día victorioso.

—¡Uau! —exclamó la emprendedora, que también tomaba notas a un ritmo frenético.

—Se ha constatado que el BDNF repara las células cerebrales dañadas por el estrés y acelera la formación de conexiones neuronales, de modo que es posible procesar la información más rápido —explicó el millonario—. Otra Ventaja Competitiva Gigantesca, por supuesto. ¡Ah! Y también favorece la neurogénesis, con lo cual hace que se desarrollen nuevas neuronas. ¿Creéis que es una información que merece la pena conocer?

—¡Vaya tela, vaya tela! —chilló el artista.

—Mi empresa sería intocable y, en lo personal, creo que yo misma me sentiría indestructible si pusiera en práctica esas ideas que nos está transmitiendo con tanta amabilidad —apuntó la emprendedora. Imitando lo que le había visto hacer al señor Riley a quienes eran amables con él, hizo una pequeña reverencia en señal de aprecio.

—No te quepa duda —asintió el millonario—. Y, cuando se practica ejercicio intenso durante los primeros veinte minutos de la *Fórmula 20/20/20*, también se libera dopamina, que como sabéis es el neurotransmisor del deseo y el impulso, y aumenta la producción de serotonina, el compuesto químico regulador del placer y la felicidad. Ello supone que, a las 5:20, cuando vuestros competidores están aún durmiendo, vosotros estáis ya dispuestos para liderar vuestra parcela de trabajo, obtener excelentes resultados y convertir en algo épico el día que tenéis por delante.

—¿Podría concretar qué debemos hacer exactamente para asegurarnos de que nos levantamos al amanecer? —pidió la emprendedora—. Quiero decir, ¿podría entrar más en detalle sobre cuál debe ser nuestro comportamiento para estar realmente seguros de que nos levantaremos cuando suene el despertador? Espero que no le parezca una pregunta tonta, ¿es demasiado simplista?

—Es una buena pregunta —dijo el artista dándole una palmada en la espalda.

—Es una pregunta fantástica —exclamó el magnate—. Y sí, tenéis que haceros con un viejo despertador de cuerda. Es el que yo uso. Como ya os dije en Agra, no debéis tener ningún dispositivo tecnológico en el dormitorio. Pronto os explicaré por qué. Una vez que os hayáis hecho con él, adelantad la hora treinta minutos en relación al tiempo real y, después, colocad la hora de sonido de la alarma en las 5:30.

—¿En serio? —exclamó el artista— Eso es bastante absurdo...

—Lo sé —reconoció el millonario—, pero funciona *como por arte de magia*. Te engañas a ti mismo, haciéndote pensar que te estás levantando más tarde, aunque en realidad estás levantándote a las 5. Es una táctica que funciona. Así que usadla. Por otra parte, aunque parece una obviedad, otro condicionante importante es que saltéis de la cama tan pronto como suene la alarma, antes de que vuestro yo más débil os absorba, aduciendo razones por las que podéis quedaros en la cama. Antes de que vuestra mente racional invente razones para quedarse entre las sábanas. Basta con aplicar el proceso de instalación de hábitos de sesenta y seis días para que la costumbre de levantarse a las 5 se automatice. A partir de ese momento será más fácil levantarse que quedarse en la cama. En los primeros días de mi ingreso al Club de las 5 de la mañana, me iba a dormir con la ropa de entrenamiento —reconoció el señor Riley algo avergonzado. Más palomas y mariposas volaban alrededor. Y un retazo de arcoíris pudo contemplarse sobre la escalinata de la Plaza de España.

—Es coña, ¿no, colega? —rio el artista, retorciendo una de sus rastas—. ¿De verdad que te ibas a dormir en chándal?

—Pues sí —reconoció el millonario—. Y mis zapatillas de deporte se quedaban sistemáticamente a los pies de la cama. Tuve que hacer todo lo posible para romper los agónicos efectos que las excusas racionales ejercían sobre mí.

La emprendedora asentía con la cabeza. Parecía más fuerte y feliz cada día que pasaba.

—De cualquier modo, hablemos un poco más del ejercicio a primera hora de la mañana. Si hacéis ejercicio de un modo intenso, estimularéis esa farmacia natural del virtuosismo que hará que os sintáis mejor que cuando os despertasteis. Lo que sentís al despertar es algo completamente diferente a como os sentiréis a las 5:20, tras veinte minutos aplicando esta estrategia a prueba de balas a nuestra neurobiología y a nuestra fisiología. ¡Recordadlo, por favor! Obviamente, sudar haciendo ejercicio con el tiempo también transforma nuestra psicología. Aunque no seáis «personas madrugadoras», y ni estéis normalmente enfurruñados a primera hora del día, cambiaréis, debido a que *las neuronas que se activan a la vez conectan para siempre*. Sentiréis la confianza que requiere todo líder, con independencia de su titulación y su rango. Mantendréis la concentración necesaria para dedicaros a una labor concreta durante horas y horas, para conseguir que el resultado del trabajo realizado sea lo más brillante posible. Veréis, el aumento de la producción de noradrenalina que genera la actividad intensa a primera hora de la mañana no solo mejora la atención, también hace que nos sintamos significativamente más serenos. Hay investigaciones que han demostrado que el ejercicio regula la función de la amígdala del sistema límbico, el cerebro primitivo que en su momento analizamos en la playa, en Mauricio, de manera que las respuestas a los estímulos, desde un proyecto complejo a un cliente difícil, desde un conductor maleducado al llanto de un bebé, sean moderadas en vez de histéricas.

—La verdad es que son grandes ventajas —señaló la emprendedora—. Tiene razón, señor Riley. Poder contar con todas estas armas de producción masiva no tiene precio.

—Exacto, no lo tiene —dijo el millonario dando un abrazo a la emprendedora—. Os quiero a los dos —añadió—. Os echaré de menos.

En ese momento, el habitual optimismo del maestro se tornó en una suerte de desconocida tristeza.

—Nuestro tiempo juntos va tocando a su fin. Es posible que nos volvamos a encontrar. Espero que sí, pero no sé...

Su voz se fue apagando y de nuevo apartó la mirada, para dirigirla a la iglesia blanca que estaba a sus espaldas, un glorioso tributo más entre los múltiples y brillantes ejemplos de la visionaria arquitectura de Roma. El millonario sacó del bolsillo de su pantalón una pastilla y se la llevó a la boca con el sigilo de un niño tomando en secreto un caramelo.

—Bueno, chavales. Como podéis ver en el desglose —prosiguió, con el esquema en la mano—, el ejercicio como primera actividad del día también eleva vuestro metabolismo, alimenta el motor que quema la grasa de vuestro cuerpo, y facilita la eliminación de cualquier exceso de manera más eficaz y una pérdida de peso más rápida. Otro triunfo valioso, ¿no? ¡Ah! Y al mismo tiempo que optimizáis vuestra forma física, también os preparáis para mantener un buen estado de salud durante toda vuestra vida. «Entrena duro, vive más» es uno de los lemas con los que he conseguido crear todas mis empresas. Ahora sabéis que una de las claves del acceso al ámbito de lo legendario es la longevidad. No os muráis. No podréis ser dueños de vuestro destino ni cambiar el mundo si estáis criando malvas en el cementerio —afirmó rotundo el magnate—. Lo que estoy intentando explicar en esta primera parte del protocolo de la mañana equilibrada, en comparación con el protocolo superficial, es lo siguiente: sentiréis que vuestra vida funciona cientos de veces mejor cuando estáis en la mejor condición física. Practicar ejercicio de forma intensa como actividad principal después de la salida del sol os cambiará la vida radicalmente. Y punto. Así que haced todo lo que sea necesario para que esta práctica se convierta en hábito. Cueste lo que cueste, chavales.

—¿Puedo hacerle otra pregunta, señor Riley? —dijo la emprendedora educadamente.

—Adelante —respondió el millonario.

—¿Y qué sucede si quiero hacer ejercicio durante más de veinte minutos?

—No hay ningún problema —observó el millonario—. Esta rutina de la mañana no está grabada en piedra, como las inscripciones de este obelisco —dijo señalando al monumento que se alza sobre una pequeña plataforma en lo más alto de la escalinata de la Plaza de España—. Adaptad todo lo que os estoy transmitiendo a vuestra conveniencia. Personalizadlo según vuestras preferencias y vuestro estilo de vida.

El millonario inhaló una fresca bocanada de aire romano, el mismo aire que respiraron emperadores, gladiadores, hombres de Estado y artesanos hace siglos. Solo hay que imaginar que respiramos ese aire. Y que nos encontramos allí mismo, con esos tres excepcionales miembros del Club de las 5 de la mañana.

—Hablemos ahora de la segunda fase de veinte minutos de la *Fórmula 20/20/20* que necesitáis conocer para aplicarlo a la Hora de la victoria. Es la fase que tiene lugar entre las 5:20 y las 5:40, un tiempo que debéis dedicar a la reflexión.

—¿A qué te refieres exactamente? —preguntó el artista, dando ejemplo de su renovada confianza en convertirse en un discípulo modelo. Formuló la pregunta mientras se tocaba la perilla, sin dejar de abrazar por el hombro con la otra mano a la emprendedora.

—Como ya he dicho en la sesión de hoy, saber gestionar bien la mañana es uno de los principales requisitos para las personas excepcionales. El aprovechamiento experto del comienzo del día es un determinante esencial para destacar en los negocios y para manifestar la propia excelencia personal. Y un elemento consustancial a una rutina matinal distribuida de manera inteligente es un período de paz profunda. Un tiempo de quietud y soledad para vosotros mismos, antes de que empiecen a surgir las cuestiones más complejas, de que vuestros familiares necesiten de vuestra energía y de que os tengáis que hacer cargo de todas vuestras responsabilidades. *La tranquilidad es el nuevo lujo de nuestra sociedad.* Así que, en esta parte de la Hora de la victoria, se debe disfrutar de cierto sosiego, dedicado a la contemplación de cómo se está viviendo y de en quién esperamos convertirnos. Sed reflexivos y conscientes de los valores a los que deseáis ser leales en las horas que tenéis por delante. Y del modo en el que queréis actuar. Considerad qué necesitáis que suceda para que este sea un gran día en el proceso de construcción de una vida de leyenda.

—Esta fase de la fórmula será superimportante para mí —señaló la emprendedora mientras hacía tintinear sus pulseras. Una de ellas era brillante y nueva y en ella podía leerse la frase «Todas estas mañanas me harán grande algún día».

—Seguro —asintió el millonario—. Reflexionar sobre lo que es más importante para vivir una vida gratificante y plena deja en nosotros lo que el Guía llama «sabiduría residual» para el resto del día. Por ejemplo, en esta segunda parte de la fórmula, pensar con serenidad sobre el valor trascendental que supone una producción de trabajo que refleje virtuosismo y maestría, o sobre el propio compromiso para tratar a las personas con amabilidad y respeto, refuerza el vínculo de estas virtudes a la conciencia, Y, de este modo, a medida que va transcurriendo la experiencia del resto del día, el residuo de la reconexión a esta sabiduría permanece en el propio foco de atención, se infunde en cada momento y orienta cada una de las propias elecciones.

Otra mariposa revoloteó en torno a él, y otras tres la siguieron, de una forma casi poética. El millonario decidió extenderse en su explicación sobre la reflexión, pero antes se tomó otra pastilla. Se puso una mano en el corazón y se detuvo a contemplar la sensacional panorámica. «La luz de esta ciudad no la hay en ningún otro lugar», pensó. «Echaré de menos mi Roma».

El millonario bajó la vista hacia la *Fontana della Barcaccia* fuente con la barca de mármol, obra de Pietro Bernini, que estaba en la parte inferior de la escalinata, y volvió después la vista hacia la tienda de flores, en la misma plaza.

—En muchos aspectos, la reflexión es una importante fuente de transformación, puesto que, cuando te conoces mejor, estás indudablemente en condiciones de actuar mejor. Durante estos veinte minutos de la Hora de la victoria, lo único que necesitáis hacer es mantener la serenidad y permanecer en silencio para que el sosiego lo inunde todo. Se trata de un auténtico regalo para uno mismo, en esta época dominada por la atención dispersa, las preocupaciones y el ruido.

»Esto será un regalo sensacional para mí, y para mi empresa —afirmó la emprendedora—. Reconozco que dedico demasiado tiempo a hacer y rehacer y muy poco a deliberar y planificar. Ha hablado del modo en el que los más grandes reservan tiempo para poder disponer de períodos de aislamiento. En alguna parte he leído que muchos grandes genios tenían por costumbre sentarse en soledad, sin más que una hoja de papel o un cuaderno para anotar las ideas que pasaban por la pantalla de su imaginación.

—Así es —asintió el millonario—. El desarrollo de una gran imaginación es una importante vía de acceso a la fortuna ingente. Una de las cosas que hace que los lugares históricos de Roma sean tan especiales es la grandeza de sus estructuras. ¡Qué imaginación y qué confianza en sí mismos debían tener los romanos que las crearon! Y qué capacidad para conseguir que lo que imaginaban se convirtiera en realidad. Pienso que todos y cada uno de los sensacionales edificios de la Ciudad Eterna son el producto de la imaginación de un ser humano, utilizada de forma ciertamente óptima. Así pues, usad la fase de reflexión para inventar, visualizar y soñar. Una cita, que creo que es de Mark Twain, dice que: «Dentro de veinte años lamentarás más las cosas que no hiciste que las que hiciste. Así que suelta amarras y abandona el puerto seguro. Atrapa los vientos en tus velas. Explora. Sueña. Descubre».

—Los grandes artistas sueñan en un futuro que pocos creen que sea posible —sentenció el artista en una sabia reflexión.

—Sí, señor —confirmó el millonario—. Otra táctica que se puede practicar en esta parte de la fórmula es escribir sobre lo que el Guía llama *Plan previo a la actuación*. Se trata simplemente de poner por escrito lo que se considera el desarrollo ideal del día que se tiene por delante. Los investigadores confirman que las estrategias previas al compromiso son muy eficaces para aumentar la concentración y la disciplina aplicadas para conseguir que las cosas se hagan. Así dispondréis de un guion claro y equilibrado para el día que ahora comienza, de modo que se defina mejor la forma en la que deseáis que discurra. Obviamente, en los negocios y en la vida, no todo es perfecto. Sin embargo, ello no significa que no podamos hacer cuanto está en nuestra mano para alcanzar nuestros objetivos. Todas las mujeres y todos los hombres heroicos del mundo han sido perfeccionistas. Eran verdaderos optimizadores, enormemente obsesionados porque todo lo que hacían fuera destacable. Así pues, dedicad por favor unos minutos a poner por escrito cómo consideráis que debe ser vuestro día perfecto.

El magnate giró de nuevo la vista hacia la tienda de flores y elevó el dedo índice de la mano izquierda al cielo romano. Una joven extraordinariamente atractiva, de pómulos altos, con gafas de concha, vestida con una blusa de lino gris y unos pantalones de moderno diseño, se levantó con un maletín metálico en la mano y subió la escalinata como un guepardo persiguiendo a su presa.

—Hola, Vienna —dijo el millonario cuando llegó.

—¡Salve, señor Riley! —saludó la joven respetuosa—. Encantada de volverle a ver en Roma. Aquí traigo lo que me pidió, señor.

La ayudante introdujo un código de seguridad en el cierre del maletín, que se abrió de inmediato. Dentro había tres diarios lujosamente encuadernados con el más fino cuero italiano. El millonario entregó uno a la emprendedora y otro al artista. Se quedó el tercero, lo apretó contra su corazón y le dio un lametón. Sí, sí, un buen lametón.

—Cuando vayamos a los mágicos viñedos de Sudáfrica, os explicaré por qué paso la lengua por mi diario —comentó entusiasta el millonario, con un creciente tono de misterio.

—¿A Sudáfrica? —exclamó el artista dando un grito—. ¿Cuándo vamos a ir?

—¿Mágicos viñedos? —inquirió la emprendedora.

Como ya había hecho antes, el magnate los ignoró por completo.

—Estupendo, Vienna —le dijo el millonario a su ayudante—. *Ci vediamo dopo* —dijo a modo de despedida, tras lo cual ella bajó por la antigua escalinata y se montó en la parte de atrás de una Vespa negra, que la había estado esperando, antes de alejarse velozmente.

Cuando la emprendedora y el artista abrieron sus diarios, en su primera página vieron un esquema muy detallado.

—¿Otro esquema de aprendizaje? —preguntó el artista con tono agradecido.

—En efecto —asintió el millonario.

—Colega, me encantan estos esquemas —dijo el artista—. Son una herramienta de aprendizaje excelente, que hace que conceptos en apariencia confusos queden muy claros.

—Y son extraordinariamente oportunos —recalcó la emprendedora—. La claridad alimenta la maestría, ¿verdad?

—Muy cierto —corroboró el magnate—. Y os agradezco esos elogios, chavales. Pero recordad que fue el Guía quien dedicó décadas de su fértil vida a crear estos esquemas que explican la filosofía y la metodología del Club de las 5 de la mañana. Parecen sencillos porque le llevó toda su vida profesional elaborarlos. Son el fruto de largos años de atención extrema y aislamiento, para desentrañar la complejidad de cualquier trabajo y alcanzar la sencillez que constituye la piedra angular de la verdadera genialidad. Es algo parecido a lo que sucede cuando un *amateur* contempla una obra maestra. Le parece algo simple porque no percibe el conocimiento y la experiencia necesarios para eliminar todo lo superfluo. Erradicar todo lo que no es esencial para tallar una gema lleva años de dedicación y décadas de entrega. Hacer que las cosas le parezcan sencillas al ojo de un profano es lo que define a un maestro maestro.

En la primera página de los lujosos diarios que los tres compañeros atesoraban en aquella soleada mañana romana había el siguiente esquema:

EL HÁBITO DE LLEVAR UN DIARIO
DESGLOSE

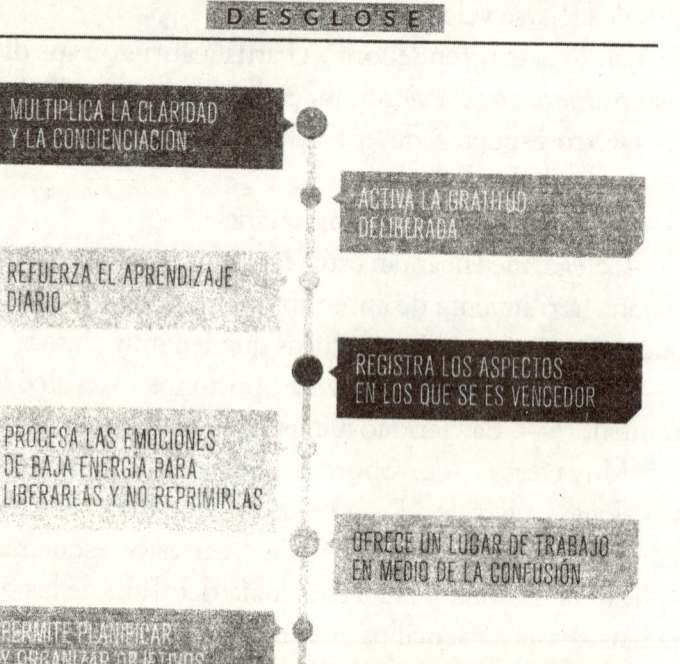

- MULTIPLICA LA CLARIDAD Y LA CONCIENCIACIÓN
- ACTIVA LA GRATITUD DELIBERADA
- REFUERZA EL APRENDIZAJE DIARIO
- REGISTRA LOS ASPECTOS EN LOS QUE SE ES VENCEDOR
- PROCESA LAS EMOCIONES DE BAJA ENERGÍA PARA LIBERARLAS Y NO REPRIMIRLAS
- OFRECE UN LUGAR DE TRABAJO EN MEDIO DE LA CONFUSIÓN
- PERMITE PLANIFICAR Y ORGANIZAR OBJETIVOS PARA MEJORAR LA EJECUCIÓN
- ATESORA LAS MEJORES EXPERIENCIAS DE TU VIDA
- PERMITE REVIVIR MOMENTOS FELICES
- ELEVA LA CREATIVIDAD QUE, CUANDO SE TRADUCE EN PRODUCTIVIDAD, DA LUGAR A LA MAESTRÍA

—Vayamos a lo esencial de estos regalos que nos ha traído mi ayudante —continuó el millonario—. En la parte dedicada a la «reflexión» de la *Fórmula 20/20/20*, otra acción absolutamente victoriosa es la redacción de un diario. Por eso le he encargado estos a un encuadernador artesano italiano. Espero que puedan ser útiles para vosotros.

El magnate dirigió la vista hacia la Via dei Condotti. Los miembros del servicio de limpieza se afanaban en su trabajo. Los turistas ya la inundaban, tomándose selfis y comprando baratijas a los vendedores ambulantes.

—Al Guía le encanta salir conmigo por Roma. Si tenemos suerte, es probable que lo encontremos más tarde. Sé que le gusta correr al amanecer junto al río en el camino hacia Prati antes de ir de pesca en un lugar a pocas horas de aquí. Ah, por cierto: él formalizó la costumbre de escribir en un diario durante unos minutos entre las 5:20 y las 5:40 con el término «diario de cada día». La clave al hacerlo consiste en escribir. No es necesario pensar mucho. Basta con escribir los compromisos previstos para el día que se tiene por delante, registrando las propias ambiciones, activando la gratitud y enumerando todo lo bueno que hay en nuestra vida en ese momento. Utilizad también vuestro diario para procesar todas vuestras frustraciones, y decepciones y vuestros resentimientos. Escribiendo sobre vuestras heridas reprimidas y dando rienda suelta a vuestra creatividad superior, vuestra vitalidad suprema y vuestro rendimiento incomparable podréis deshaceros de las emociones tóxicas y las energías negativas. ¡Es una práctica increíble!

—Una manera estupenda de blindar y reforzar el estado emocional, ¿no es así? —preguntó la emprendedora.

—¡Yuju! ¡Exacto! —celebró el millonario, que inmediatamente después puso un dedo sobre el modelo de aprendizaje de la primera página de su diario.

—Estas son algunas de las recompensas que recibiréis dedicando diez o incluso los veinte minutos completos de la fase número dos de la Hora de la victoria a cumplimentar vuestro diario de cada día. Y, repito, os recomiendo que no escribáis solo sobre los elementos positivos de vuestra vida actual, sino también sobre aquellos aspectos de vuestra experiencia que os causen molestias o dolor. Porque la manera más rápida de dar salida a las emociones más negativas es tener la sabiduría y el valor de abordarlas. Ponedles nombre para poder liberaros de ellas. Dad voz por escrito a la oscura energía de las cargas vitales para diluirlas. Estos que os estoy transmitiendo son conocimientos de una importancia capital, ya que, una vez que recuperéis la capacidad bloqueada por sucesivas capas de emociones tóxicas y por las heridas del pasado, vuestras disposiciones, la mental, la emocional, la física y la espiritual, se elevarán de manera exponencial. Y cuando esos cuatro imperios interiores asciendan a través de vuestra esforzada autopurificación, vuestro yo supremo comenzará a tomar el mando. Y será entonces cuando controlaréis en mayor medida los imperios exteriores. Lo que intento explicaros es lo siguiente: los sentimientos problemáticos, para cuya eliminación no encontráis un cauce saludable, quedan reprimidos, lo que genera estrés, baja productividad e incluso enfermedades.

—Cómo mola este esquema —afirmó el artista—. Entonces ¿lo que dice es que, si no percibo los sentimientos desagradables que se acumulan en mí, estos pueden quedar en mi interior hasta el punto de hacerme enfermar?

—Sí, eso es más o menos lo que quiero decir —confirmó el señor Riley—. Estas emociones tóxicas atascadas forman una serie de capas que recubren las propias capacidades y el propio talento, así como la propia sabiduría de rango superior. Este es uno de los principales motivos por el que la mayoría de las personas han olvidado el héroe que hay en ellas. Cuando evitamos el sentimiento, perdemos la posibilidad de acceso a nuestro yo más poderoso y olvidamos las verdades de la vida, es decir, que cualquiera de nosotros puede obtener logros maravillosos y realizar obras sorprendentes, puede conseguir una salud radiante, conocer el verdadero amor, vivir una vida mágica y ser útil para muchas personas. Es un hecho. Pero la mayoría de nosotros experimentamos tanto temor, tanto dolor, angustia y pena, que no percibimos la oportunidad de enfrentarnos a nosotros mismos. Toda esa energía oscura nos ciega a la hora de detectar esas oportunidades. Y bloquea el acceso a nuestro genio primordial. Las grandes personalidades de la historia sí dispusieron de ese acceso. En la actualidad, la mayor parte de las personas lo ha perdido.

—¿Una vida mágica? —inquirió la emprendedora—. Menciona mucho la magia, pero suena un poco desfasado, como de la época *hippy*.

—Pues sí, una vida mágica —respondió el magnate reafirmándose, aunque de un modo amable—. Os explicaré cómo se accede a esa magia que está a disposición de todos nosotros cuando vayamos a Sudáfrica. Cuando aprendáis lo que os enseñaré en aquellos viñedos, vuestra capacidad para ganar más dinero, para tener una mejor salud, y para experimentar una mayor alegría y una paz interior más profunda se incrementarán de forma drástica. Pero todavía no puedo transmitiros nada sobre cómo se vive con magia. No me está permitido —zanjó, misterioso, el millonario—. Necesitáis percibir una herida para poder curarla —continuó preciso—. He soportado mucho sufrimiento a lo largo de mi vida. Fracasos en los negocios, pérdidas personales, dolencias físicas. De hecho, ahora estoy pasando por algo que le produce una profunda pena a mi corazón. —El semblante habitualmente entusiasta del millonario se tornó de repente sombrío. Por un instante pareció envejecido, encorvado; su respiración se tornó fatigosa; pero enseguida se recuperó.

—Pero bueno, chavales. Vayamos a las buenas noticias —exclamó con energía elevando ambos brazos hacia el aire de Roma—. La carga de mi dolor del pasado no la traslado a mi estupendo presente ni a mi fantástico futuro. Utilicé la práctica del diario de cada día para la fase de reflexión de la *Fórmula 20/20/20* para seguir adelante y liberarme de él. Esta práctica es uno de los motivos por los cuales me encuentro tan lleno de fascinación, agradecimiento y paz la mayor parte del tiempo. Os preguntaréis cómo he podido conseguirlo. Vivir en el pasado priva de su energía a la mayoría de las personas, ¿sabéis? Ese es el principal motivo de que esas personas sean tan improductivas. El Guía es la única persona que conozco que ha precisado la definición del vínculo entre bajo rendimiento y turbulencia emocional. Pero pensad en ello: es algo completamente cierto. Así que pensad en lo que supondrá escribir en el diario para alcanzar vuestro éxito, de tu negocio en particular, cuando tienes que hacer frente a todo lo que tú estás pasando —dijo dirigiéndose a la emprendedora. Mientras hablaba, con palpable empatía, pasó uno de sus brazos sobre el hombro de la emprendedora y el otro sobre el de su reciente novio—. Y lo mismo sobre tu arte —añadió volviéndose hacia el artista.

—Sí, cargar con el dolor del pasado es tan agotador —dijo el artista—. Todos hemos sufrido derrotas, a veces devastadoras, en la vida.

El millonario continuó con su discurso.

—En esta segunda fase de la fórmula, entre las 5:20 y las 5:40, también debéis encontrar al menos unos momentos para meditar. El guía me enseñó a hacerlo y esa enseñanza ha supuesto una ayuda decisiva para mejorar mi concentración, mi confianza, mi rendimiento y la calma que mantengo, aunque tenga que cumplir con una apretada agenda para atender a mis negocios. *Y los que actúan con calma son los que alcanzan mayores logros.* En la meditación no hay nada de extraordinario, así que intentad liberaros de cualquier prejuicio que podáis tener en relación con ella, seguid adelante y ponedla en práctica. Es sencillamente una de las mejores maneras de reforzar la capacidad de concentración, preservar la propia capacidad natural y aislar la paz interior. Hay numerosas y maravillosas conformaciones científicas del valor de la práctica regular del ritual de la meditación, así que, aunque en ocasiones penséis que debéis descartar el método, los datos corroboran que funciona fenomenalmente como hábito de mejora humana. La investigación actual demuestra que la meditación contribuye a reducir los niveles de cortisol y, por consiguiente, a disminuir el estrés. Asimismo, es una magnífica forma de reforzar la relación con uno mismo. Necesitáis dedicar más tiempo a vosotros mismos. A incrementar la fluidez y el conocimiento íntimo de vuestra naturaleza más elevada. A conectar con la mejor parte de vuestro ser, con ese lado de vosotros que sabe que lo imposible es casi siempre aquello que no se ha probado y que conoce vuestras reservas ocultas de luminosidad, audacia y amor. Esa parte de vosotros que aún puede ver grandeza en los demás, incluso cuando no hacen lo correcto, y que inspira positividad en el mundo, aun cuando esas virtudes no os respondan a vosotros. Sí, acceded durante unos momentos a ese santuario de silencio y serenidad cada mañana y *recordad todo lo que realmente sois.* La verdad se manifiesta en la soledad de las primeras luces del día. Y, a continuación, llevad con vosotros ese arrebatador conocimiento durante las restantes horas de ese don que nos es dado al que llamamos día.

El millonario se tumbó en el suelo e hizo una serie de rápidas flexiones, tras lo cual quedó en postura de plancha. Sus discípulos ya estaban acostumbrados a estas singulares maniobras del excéntrico magnate.

—Bueno, llegamos pues a la tercera fase de la *Fórmula 20/20/20*, para cerrar la sesión de hoy. Más tarde tengo varias reuniones y esta noche me espera una espléndida cena con Adriano, el Guía y algunos viejos amigos —anunció el millonario animadamente.

—Claro, tranqui —dijo el artista—. No hay problema.

—Por supuesto —corroboró la emprendedora—. Nos han hablado de un restaurante cerca de la Plaza de Campo dei Fiori donde sirven una magnífica carbonara. Iremos a probarla esta noche.

—¡Mmm! —se relamió el millonario, con un gesto más propio de un niño que de un acaudalado mago de los negocios. A continuación, prosiguió su exposición sobre la rutina de la mañana de los creadores de imperios, los artífices de grandes logros y los salvadores de nuestra civilización.

De repente, se llevó una mano al estómago, con un rictus de dolor.

—¿Se encuentra bien, señor Riley? —preguntó la emprendedora acercándose a él.

—Sí, perfectamente —respondió aparentando que no le sucedía nada—. Continuemos. Debo asegurarme de que aprendéis todo lo que a mí me enseñaron sobre el Club de las 5 de la mañana antes de dejaros. Por favor, intentad compartir las enseñanzas del Guía con tantas personas como podáis. Estaréis mejorando el mundo al hacerlo. Es posible que yo no pueda —concluyó murmurando para sí esta última frase.

—Bueno —prosiguió—. ¡Vamos allá! La fase tres de la *Fórmula 20/20/20* está diseñada para favorecer el crecimiento a diario. Recordad la *disposición mental 2×3×:* para duplicar vuestros ingresos y vuestra influencia, debéis triplicar vuestra maestría personal y vuestra capacidad profesional. Así que, en el último segmento de la Hora de la victoria, de las 5:40 a las 6:00, tenéis que profundizar en la base de vuestro conocimiento, aumentar vuestra agudeza, mejorar vuestra experiencia y superar en aprendizaje a vuestros competidores.

—Leonardo da Vinci dijo: «Uno no puede tener menor o mayor maestría que la maestría de sí mismo» —recordó el artista.

—Creo que hoy te quiero todavía más —dijo la emprendedora.

—Bueno, yo te adoro cada día más —respondió él con una sonrisa.

—¡Vaya! —exclamó riendo el millonario—. Y aquí estoy yo, frente a la escalinata de la Plaza de España, atrapado en medio de la gran fiesta del amor.

Cerró los ojos y recitó las siguientes palabras de Séneca, el filósofo estoico y político romano:

—«Adquiere cada día algo que te fortalezca contra la pobreza, contra la muerte y contra otras desgracias y, una vez que hayas discurrido sobre todos esos pensamientos, escoge uno para reflexionar sobre él el resto del día».

El millonario abrió los ojos y sentenció:

—El liderazgo en el exterior comienza en el interior de uno mismo —tras lo cual prosiguió—: Durante la fase final de la *Fórmula 20/20/20*, de las 5:40 a las 6:00, debéis trabajar para ser más valiosos, tanto para vuestra propia maestría como para la sociedad. Tened en cuenta que el éxito y la influencia no os llegan solo en función de vuestros deseos. Los atraéis a vuestra vida *en virtud de quiénes sois*, como personas y como productores. El deseo propio sin el correspondiente desarrollo personal equivale a soñar con tener un espléndido jardín sin plantar semillas. *Solo atraemos grandes recompensas elevando nuestro propio valor.* Yo hice mi fortuna partiendo de esta idea. A medida que mejoraba, mejoraba también mi capacidad de enriquecer las vidas de otras personas por medio de la mejora de la calidad de mi servicio. A medida que aumentaba mi conocimiento, me hacía más valioso dentro de los campos en los que se desarrollaban mis negocios, haciendo que crecieran mis ingresos y mi influencia. Esta parte de la rutina incluye una actividad tan sencilla como inusual en nuestros días: leer un libro. Estudiad las vidas de los grandes hombres y mujeres del pasado, leyendo sus autobiografías durante el bloque dedicado al crecimiento. Informaros sobre los últimos avances de la psicología. Devorad los trabajos que se publican sobre innovación y comunicación, productividad y liderazgo, prosperidad e historia. Y ved documentales sobre la manera en la que los mejores hicieron lo que hicieron y se convirtieron en lo que se convirtieron. Escuchad audiolibros sobre desarrollo personal, creatividad y gestión de negocios. Uno de los rasgos que compartimos mis amigos que han alcanzado el éxito y yo es que todos nosotros tenemos auténtica pasión por aprender. Hacemos crecer nuestras capacidades y nuestro talento, y lo capitalizamos, de forma incansable. Invertimos constantemente en nuestra propia expansión, y en la de nuestros juegos profesionales. Nos entregamos por entero a la lectura, la mejora y la alimentación de nuestra ilimitada curiosidad. Nos divierte asistir a conferencias juntos. Lo hacemos al menos cada tres meses, con objeto de mantener nuestra inspiración y una conexión excelente y plena. No dedicamos mucho tiempo al entretenimiento carente de significado, puesto que estamos decididamente entregados a un proceso de formación continua.

»La vida es muy justa —continuó con tono filosófico el magnate, que ya parecía recuperado—. Recibiréis de ella lo que le deis. Es la ley natural. En consecuencia, dadle todo lo que podáis, convirtiéndoos en seres mucho mejores.

»Bueno, pues ahora ya sabéis de qué va la fórmula —concluyó satisfecho el señor Riley—. Esta es la rutina matinal que os facilitará el acceso a una vida profesional y personal de primer nivel, magníficamente estructurada y equilibrada a la perfección. Asumid la rutina de forma plena, aplicadla a diario, o al menos cinco días a la semana, y vuestra productividad, prosperidad, alegría y serenidad se verán enormemente aceleradas, al tiempo que se multiplica el valor que seáis capaces de transmitir al mundo.

—¡Bueno!, ¿y qué es lo siguiente? —preguntó el artista.

—Ahora iremos a visitar a los muertos —fue la escueta réplica del millonario.

14

El Club de las 5 de la mañana aprende que dormir es imprescindible

> No se hace una idea de lo mucho que ansío descansar: casi siento hambre y sed de hacerlo. Durante seis largos días, desde que acabé la obra, mi mente ha sido un torbellino estático, veloz e incesante, un torrente de pensamientos que no llevan a ninguna parte, girando en una espiral rápida y persistente.
>
> H. G. Wells

El sol romano se fue elevando mientras los tres contemplaban el Vaticano por encima de los tejados. Las calles se habían llenado de ruido. La Ciudad Eterna había cobrado vida.

Una vez más, la mano del magnate se alzó en el aire y apareció un ayudante de la nada. Esta vez, un hombre con aspecto de tener cuarenta y pocos años cruzó deprisa la plaza, se detuvo en el centro y sacó un aparato al que se dirigió con un alto tono de voz. Al cabo de un minuto, tres mujeres con pañuelo en la cabeza, como las que salen en las fabulosas películas italianas de los años cincuenta, aparecieron en tres relucientes vespas rojas. Las aparcaron al pie de la escalinata de la Plaza de España, junto a la Fontana della Barcaccia, antes de desaparecer por la Via delle Carrozze.

—¡Vamos, chavales! —exclamó el millonario—. Es hora de montar.

—Pero ¿de qué va esto de visitar a los muertos? —preguntó la emprendedora, cruzando los brazos y haciendo que las arrugas reaparecieran en su frente.

—Confiad en mí. Subid a las motos y seguidme —ordenó el millonario.

Los tres viajeros serpentearon por las antiguas callejuelas romanas. Incluso la iglesia más desconocida o el obelisco más inofensivo los dejaba en un ensoñador asombro. La luz del sol deslumbraba ya a los romanos y a los turistas que llenaban las avenidas. La ciudad bullía de vida. En una de las plazas por las que pasaron, una cantante de ópera de gran talento, con un hombre junto a ella recogiendo el dinero, llegaba al corazón de los transeúntes cantando como si no hubiese un mañana. Al continuar su expedición por las calles de Roma, el millonario, la emprendedora y el artista vieron aún otra imagen llena de surrealismo: la Pirámide Cestia, construida en torno al año 12 a.C. como mausoleo.

«Una pirámide de estilo egipcio en el corazón de la Ciudad Eterna. Increíble», pensó el artista mientras intentaba mantener los ojos en las avenidas.

Pronto llegaron extramuros. El millonario seguía a la cabeza. La emprendedora se dio cuenta, por primera vez en toda la mañana, de que en la espalda de la camiseta lucía estas sabias palabras de Benjamin Franklin, uno de los Padres Fundadores de Estados Unidos: «La madrugada tiene oro en la boca». Y, en la parte de atrás del casco, llevaba impreso: «Despierta el primero. Muere el último».

«Este hombre es una maravilla», pensó. «Es único». La emprendedora sabía que esta aventura sensacional llegaría pronto a su fin, pero esperaba que el señor Riley siguiera siendo parte de su vida. No solo había llegado a admirarlo, ahora sentía que lo necesitaba.

Condujeron durante un rato hasta que el millonario hizo señas de que parasen en una callejuela que estaba inquietantemente desierta. Tras aparcar el escúter, sin decir una palabra, indicó a sus discípulos que lo siguiesen: pasaron por delante de un busto de piedra del gran general romano Julio César y bajaron una serie de escaleras, hasta un túnel oscuro y polvoriento.

—¿Dónde demonios estamos? —preguntó el artista.

Se le habían formado gotitas de sudor en la delicada piel bajo los ojos. Imaginad que estáis con estos tres seres humanos y tratad de visualizar el aspecto del artista en ese momento.

—Estamos en las catacumbas —explicó el millonario—. Donde los primeros cristianos enterraban a sus muertos. Todas estas galerías subterráneas se utilizaron como necrópolis, es decir: cementerios, del siglo II al V.

—Y ¿por qué estamos aquí? —preguntó la emprendedora.

—Os he traído a esta cripta para deciros algo importante —aclaró el millonario en su habitual tono dulce.

En ese instante, se oyó el sonido de unas pisadas que venían del final del subterráneo. El artista miró a la emprendedora con los ojos como platos.

El millonario no dijo una palabra. Los pasos se acercaban y eran cada vez más fuertes.

—No me da buena espina —comentó la emprendedora.

Los pasos continuaron y la vaga luz de una vela iluminó un deteriorado muro de la galería. Todo quedó en silencio.

Lentamente apareció una figura solitaria, con una larga vela en la mano y una capucha cubriéndole la cabeza, como si fuese un monje. No hubo conversación. Era todo extremadamente misterioso. El intruso se detuvo ante los tres amigos, levantó la vela y dibujó cuatro círculos con ella. Luego, se quitó la capucha.

El rostro que reveló era familiar. Una cara que había aparecido en estadios de todo el planeta, que había inspirado a millones de personas a crear obras maravillosas y a cumplir sueños épicos y vivir vidas de élite.

Era el Guía.

—Dios mío, qué susto me ha dado —dijo el artista aún sudando a mares.

—Lo siento. Stone me dijo que bajase. Me he perdido un poco —se disculpó el Guía—. Estas catacumbas son un lugar extraordinario, aunque ponen los pelos de punta —añadió con su aspecto sano, alegre y relajado.

—Eh, compañero —dijo el millonario abrazando a su consejero y mejor amigo—. Gracias por venir.

—¡Faltaba más! —contestó el Guía—. Bueno, voy a ir al grano con las enseñanzas que querías que les contase a tus dos estudiantes. Sabes que siempre estoy disponible para entrar a la cancha —añadió chocando los cinco a la altura de la cadera, como hacen los jugadores profesionales de baloncesto cuando han anotado un tiro libre—. El señor Riley me ha pedido que os dé mi opinión sobre la importancia de dormir bien como elemento para sostener la creatividad, la productividad y el rendimiento al máximo. Y me dijo que quería hacerlo aquí abajo no solo porque los habitantes de estas galerías duermen el sueño eterno, sino también porque la ciencia ha demostrado que una de las principales razones de una muerte temprana es no dormir lo suficiente.

—¿En serio? —preguntó la emprendedora, volviendo a cruzarse de brazos. La luz de la vela reveló un sencillo anillo de compromiso de plata en su dedo.

—No, no me digáis que es cierto —se entusiasmó el millonario con la voz quebrada de alegría. Hizo un peculiar paso de baile rápido que no había hecho nunca antes.

—Pues sí —contestaron la emprendedora y el artista al unísono.

—Y los dos estáis invitados a la boda. Será íntima, pero muy especial —añadió el artista.

—Me encantaría que celebraseis la ceremonia en mi playa de Mauricio —dijo el millonario—. Qué demonios, mi regalo será hacerme cargo de todos los gastos, chavales. Para vosotros, vuestras familias y todos vuestros amigos. Y correrá todo a mi cuenta. Es lo menos que puedo hacer por los dos nuevos miembros del Club de las 5 de la mañana. Vosotros confiasteis en un viejo con pinta de loco, os embarcasteis en esta tremenda odisea, habéis estado abiertos a todas nuestras enseñanzas y habéis trabajado un montón. Sois mis héroes.

Tosió con cierta urgencia. Quizá fue por el polvo que había en la galería. Luego se puso tres dedos contra el pecho, justo sobre el corazón y volvió a toser.

—¿Se encuentra bien? —preguntó la emprendedora descruzando los brazos y posando la mano en uno de sus musculosos hombros.

—Sí—. Bueno —dijo el Guía—, dejadme que os cuente algunas de las razones por las que no debéis concentraros solamente en equilibrar la primera hora del día para lograr la excelencia en liderazgo y aumentar la productividad de forma exponencial. *Gestionar la última hora de la noche es igual de importante* si de verdad queréis lograr los mejores resultados.

Sostuvo la vela bajo la cara, creando un efecto casi místico.

—Solo un delicado equilibrio entre el dominio de la rutina matinal y la optimización del ritual de la noche permite conseguir un rendimiento digno de un genio. Si no dormís en condiciones, no podréis organizar la *Fórmula 20/20/20* que os ha enseñado Stone esta mañana.

—A mí casi siempre me falta sueño —confesó la emprendedora—. A veces me cuesta funcionar, no recuerdo las cosas y estoy agotada.

—Y que lo digas —asintió el artista—. Yo siempre duermo fatal, y me levanto varias veces durante la noche, pero desde que empecé este viaje, he dormido todas las noches de un tirón.

—Me alegra oírlo, porque estamos en medio de una terrible recesión de sueño global —profirió el Guía articulando claramente el dramático lenguaje por el que se había hecho famoso en todo el mundo—. Una recesión que está alimentada por Internet, las redes sociales y lo absortos que estamos con nuestros aparatos tecnológicos. Los investigadores han confirmado que la luz azul que emiten los dispositivos electrónicos reduce nuestros niveles de melatonina. La melatonina es la sustancia química que avisa al organismo de que necesitamos dormir. No hay ninguna duda de que prestar atención a los aparatos electrónicos constantemente y durante todo el día perjudica la función cognitiva, como bien habéis aprendido. Y tampoco se cuestiona ya que estar frente a una pantalla antes de irse a dormir cause disfunciones del sueño. Podría extenderme más y explicar cómo la luz de los dispositivos activa unos fotorreceptores llamados «células ganglionares intrínsecamente fotosensibles», que limitan la producción de melatonina, lo que afecta negativamente el ritmo circadiano y perjudica el sueño... pero creo que ya me habéis entendido.

—Sí —confirmó la emprendedora—, perfectamente. Voy a restructurar mi rutina de antes de acostarme para despertarme a las 5 de la mañana más fresca y llena de energía. Prometo hacerlo para descansar bien e implementar la *Fórmula 20/20/20* a la perfección.

—Durante el *Mínimo de 66 días*, hasta que hayamos automatizado la costumbre —añadió el artista—. Y luego durante el resto de mi vida, para que sea más fácil aplicar el Método de las 5 de la mañana que seguir durmiendo.

—Cuando no dormimos lo suficiente —retomó el Guía—, además de que nos cuesta madrugar, algunas cosas muy dañinas afectan nuestra productividad y minimizan nuestro rendimiento, reduciendo la felicidad y minando, de paso, la salud por el camino.

—Cuéntenoslo —pidió la emprendedora.

—Sí, cuéntaselo —le animó el millonario, que se había puesto en cuclillas—. Esta postura es muy buena para los riñones y la digestión —añadió sin venir a cuento.

—Bueno, al dormir... y la clave no es solo cuánto dormimos sino la calidad del estado de sueño, las neuronas se encogen un 60 % y el líquido cefalorraquídeo atraviesa el cerebro. Se ha descubierto, además, que el sistema linfático, del que antes se creía que solo estaba en el cuerpo, también está en el cráneo. Todo esto significa que la evolución ha permitido a los seres humanos poner en marcha un poderoso proceso que podríamos llamar de limpieza del cerebro para que se mantenga en condiciones óptimas. Y este mecanismo de lavado solo sucede mientras dormimos.

—Es superinteresante —apuntó la emprendedora.

—Cuéntales lo de la somatotropina —suplicó el millonario.

—Claro —dijo el Guía—. La glándula pituitaria del cerebro produce la somatotropina, la hormona del crecimiento, también conocida como HGH, una hormona que resulta importante para que los tejidos del cuerpo se mantengan sanos, el metabolismo funcione y se incremente la esperanza de vida. Cuando aumenta el nivel de HGH, mejora el estado de ánimo y la cognición, aumentan los niveles de energía y la masa muscular magra, a la vez que se reducen los antojos a través del control de la leptina y la grelina. Lo más importante es que, aunque el ejercicio libera la hormona del crecimiento, que es una de las razones por las que la primera fase de la *Fórmula 20/20/20* supone un cambio de vida tan revolucionario, el 75 % de la producción de HGH sucede... ¡mientras dormimos! Y esta es la clave: para maximizar el proceso de limpieza adecuada del cerebro y la producción óptima de HGH, que permite ampliar la creatividad, la productividad, la vitalidad y la longevidad, son necesarios cinco ciclos de sueño de noventa minutos completos. Eso es lo que los estudios científicos confirman en la actualidad. Esa cantidad es el equivalente a siete horas y media de sueño cada noche. Además, debéis saber que la falta de sueño no es lo único que mata, según se ha demostrado. Dormir demasiado, nueve horas o más, también acorta la vida.

—¿Tiene un esquema de aprendizaje que nos permita aclarar mejor todo esto, de modo que nuestro conocimiento sea más nítido y concreto en vez de vago y difuso? —insistió el artista.

—Buen trabajo, Stone. Les has enseñado *La Fórmula del éxito en 3 pasos* —aplaudió el Guía.

El millonario, que se encontraba aún cerca del sucio suelo de la galería, asintió. Y luego eructó.

—Sí, tengo un marco de trabajo para vosotros —confirmó el Guía—. He desglosado la rutina nocturna que me ha ayudado de un modo sistemático a dormir bien durante todos estos años.

El Guía sacó una linterna que llevaba escondida en la túnica. Desenroscó la parte de arriba y reveló un compartimento secreto en el tubo, de donde sacó dos pergaminos delgados y los entregó a la emprendedora y al artista.

Los pergaminos mostraban el siguiente diagrama:

EL RITUAL PREVIO AL SUEÑO
DE LOS PRODUCTORES DE ÉLITE
DESGLOSE

19:00 H – 20:00 H	• Última comida del día • Todos los dispositivos apagados • Aislamiento de la hiperestimulación
20:00 H – 21:00 H	• Momento para las conversaciones de verdad con los seres queridos • Segundo período de meditación optativo • Lectura frecuente / audiolibros / podcast • Sesiones habituales de actividades recreativas • Baño regular con sales Epsom
21:00 H – 22:00 H	• Preparación para dormir en un cuarto fresco, oscuro y sin tecnología • Organización de la ropa de deporte para la fase número 1 • Práctica de gratitud de la noche

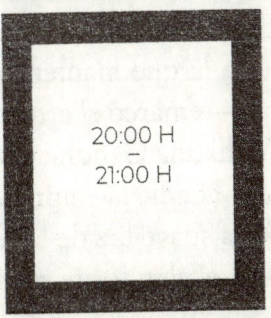

—No sé cómo agradecer esto —dijo la emprendedora—. A los dos —indicó mirando al millonario, que estaba ahora haciendo abdominales a la luz de la vela mientras susurraba: «Siguen llegándome la mejor de las suertes y la gran sabiduría. Siempre soy un líder, nunca una víctima. El león, no el ratón. Me gusta mi vida y hago que cada día sea mejor que el anterior. Cuanta más gente ayudo, más feliz soy».

—Secundo la gratitud de mi prometida —comentó el artista, y alargó la mano para acariciar con cariño la cabellera de la emprendedora.

—Si el mundo supiese y aplicase las filosofías y los métodos del Club de las 5 de la mañana, cada uno de los seres humanos de este planeta se transformaría —reafirmó la emprendedora—. Y ahora entiendo que despertarse con el sol no es cosa de dormir menos. Me recuerda al antiguo refrán o «a las diez, en la cama estés».

—Y como cada uno de nosotros protagoniza su propia revolución personal, cada relación de nuestra vida, desde la que tenemos con nuestro trabajo hasta la que mantenemos con los demás, mejorará con nosotros —remarcó el artista.

—Me recuerda a las palabras de Mahatma Gandhi: «Sé el cambio que quieras ver en el mundo» —añadió la emprendedora, con la cara resplandeciente bajo la suave luz de la vela, mientras acariciaba su nuevo anillo—. Leí algo sobre su vida antes de dormirme anoche.

—Con todo el respeto del mundo —se pronunció el Guía con compasión—, las verdaderas palabras de Mahatma Gandhi se han ido tergiversando con los años hasta convertirse en algo más accesible para una cultura que experimenta un déficit de atención colectivo.

—Lo que dijo en realidad —interrumpió el millonario— fue: «Si pudiésemos cambiarnos a nosotros mismos, las tendencias del mundo también cambiarían. Cuando un hombre cambia su naturaleza, también lo hace la actitud del mundo hacia él. No necesitamos esperar a ver lo que otros hacen».

—Maravilloso, Stone —señaló el Guía sonriendo—. Pero también comprendo a qué te referías tú —dijo amablemente a la emprendedora—. Y, por supuesto, tienes razón.

Lo que os pido a los dos es que contéis todos los principios y modelos mentales que podáis a tanta gente como os sea posible. Porque, sí, solo con que todos los directivos, agentes comerciales, científicos, artistas, arquitectos, políticos, deportistas, profesores, madres, bomberos, padres, taxistas, hijas e hijos del planeta adoptasen la rutina de la mañana y el ritual de la noche que os hemos enseñado, *el mundo sería completamente diferente*. Mucho menos triste, maleducado, mediocre y odioso. Y mucho más creativo, hermoso, pacífico y amable.

—Y ahora tengo que irme —anunció el Guía—. Te veo luego para cenar, Stone. Tenemos *cacio e pepe* en el menú, ¿no?

—Por supuesto —contestó el millonario levantándose.

De pronto el magnate comenzó a toser de nuevo y, por un momento, pareció que iba a caerse. Le temblaba la mano izquierda y le vacilaba una pierna.

El Guía miró enseguida a otro lado.

—Tengo que irme —fue todo lo que dijo antes de disolverse en la oscuridad de las catacumbas.

Los otros tres que quedaban deshicieron el camino hasta llegar a la salida de la cripta y subieron las escaleras y emergieron a la cegadora luz del sol romano.

El millonario arrancó el escúter e indicó a sus invitados que le siguieran. Se aventuraron por un laberinto de callejuelas estrechas, pasaron por un obsoleto acueducto y volvieron a cruzar los muros de la ciudad. Pronto surcaban las congestionadas calles del centro histórico y recorrían la Via dei Condotti.

Tras aparcar las motos, la emprendedora y el artista siguieron al millonario escaleras arriba por la escalinata de la Plaza de España.

—Bueno —dijo—, esto nos lleva de vuelta a donde empezamos la sesión de esta mañana a las 5. Antes de dejar que os vayáis, chavales, tengo un último modelo superincreíble para vosotros. El Guía me lo enseñó cuando yo era mucho más joven y ha resultado ser de un valor inestimable. Será el remate ideal de las enseñanzas de esta mañana.

El millonario dio una atronadora palmada, *clap*. Luego se oyó en la distancia un zumbido, que salía de Villa Borghese y que pronto se fue haciendo más fuerte. Se estaba acercando.

Un objeto planeó sobre sus cabezas. Los turistas que había sentados en la escalinata, bebiendo expreso y tomando helado, miraron al cielo, intentando averiguar lo que estaba sucediendo. Os habría gustado estar allí, para ver esa escena maravillosa.

—*Mamma mia*! —chilló una mujer mayor que llevaba un vaporoso vestido de flores, un bebé apoyado en la cadera y un ramo de coloridos tulipanes en la otra mano.

—¡Es un dron! —berreó un adolescente; llevaba una gorra de béisbol y una cazadora vaquera con la frase «Dudar no es una opción» bordada en la espalda y unos vaqueros rotos con grandes agujeros en las rodillas. Por una razón desconocida, iba descalzo.

El millonario comenzó a pilotar con destreza la pequeña aeronave hasta hacerla aterrizar de una forma tan suave como la superficie de un lago en una abrasadora tarde de verano. Una vez acabada la maniobra, guiñó el ojo a sus dos pupilos:

—No se me ha olvidado pilotar —presumió.

El dron transportaba una caja de madera, que contenía una delgada lámina de vidrio con un modelo de aprendizaje impreso en ella. Este es el aspecto que tenía el diagrama del cristal:

EL DÍA MARAVILLOSO DESGLOSE

HORA	ACTIVIDAD	NOTAS
4:45 H	• Hora óptima de levantarse • Higiene personal	• Sal del sopor • Deja preparada la ropa de deporte junto a la cama la noche antes • Hidrátate: alimenta las mitocondrias de las células para que liberen ATP, que aumenta la energía
5:00 H - 5:20 H	• Ejercicio intenso • Hay que sudar [libera FNDC] • Más hidratación • Podcast/Audio/Vídeo/Música	• Fase 1: Muévete • Cambia el cansancio por energía antes de las 05:20 • El ejercicio alarga los telómeros • Activa la Neurobiología de la Motivación
5:20 H - 5:40 H	• Meditación • Oración • Diario • Práctica de gratitud • Esbozo del esquema de rendimiento	• Fase 2: Reflexiona • La meditación reduce y ralentiza el envejecimiento • Planifica y secuencia para aumentar la concentración y la productividad
5:40 H - 6:00 H	• Lectura • Audiolibros • Podcast • Vídeos de aprendizaje e inspiración	• Fase 3: Crece • Disposición mental 2×3× • Alimenta la esperanza y la habilidad profesional • Aumenta la inspiración • Contribuye a tu imbatibilidad en el sector laboral
6:00 H - 8:00 H	• Conexión con la familia • Actividades personales • Sin redes sociales • Sin noticias • Sin comprobar mensajes	• Enriquece el bienestar y reduce la demencia digital • Eleva el tono de la mañana • Fomenta la alegría y la calma
8:00 H - 13:00 H	• Regla 90/90/1 • Método 60/10 • Trabajo importante	• Ciclos gemelos del rendimiento de élite • Protocolo BCT • Tu Menlo Park particular
13:00 H - 17:00 H	• Trabajo de menor valor • Reuniones • Organización • Des-Ayuno (Dividendo 16/8 optativo)	• Trivialidades administrativas • Trabajo menos creativo • Planificación • Más hidratación
17:00 H - 18:00 H	• Universidad del Tráfico • 2EC • P2M • Descompresión y período de transición	• Aprende para seguir en la cima • Tiempo de renovación personal • Sol/Aire fresco/Recarga
18:00 H - 19:30 H	• Sin dispositivos digitales • Comida en familia • Cartera de actividades lúdicas • Paseos por la naturaleza con los seres queridos	• Conexiones sociales • Aventuras • Servicio a la comunidad
19:30 H - 21:30 H	• Lectura • Resumen del día en el diario • Preparación para madrugar • Sin pantallas/Sin tecnología • Segundo mejor momento de meditación, antes de dormir	• Rituales de la noche para un buen sueño • Baño caliente con sales Epsom • Habitación oscura • Temperatura fresca
21:30 H	• Sueño profundo	• Producción de HGH • Recuperación y regeneración del cerebro, el cuerpo y el espíritu

—Me ha parecido que os sería de gran ayuda esta planificación tan detallada para tener un día maravilloso. Por supuesto, esta es solo una de las posibilidades para ponerlo en práctica. Veréis que mi régimen nocturno es un poco diferente del que practica el Guía. Como de costumbre, la forma en que apliquéis todas estas tácticas dependerá de vosotros mismos. Es vuestra vida: vividla como queráis. Sin embargo, este marco de trabajo en particular me ayudó muchísimo porque incluía muchos de los potentes elementos de la *Fórmula 20/20/20* que os he enseñado esta mañana, junto con aspectos claves de un proceso previo al sueño de lujo, y los integra en un plan diario superespecífico que cualquiera (de verdad, cualquiera) puede seguir para vivir un día maravilloso tras otro. Es como una receta de cocina: si sigues los pasos, obtienes el resultado.

—Y los días maravillosos crean una espiral ascendente que se convierte en semanas maravillosas, que se transforman luego en meses maravillosos —afirmó el artista cerrando su diario.

—Y los meses maravillosos se convierten en trimestres maravillosos, que dan como resultado años y décadas maravillosos y, al final… —añadió la emprendedora cerrando su diario.

—Son una vida maravillosa—dijeron los tres a la vez.

—Día a día, paso a paso, se conforma una existencia épica —resumió el millonario, que lucía unas modernas gafas de sol, como las que los romanos que van a la última llevan con ese aire tan despreocupado y estiloso parece decir: «No tengo que esforzarme ni lo más mínimo para tener este aspecto tan fenomenal». Más gaviotas aletearon e emitieron esos molestos ruidos de los que tanto parecen disfrutar.

Era evidente que el millonario era un alma extraordinariamente amable. No solo rico en dinero, sino también de corazón. Sin embargo, no soportaba las gaviotas y la forma en que estos animales habían invadido muchos de los tejados del centro de Roma a lo largo de los últimos años.

—Hay que hacer algo con estos bichos con plumas...
—rumió con una irritación poco característica—. Pero volvamos a lo nuestro, chavales. Ahora sabéis por qué os he traído a la escalinata de la Plaza de España. Generar una productividad explosiva, una salud inmejorable, una prosperidad excepcional, una alegría duradera y una paz interior infinita es, en realidad, un juego que debéis practicar paso a paso. Los pequeños cambios, por insignificantes que parezcan, a la larga dan resultados espectaculares. Las microganancias del día y las mejoras infinitesimales son, en realidad, la forma más segura de tener una vida de la que enorgulleceros cuando llegue nuestro final. Como sabéis, este es uno de mis lugares preferidos del mundo. Quería que los dos vinieseis conmigo no solo para enseñaros el proceso transformador de la *Fórmula 20/20/20*, sino también para reforzar en vosotros el hecho de que vivir de forma que merezca la pena es, efectivamente, una espiral ascendente hacia lo más alto de la escalera del éxito y el prestigio. Y, a medida que llevéis este viaje hacia la máxima experiencia de vuestra grandeza, paso a paso, una magia y una belleza tan obvias como la que ahora se extiende a vuestros pies infundirá vuestros días y no dejará de crecer con los años. De eso podéis estar seguros.

Después de estudiar cuidadosamente el modelo de aprendizaje impreso en el vidrio, la emprendedora se preguntó en voz alta:

—¿Qué es la *Regla 90/90/1*? ¿Y el *Método 60/10*? Tampoco entiendo algunas de las notas.

—¿Y qué significan esos 2EC y P2M del modelo? —preguntó el artista.

—Lo aprenderéis cuando llegue el momento —respondió el millonario, creando suspense—. Deberíais saber que he dejado las mejores, y más valiosas, enseñanzas para el final de nuestro tiempo juntos.

El millonario los abrazó, más fuerte que nunca. La emprendedora y el artista advirtieron que los ojos del magnate se humedecían lentamente, hasta que las pequeñas gotas dieron paso a un mar de lágrimas.

—Os quiero —dijo—. *Ci vediamo.*

15

El Club de la 5 de la mañana aprende las 10 tácticas del ingenio

> Si supieseis cuánto trabajo costó, no lo llamaríais ingenio
>
> Miguel Ángel

—São Paulo es muy especial, ¿verdad, chavales? —dijo el millonario mientras el turismo que conducía un chófer en manga corta se detenía y volvía a ponerse en marcha en el denso tráfico de esta ciudad de millones de habitantes. Como en Mauricio, el magnate iba sentado en el asiento del copiloto.

Los tres compañeros de viaje acababan de aterrizar en la plataforma para *jets* privados del aeropuerto y se dirigían a un hotel en el centro de la capital financiera latinoamericana.

—Es una ciudad enorme —señaló el artista ofreciendo otro destello deslumbrante de lo obvio.

—Agradecemos mucho que nos haya traído a Brasil para nuestra boda —dijo entusiasmada la emprendedora.

—Gracias, colega —añadió el artista.

—Él quería que la ceremonia se celebrara en la finca que usted tiene junto al océano —dijo la emprendedora señalando al artista con una mirada amorosa.

—Es cierto —confirmó él de buen grado—. Ese lugar es el paraíso.

—Y, sinceramente, yo también. Pero quería honrar a mi padre, que era brasileño —explicó la emprendedora.

—Y no hay vida feliz sin una esposa feliz —bromeó el artista.

Luego citó las palabras de *Winnie the Pooh*, de A. A. Milne: «Si vives hasta los cien años, yo quiero vivir hasta los cien años menos un día, para no tener que vivir nunca sin ti».

En el asiento trasero, la emprendedora se acercó al artista mientras el coche circulaba ante magníficas catedrales neogóticas, surcaba grandes avenidas flanqueadas de gigantescos rascacielos, tomaba la calle del impresionante Theatro Municipal de São Paulo y cruzaba la avenida que llevaba al majestuoso Parque do Ibirapuera.

Las palabras que había compartido el artista hicieron que el millonario recordara a su mujer. Aún pensaba en ella todos los días. Y no eran los viajes lujosos a lugares exóticos lo que más le venía a la memoria. Ni las comidas suculentas en los mejores restaurantes del mundo. Su mente se deslizaba hacia los momentos más sencillos y aparentemente ordinarios en su compañía. Compartir una *pizza* barata pero deliciosa, regada con un poco de aceite de oliva; leer libros en silencio frente a una acogedora chimenea; los paseos por la naturaleza y las noches de ver películas y los viajes al supermercado; bailar en el dormitorio la música que les recordaba lo mucho que se querían; y otras cosas como la paciencia con que ella le enseñaba italiano, la risa un poco caballuna que tenía al reír de buena gana... y la dedicación incondicional al único hijo que habían tenido. «Los mayores tesoros de la vida son, desde luego, sus momentos más sencillos», reflexionó. Esos hechos cotidianos que la mayoría damos por sentados. Hasta que los perdemos.

El artista alzó la mano para mostrar orgulloso su anillo de compromiso y continuó expresando la profundidad de su amor mientras el coche se deslizaba por la ciudad:

—La quiero mucho, colega —le dijo al señor Riley—. Es mi sol. Antes solo me importaba mi arte. No necesitaba tener a nadie a mi alrededor, ¿sabes? Supongo que no conocía el amor verdadero. Ahora no me imagino la vida sin ella.

La emprendedora pensó en lo afortunada que era. Desde que había asistido a la conferencia del Guía, sus disposición mental, emocional, física y espiritual se había reordenado y mejorado radicalmente. Y ya no había marcha atrás.

Estaba liberándose de las creencias restrictivas que se habían forjado en su turbulenta niñez mientras se deshacía de las emociones tóxicas que nacían de sus traumas pasados, así como de su actual problema con los inversores. Comprendía en un grado más profundo que el millonario tenía razón: todos hacemos lo que podemos según nuestro nivel de conciencia, madurez y estabilidad. Las personas que hacen daño a los demás en realidad están dolidas. Se comportan de la forma más sensata que conocen. Si fuesen capaces de actuar con mayor liderazgo, generosidad y humanidad, lo harían. Este profundo reconocimiento había sembrado semillas de perdón aún más fuertes en el interior de la emprendedora. Cuando escuchó por primera vez al Guía en su seminario, fue cínica y se resistió con fuerza a muchas de sus enseñanzas. Desde entonces, su actitud había cambiado mucho y ahora acogía todo lo que había tenido la suerte de aprender sin condiciones. Era una evolución inspiradora.

Habían pasado tres semanas desde su viaje a Roma. En ese tiempo, la emprendedora había estado haciendo carreras de velocidad durante veinte minutos a las 5 de la mañana diariamente, además de buenos entrenamientos con pesas.

Después, a las 5:20, utilizaba la tranquilidad de su segunda fase para reflexionar en silencio, escribir en su nuevo diario listas con las cosas por las que estaba agradecida y luego meditar. Por fin, a las 5:40, escuchaba un audiolibro sobre algún inconformista de los negocios o leía algo sobre temas de productividad, trabajo en equipo y liderazgo. También, y esto había sido de lo más difícil, había acabado con la adicción a la tecnología que había sido su forma de vivir... y que le había impedido producir sus mejores trabajos. Y lo que la despistaba de centrarse en su vida. Durante esos días fantásticos lejos de la oficina, había obtenido el rendimiento más brillante de su carrera, usando el fenómeno de la hipofrontalidad transitoria que el millonario les había enseñado para organizar resultados a un nivel de genio que nunca antes había experimentado, y había recuperado la sensación de bienestar interior que había perdido.

Todo lo que estaba aplicando le procuraba enormes recompensas. Todo en su vida parecía volver a encajar. Estaba más en forma que en años, más feliz y serena que nunca, y era más productiva (durante los períodos en que se dedicaba al trabajo lejos del artista) de lo que había podido llegar a imaginar.

Y todo lo que había logrado era gracias al Club de las 5 de la mañana, que, como comprendía cada vez mejor, le permitía proteger sus dones naturales en un mundo comercial invadido de ruido, estrés e invitaciones a las continuas interrupciones. La Hora de la victoria le estaba proporcionando un momento de aislamiento, al principio del día, para construir sus cuatro imperios interiores, lo que le permitiría erigir los exteriores.

Con esta esperanza, esta confianza y este perdón recién descubiertos, incluso había avanzado como una experta en negociar una solución con sus inversores. Estaba emocionada porque, en breve, habría dejado atrás aquella terrible experiencia.

Y pronto estaría casada. Siempre había querido tener a alguien especial con quien compartir sus alegrías y sus éxitos y siempre había deseado equilibrar su ambición con su sueño de tener una familia. La clase de familia de la que siempre había querido formar parte cuando era niña.

Justo cuando la emprendedora iba a responder a las consideraciones del artista sobre el alcance de su amor, sonó un disparo.

La luna del parabrisas se quebró: parecía una tela de araña. Dos hombres de espaldas anchas con pasamontañas y metralletas al hombro pidieron con violencia al conductor que abriera las puertas. Cuando el chófer intentó acelerar para huir del peligro, otra bala atravesó el cristal, rozándole una oreja, que sangró con profusión.

—Abre la puerta —ordenó el señor Riley con una tranquilidad pasmosa—. Tengo esto —dijo pulsando sin que le viesen un botón rojo colocado bajo la guantera.

Las puertas se abrieron con un clic.

Vociferando sus palabras una a una, uno de los hombres armados rugió:

—Todo el mundo fuera del coche. ¡Ahora! ¡O moriréis!

Cuando los ocupantes del coche siguieron sus órdenes, el otro individuo agarró a la emprendedora por el cuello.

—Te dijimos que dejases la empresa. Te dijimos que te mataríamos. Te dijimos que esto iba a pasar.

De pronto, un todoterreno alargado como los que utilizan los comandantes para desplazarse por las zonas de guerra, llegó a toda velocidad. Cuatro imponentes motos se acercaron a todo gas, conducidas por dos hombres y dos mujeres que vestían chalecos antibalas e iban armados con pistolas.

El equipo de protección del millonario acababa de llegar.

Una pelea se desató en la calle, se desenfundaron cuchillos y se oyeron más disparos. Extrajeron al millonario de la escena con una eficacia digna de admiración, que seguía sin inmutarse y, como si fuese un general dirigiendo una misión militar, simplemente dijo:

—Salven a mis pasajeros. Son miembros de mi familia.

Un helicóptero sobrevolaba por encima de ellos. Sí, sí: un helicóptero. El aparato estaba pintado de blanco y lucía en un lateral, en grandes letras naranjas: «C5M».

El escuadrón de seguridad del magnate no tardó en desarmar al más corpulento de los dos hombres armados, el que había amenazado a la emprendedora, y arrastró a esta a la seguridad del todoterreno. Pero el artista había desaparecido.

—¡Tengo que encontrarlo! —gritó la emprendedora al personal del vehículo blindado—. Tengo que encontrar a mi marido —añadió en un claro estado de *shock* por la situación.

—Quédese aquí —le ordenó con firmeza uno de los agentes de seguridad, agarrándola por el brazo.

Sin embargo, la emprendedora, gracias a su reciente estado de firmeza mental, buena forma física, resiliencia emocional y osadía espiritual y a su nueva rutina matinal, se liberó del fornido guardaespaldas, abrió de una patada la puerta del vehículo, que había quedado entornada, y comenzó a correr. Como una atleta de élite, cruzó con destreza la autopista de cuatro carriles por la que el tráfico circulaba a toda velocidad. Le pitaron, y algunos brasileños pasionales gritaron en portugués, preocupados por su bienestar. Pero ella siguió corriendo, rápida como una gacela.

Entró en una cafetería, pero no había ni rastro de su amado. Después, corrió por una calle famosa por sus asadores. El artista no aparecía por ningún lugar.

La emprendedora descubrió entonces el diario en el que el artista había apuntado todas las lecciones del Guía y el millonario. El mismo diario que le había visto apretar contra el pecho cuando se conocieron, al parecer al azar, en el auditorio, en el momento más oscuro de su vida. Y él, como un ángel, la había hecho sentirse más segura, más calmada y feliz con su amable presencia.

Lo que sucedió a continuación resultó ser dramático. Cuando la emprendedora frenó la carrera y giró hacia un tramo estrecho de una avenida, vio sangre. No un charco, pero sí gotas y salpicaduras de sangre fresca.

—¡Dios mío! No, por favor, no, por favor... —gritó la emprendedora.

Siguió frenética el rastro, abriéndose paso entre una serie de coches aparcados, una madre con un carrito de bebé y una manzana de casas elegantes.

—¡Por favor, no dejes que se muera! —suplicó la empresaria—. Dios mío, ¡por favor!

—¡Aquí! ¡Estoy aquí! —exclamó una voz chillona.

La emprendedora se acercó a toda prisa hacia el lugar de donde procedían los gritos del artista. Al acercarse, descubrió a un sicario armado sujetando un revólver contra la sien de su prometido. El hombre se había quitado el pasamontañas. Era joven y parecía muy muy asustado.

—Escucha —le dijo la emprendedora comportándose con valor y caminando despacio hacia los dos hombres—. Escucha —repitió—, sé que no quieres hacerle daño. Sé que no quieres pasar el resto de tu vida en una celda. Dame la pistola y te puedes ir. No diré una palabra a nadie. Solo dame la pistola.

El hombre armado se quedó helado, sin palabras. Temblaba. Despacio, retiró el arma de la cabeza del artista y apuntó directamente al pecho de la emprendedora.

—Relájate —imploró con una voz firme mientras continuaba acercándose a su prometido y al secuestrador.

—Te mataré —le gritó el delincuente—. No te muevas.

La emprendedora avanzó paso a paso con cuidado sin dejar de mirar a los ojos del hombre armado. Su rostro mostraba ahora una sonrisa amable, tal era el grado de su recién adquirida valentía, tal era el alcance de su gran nivel reciente de confianza.

Tras una pausa, el delincuente se irguió. Dirigió a la emprendedora una mirada que parecía una combinación de inmenso respeto e incredulidad visceral, y se marchó corriendo.

—Cielo, ¿estás bien? —la emprendedora abrazó al artista con ternura.

Recobrando la calma, aunque aún sudando sin parar, él contestó:

—Sano y salvo, cariño. Sano y salvo. Mmm... acabas de salvarme la vida, ¿sabes?

—Lo sé —respondió ella—. No lo he hecho porque vayamos a casarnos, no creas. No te he salvado porque te quiera.

—¿Qué? —preguntó el artista—. Entonces ¿por qué has hecho lo que acabas de hacer? Quiero decir, ha sido increíble lo que has hecho, ¡parecías la protagonista de una película de gánsteres!

—Lo he hecho por el Club.

—¿Qué quieres decir? —preguntó el artista desconcertado.

—He hecho lo que he hecho gracias a los poderes que he desarrollado como miembro del Club de las 5 de la mañana. Así es como he podido hacer lo que acabo de hacer. Todo lo que nos han contado en el Club funciona, ¡funciona de verdad! Todo, absolutamente todo lo que nos enseñaron en Mauricio, en la India y en Roma. Y la principal razón por la que te he salvado la vida no es porque te vayas a convertir pronto en mi marido, ni porque vayamos a tener niños estupendos y luego nietos y un montón de perros y gatos y, espero, incluso canarios en casa —soltó de golpe—. No. Te he salvado solo porque tú también estás en el Club. Y el señor Riley dijo que tenemos que cerrar filas. Y defendernos los unos a los otros.

—¿En serio? —preguntó el artista subiendo el tono de voz. No le gustaba lo que acababa de oír.

—¡Pues claro que no! Solo te tomaba el pelo, corazón —se rio la emprendedora—. Te adoro. Daría mi vida por ti cualquier día de la semana. Ahora vamos a buscar al señor Riley. Vamos a asegurarnos de que está bien.

Al día siguiente, cuando se hubieron recobrado de su experiencia dramática, se reunieron en el ático que el millonario había reservado en un elegante hotel. El señor Riley tenía un aspecto fresco, centrado y muy feliz.

—Menuda jarana ayer, chavales —dijo el magnate con un tono jovial, como si lo que habían sufrido el día anterior no hubiera sido nada más que una caminata briosa por un parque florido.

—Fue brutal —replicó el artista—. Usted habla de traumas: esto fue traumático.

—Tú, querida amiga, fuiste toda una heroína ayer —afirmó el millonario con orgullo centrándose en la emprendedora—. Tú, señorita, eres un milagro en carne y hueso.

—Gracias —respondió ella cambiando el peso de una pierna a otra y asegurándose de que el artista estaba bien.

—Vi cómo fluías, cómo mantenías la calma, cómo te concentrabas bajo una presión extrema... Y tu capacidad de reacción a nivel sobrehumano.

—Esta diosa me salvó la vida —reconoció el artista con entusiasmo.

—Vosotros dos, chavales, apenas estáis comenzando a saborear los beneficios de uniros al Club de las 5 de la mañana. Imaginaos después de aplicar el *Mínimo de 66 días*, o después de seis meses de llevar esta rutina de primera que habéis descubierto. Pensad de qué forma capitalizará vuestro potencial, mejorará vuestro rendimiento y será útil para el mundo dentro de un año. Debéis recordar siempre que los líderes más importantes fueron líderes que trabajaron al servicio de los demás. Cuanto menos os centréis en vosotros mismos, y cuanto más focalicéis vuestra obsesión por mejorar en la vida de los demás, más aumentará vuestra identidad como auténticos constructores de imperios. Y pasaréis a formar parte de la historia.

—Entendido —confirmó la emprendedora dando un sorbo a una botella de agua para asegurarse de que estaba bien hidratada y que seguía con unos niveles de energía inigualables.

—Quiero recompensarte por la heroicidad que demostraste ayer —dijo el millonario—. Tengo una noticia que creo que hará que tu vida te guste aún más.

—Dígame —afirmó la emprendedora—. Aunque en realidad no necesito nada, ya lo sabe. Hice lo que hice por amor. Así de sencillo.

—Bueno..., ¿estás lista? —preguntó el magnate.

—Sí. Lista.

—Esta mañana he pedido a mis empleados que compren todas las acciones de esos deleznables inversores. Digamos que les hice una oferta que no han podido rechazar. Mi equipo legal ha hecho que firmen un acuerdo prometiendo que nunca volverán a acercarse a tu empresa y que, además, no les permita acercarse a ti en absoluto... ni al hombre que será tu esposo dentro de unas pocas horas. Esta noticia es la bomba, ¿no? —canturreó el millonario mientras hacía unos pasos de claqué por la habitación. Sí, sí, eso fue exactamente lo que hizo: recorrió la habitación de punta a punta bailando claqué. Luego comenzó a agitar los brazos como un maniaco y a bailar como un poseso al ritmo de su música imaginaria. Para acabar, esto no tiene pérdida, el millonario empezó a mover sus caderas de un modo más ridículo que provocativo para hacer un *twerking*. Sí, por muy increíble que pueda parecer, el ilustre magnate cuya fortuna estaba valorada en más de mil millones de dólares bailó un *twerking* en la *suite* de aquel hotel.

«Es el ser humano más extraño que he conocido en toda mi vida, y con mucha diferencia», pensó la emprendedora. «Pero es absolutamente maravilloso, prácticamente mágico».

El artista y la emprendedora se miraron el uno al otro y compartieron una risa nerviosa. Luego se unieron al millonario, en la medida de sus posibilidades, porque a pesar de ser un hombre tan humilde, al señor Riley le encantaba ser el rey de la fiesta. Tras la lección de baile, abrazaron al hombre que se había convertido en su magnífico mentor, en su vital animador y en su amigo sincero.

La emprendedora no dejaba de dar las gracias al excéntrico barón por su generosidad para hacer desaparecer su difícil situación. Esta aventura espectacular estaba tomando tintes casi místicos. Todo estaba mejorando. Todo se desarrollaba incluso mejor de lo que habría podido llegar a soñar. Y ahora se había liberado de la prueba de fuego que la había llevado hasta a los límites de su propia vida.

En aquel momento se dio cuenta de que al otro lado de cada tragedia reside el triunfo. Y de que más allá de la adversidad existe un puente hacia la victoria duradera, si se tienen ojos para verlo.

—Pues bueno, chavales —continuó el millonario—, la sesión de hoy será rápida. Mi jefe de personal se está encargando de todos los detalles de vuestra boda mientras hablamos. Tendréis las azucenas orientales que pedisteis, la música que habéis propuesto y cada detalle estará programado para ser de primera calidad. Esa es la forma de funcionar que tenemos mi equipo y yo. Ah, y todos vuestros invitados han llegado en varios de mis aviones privados. Todo el mundo está aquí. Y todo el mundo está disfrutando de lo lindo. Yo en particular.

El magnate tuvo otro ataque de tos, que fue seguido de dos otros fuertes achaques. Se sentó en una silla de madera de aspecto moderno, tapizada de piel blanca, la clase de mueble que fabrican los artesanos suecos y daneses, y uno de sus brazos empezó a temblarle de nuevo. Por primera vez, en la mirada de sus ojos se reflejaba la sombra del miedo.

—Acabaré con este monstruo —dijo para sí—. Te estás metiendo con el tipo equivocado.

Sacó la cartera, extrajo la foto gastada de su esposa, que había fallecido hacía tanto tiempo, la apretó contra su corazón y se centró en los puntos esenciales del discurso de la mañana.

—Ahora que ya habéis aprendido casi todo lo que necesitáis sobre el Método de las 5 de la mañana, quiero enseñaros diez tácticas que acelerarán el ritmo de vuestra vida profesional y privada. Son diez gestos de heroísmo cotidiano. La *Fórmula 20/20/20* os ayudará a gestionar el tiempo de vuestras mañanas. Estas diez rutinas complementarán el régimen, de forma que el resto del día se desarrolle de forma gloriosa. Interiorizadlas y seréis invencibles. Experimentaréis una espiral de éxito ascendente en la que cada elemento significativo de vuestras vidas se elevará a medida que pasen las horas.

Como de costumbre, levantó una mano al aire. De la biblioteca de la *suite* salió inmediatamente un ayudante, esforzándose por cargar lo que parecía ser una enorme obra de arte enmarcada. El millonario se levantó de golpe y fue corriendo a ayudarlo.

El joven ayudante, tan fornido e insultantemente guapo, lucía una camiseta blanca con estas palabras impresas en la parte delantera: «Todo el mundo sueña con ser una leyenda hasta que tiene que trabajar como una».

—Este es uno de mis regalos de boda para vosotros —el millonario señaló un impresionante retrato de Thomas A. Edison, el gran inventor. Sobre el rostro de Edison, en una crispada inscripción típica del arte moderno, sus palabras: «Las mejores ideas llegan en soledad. Las peores entre el alboroto»—. Encargué a uno de mis pintores favoritos, que vive en Berlín, que lo hiciese para vosotros. Muchos de los cuadros que tengo en mi piso de Zúrich son suyos. Apenas pinta ya, pero hizo este para mí como un favor especial. Podríais retiraros vendiéndolo, chavales, en serio. Dadle la vuelta, por favor —pidió amablemente, volviendo a sentarse en la elegante silla y observando el ático con vistas a los rascacielos de São Paulo. Muchos de los edificios disponían de helipuertos en la azotea para que los grandes personajes que dirigían sus negocios desde ellos pudiesen trasladarse sin perder valiosas horas de productividad (y de vida) atascados en el tráfico de la ciudad. Porque, como ya sabéis ahora, los triunfadores aprovechan las horas que la mayor parte de la gente desperdicia.

En la parte posterior de la obra de arte exquisitamente enmarcada había un esquema con el siguiente título: *Las 10 tácticas para ser siempre un genio*.

El millonario continuó hablando:

—Thomas A. Edison es paradigma, como pocos en la historia, de los logros creativos, al haber registrado mil noventa y tres patentes en toda su vida y habernos dado desde la bombilla hasta la cámara de imágenes en movimiento y, en 1901, una batería que se utilizó más tarde para los coches eléctricos. No era solo inventor. Era también un gran empresario.

»Pues sí, chavales —continuó—. Su vida es realmente digna de estudio, deberíais desglosarla en vuestro diario para familiarizaros con ella y comprender con más fluidez cómo se desarrolló su existencia. Edison dijo: "Estar ocupado no siempre significa estar trabajando de verdad. El objetivo de trabajar es producir o lograr algo".

»Y a medida que desgranáis la fórmula del éxito del inventor, profundizad en el estudio de su capacidad de concentración. Edison también observó: "Estamos haciendo cosas todo el día, ¿no? Todo el mundo. Si nos levantamos a las siete y nos acostamos a las once, estaremos despiertos nuestras buenas dieciséis horas y, con seguridad, la mayor parte de la gente habrá estado haciendo algo todo ese tiempo. El único problema es que lo dedican a muchísimas cosas y yo solo a una. Si la gente se tomase ese tiempo para aplicarlo en una única dirección, a un único objetivo, triunfaría".

—Totalmente cierto —observó el artista, que iba vestido de negro esa mañana y llevaba unas botas militares. Se había afeitado su habitual perilla—. Coincide con lo que nos explicó en Mauricio sobre despertarse con un ancho de banda cognitivo limitado y que cada distracción que nos roba la atención reduce nuestras oportunidades de hacer un trabajo excelente. Porque dejamos un residuo de atención en cada cosa que permitimos que nos distraiga en nuestro lugar de trabajo, y en el lugar en que vivimos. Y, si no tenemos mucho cuidado, acabaremos con la demencia digital a la que se refería el último diagrama que vimos en Roma. Esta lección de hoy conecta especialmente conmigo. Cuando vuelva a mi estudio en casa, voy a organizar mi entorno para que sea totalmente silencioso. Sin aparatitos. También tengo la intención de hacer una desintoxicación tecnológica a lo grande. Ni redes sociales ni navegar en Internet durante al menos unas semanas para recuperar mi concentración. Me estoy dando cuenta de que, cuando esté en un espacio claro de silencio, deberé centrarme en un único proyecto a la vez, en lugar de dispersar mi poder creativo y mi energía física en muchos trabajos distintos. Me quedo con ese aspecto de las palabras de Edison. No dispersaré mi talento intentando ser relativamente bueno en muchas cosas a la vez cuando puedo ser extraordinario si trabajo intensamente tan solo en una.

—Y yo me estoy dando cuenta de que incluso una única interrupción cuando estoy pensando sobre un producto nuevo y extraordinario o mi siguiente estrategia «océano azul» podría costarme muchos millones de dólares, o incluso más —se emocionó la emprendedora.

—Lo que los dos acabáis de decir es tremendamente importante si tenéis la firme intención de impulsar vuestros dones y expresar la totalidad de vuestra grandeza inherente —afirmó el millonario sonriendo con alegría—. Edison ascendía por la colina que le llevaba hasta su laboratorio de Menlo Park y trabajaba allí con su equipo, durante horas y horas, y a veces durante días, en el único invento que era el centro de su inspiración. Ese tipo era un chaval extraordinario.

El millonario señaló el esquema de la parte posterior del cuadro:

—Sé que tenéis que prepararos para la ceremonia. Por favor, llevaos este regalo. Pero primero, leed lo que dice en la parte de atrás, de forma que podáis comenzar el proceso de interiorización estas diez tácticas que acelerarán vuestro progreso en el Club de las 5 de la mañana y elevarán vuestros talentos. Levantarse al amanecer y seguir la *Fórmula 20/20/20* es el primer paso para convertiros en líderes de vuestro campo profesional y para mejorar vuestra vida personal. Estos diez hábitos equilibrados son vuestros amplificadores. Permitirán que paséis de ver resultados lineales a experimentar triunfos exponenciales.

El modelo de aprendizaje era el siguiente:

LAS 10 TÁCTICAS PARA SER SIEMPRE UN GENIO

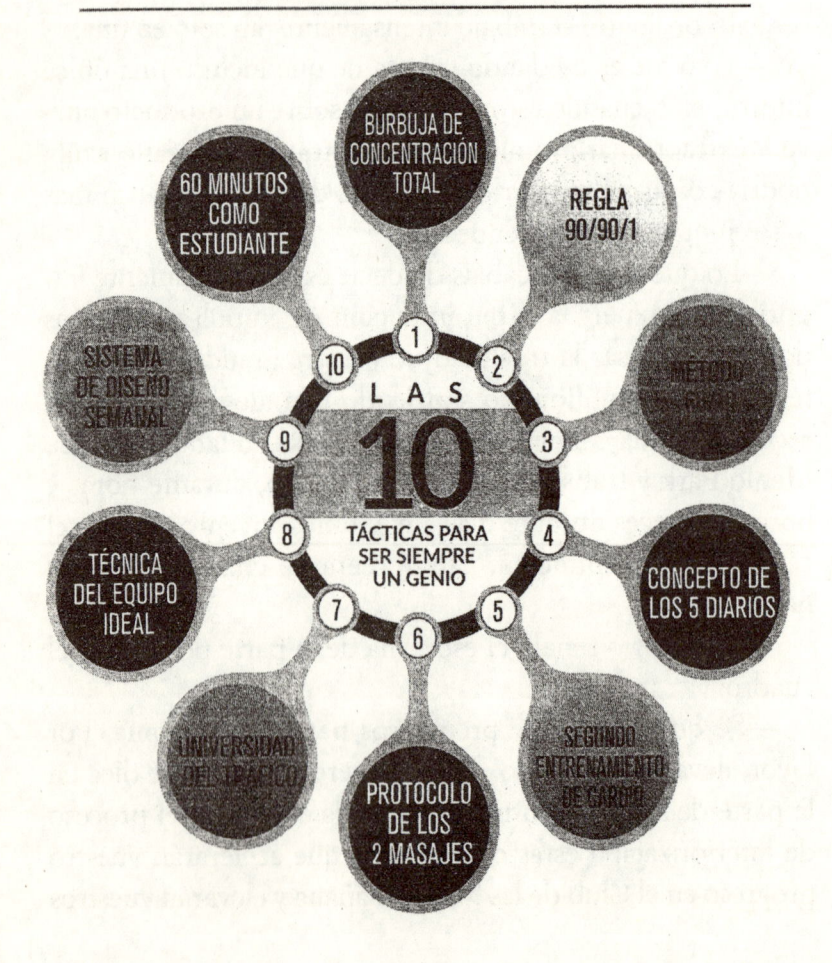

- 1. BURBUJA DE CONCENTRACIÓN TOTAL
- 2. REGLA 90/90/1
- 3. MÉTODO 60/10
- 4. CONCEPTO DE LOS 5 DIARIOS
- 5. SEGUNDO ENTRENAMIENTO DE CARDIO
- 6. PROTOCOLO DE LOS 2 MASAJES
- 7. UNIVERSIDAD DEL TRÁFICO
- 8. TÉCNICA DEL EQUIPO IDEAL
- 9. SISTEMA DE DISEÑO SEMANAL
- 10. 60 MINUTOS COMO ESTUDIANTE

Bajo el modelo de *Las 10 tácticas para ser siempre un genio*, la emprendedora y el artista leyeron la siguiente lista de estrategias junto con las explicaciones precisas sobre lo que significaban y cómo debían aplicarlas.

Táctica número 1:
La Burbuja de Concentración Total (BCT)

El concepto: Ser adicto a las distracciones supone el fin de la productividad creativa. Nuestra atracción hacia las interrupciones digitales nos cuesta una fortuna en todos los aspectos: financiero, cognitivo, energético, físico y espiritual. Para tener los ingresos y la influencia que solo unos pocos consiguen, hay que vivir cada día como muy pocos son capaces. La burbuja de concentración total es un foso metafórico que debemos construir alrededor de nuestros activos de genialidad no solo para que se mantengan fuertes, sino también para permitirles crecer. Los cinco activos primarios que todos los seres humanos superproductivos procuran defender con dicho foso son: la concentración, la energía física, la fuerza de voluntad, el talento original y el tiempo diario. La burbuja tiene una membrana porosa que la rodea para que decidamos la información, la gente y la naturaleza de las actividades que pueden entrar en ella. Lo negativo, lo tóxico y lo impuro han de quedar fuera. En esencia, esta forma de estar en el mundo es un sistema de defensa contra los estímulos que nos impiden desarrollar nuestra grandeza.

La implementación: La estrategia de la burbuja de concentración total conserva nuestra concentración y genialidad original ofreciéndonos largos períodos de tiempo libres de fascinaciones triviales y de cualquier influencia que pueda disolver la inspiración y deteriorar la excelencia del trabajo. Accede cada mañana a la burbuja invisible que has creado tú mismo, a ese lugar libre de mensajes superficiales de otras personas, correo basura, noticias falsas, anuncios, vídeos absurdos, charlas irrelevantes y otras formas de adicción cibernética que destruyen el gran potencial de nuestra vida, y aíslate en su interior. Parte de este constructo filosófico será tu Menlo Park particular, un lugar en el que, como Thomas A. Edison, te abstraerás del mundo para generar las obras maestras que te permitan dominar tu sector y alcanzar el prestigio global. La clave real en este caso es la soledad durante un período programado cada día, en un entorno positivo que te inunde de creatividad, energía, felicidad y la sensación de que el trabajo que haces será bueno para la humanidad. Los espacios que ocupamos dan forma a los resultados que producimos. Este concepto puede (y debe) aplicarse también más allá de la rutina profesional, para liberar nuestro tiempo privado de negatividad, vampiros de energía y actividades que dañan el espíritu. Por descontado, gestionad este blindaje metafórico que protege nuestros cinco activos de genialidad para tener una fantástica vida social y no convertirnos en ermitaños. Utilizar la BCT en la vida personal significa pasar el día feliz en un universo alternativo de tu propia creación. Recuerda que la burbuja tiene la membrana porosa, lo que te permitirá escoger con cuidado a quién permites el paso a tu realidad privada, así como los elementos de belleza, perfección y paz que deseas en ella. Algunas ideas de aplicación específica son: vende el televisor, evita las noticias durante el resto de tu vida, mantente lejos de los ruidosos centros comerciales en los que compras cosas que no necesitas, deja de seguir en las redes sociales a gente que te drena la energía, desconecta todas las notificaciones mientras estés en la BCT y borra las aplicaciones que no paran de publicar anuncios.

Táctica número 2:
La Regla 90/90/1

El concepto: Hacer trabajo de verdad frente a trabajo perdido, a diario con ininterrumpida continuidad, nos dará una Ventaja Competitiva Gigantesca basada en el virtuosismo. Ser productivo con un gran nivel de excelencia no es nadad común. Y el mercado paga más por lo escaso. Los triunfadores de élite concentran toda su atención y esfuerzo en un proyecto único cada vez, para invertir la totalidad de su capacidad cognitiva y su preciosa energía en lograr productos maravillosos que revolucionarán su negocio. Para trabajar así, tenemos que establecer el hábito diario de aprovechar nuestras mejores horas profesionales para producir los mejores resultados. Cuando nos ponemos manos a la obra, no es momento de comprar en línea, cotillear o comprobar mensajes. Es la hora del espectáculo. Es la hora del superproductivo.

La implementación: Durante los siguientes noventa días, prográmate para invertir los primeros noventa minutos de tu jornada laboral en la única actividad que, cuando la realices de un modo excelente, te permitirá dominar tu sector. Este período de noventa minutos debe estar completamente libre de cualquier ruido o interrupción. Coloca tus dispositivos electrónicos en una bolsa marcada «para mi *Regla 90/90/1*» y déjala en otra habitación. Establecer límites claros que bloqueen el acceso a las tentaciones es una táctica para evitarlas.

Táctica número 3:
El Método 60/10

El concepto: La investigación apoya el hecho de que las personas que más rinden no trabajan de forma lineal, dedicando más esfuerzo y tiempo a una actividad con la esperanza de llegar a resultados mejores y más consistentes. Al contrario, la forma en la que los creativos de élite consiguen lo que consiguen es entendiendo el poder de la fluctuación. Estructuran sus ciclos de trabajo de forma que alternan estallidos de una concentración profunda y de una intensidad de rendimiento altísimo con períodos de descanso real y total recuperación. En otras palabras, trabajan en ciclos equilibrados, combinando resultados increíbles y momentos de recarga de sus activos de genialidad, para no agotarlos. Tras observar los datos que concluyen que los seres humanos realizan sus trabajos más admirables cuando están frescos y relajados y no exhaustos y estresados, los auténticos profesionales que se dedican a alcanzar el nivel más alto de su propia genialidad actúan siguiendo sus pulsaciones, trabajando como corredores de velocidad en lugar de hacerlo como corredores de fondo.

La implementación: Una vez terminado el segmento 90/90/1 de la jornada laboral, usa un temporizador para trabajar al máximo durante 60 minutos seguidos, sentado o de pie, en total silencio, sin salir de tu burbuja de concentración total. Entrénate para no moverte, concentrándote al máximo en crear los resultados más extraordinarios que puedas lograr. Después de este *sprint* de productividad de sesenta minutos, recarga durante diez. Algunas ideas para iniciar tu ciclo de recuperación son: ir a dar un paseo rápido al aire libre, leer un libro que avance tus conocimientos sobre liderazgo o vida personal, meditar, visualizar, o escuchar música animada con cascos como hacen muchos atletas de élite ante de salir a la pista, para que la atención de su cerebro se aleje de los comportamientos obsesivos del hemisferio izquierdo y se acerque a la creatividad y el flujo de la sección derecha. Después de diez maravillosos minutos de regeneración, entrégate a tu siguiente segmento de trabajo de sesenta minutos llenos de inspiración, excelencia e ingenio, antes de volver a descansar durante diez minutos.

Táctica número 4:
El concepto de los 5 diarios

El concepto: Ciertos estudios demuestran que los directivos más eficientes alcanzan su máximo de productividad los días en los que, aunque se hayan enfrentado a serios reveses, han centrado activamente toda su disposición mental en el progreso que han conseguido. Al hacerlo, se vacunan contra el autosabotaje de la negatividad del cerebro. Así pues, una de las grandes claves para poder rendir con la excelencia de un genio es entrenar la atención para conseguir ganancias del 1 % continuas y microtriunfos a lo largo de cada hora de la jornada laboral. Los pequeños logros diarios, si se mantienen en el tiempo, consiguen llevarnos a resultados asombrosos. Reflexionando conscientemente sobre las áreas en las que estamos avanzando, protegemos nuestra ambición, conservamos nuestra confianza y vencemos los peligrosos engaños del miedo, hasta lograr proezas extraordinarias.

La implementación: Durante la segunda fase de la Hora de la victoria, haz una lista de cinco objetivos mínimos que desees lograr a lo largo del día para poder sentir que ha sido uno productivo. Esto, como mucho de lo que has aprendido, es también cuestión de práctica: cuanto más lo haces, más fácil es, y más fuerte es tu capacidad de llevarlo a cabo. Es la forma de no abandonar. Después de solo treinta días, habrás conseguido 150 valiosas victorias. Y, después de un año, esta estrategia por sí sola será responsable de un total de 1.825 objetivos de gran valor, lo que garantizará que los siguientes doce meses sean los más productivos que hayas tenido nunca.

Táctica número 5:
El segundo Entrenamiento de Cardio (2EC)

El concepto: Ya conoces los efectos neurobiológicos positivos del ejercicio diario. Mover el cuerpo habitualmente eleva la concentración, acelera la potencia de procesamiento del cerebro, así como su capacidad de aprendizaje, aumenta la energía y el optimismo, ayuda a dormir mejor gracias a una mayor producción de melatonina y fomenta la longevidad mediante la liberación de la hormona del crecimiento (HGH), además de alargar tus telómeros. Estos impiden que se desgasten los extremos de los cromosomas: son como las protecciones de plástico en las puntas de los cordones de los zapatos. La edad acorta los telómeros, razón por la que a veces se los compara con la mecha de una bomba. La cuestión más importante es que está bien documentado que el ejercicio ralentiza dicho acortamiento, lo que nos ayuda a mantenernos sanos más tiempo. También se ha demostrado que hay otros factores que impiden la degeneración de los telómeros, como por ejemplo la meditación, una dieta rica en alimentos integrales, una calidad del sueño adecuada y períodos de ayuno intermitentes (que el Guía llama *El divi-*

dendo 16/8, ya que no se come durante dieciséis horas y después se rompe el ayuno durante un período de ocho horas). Dados los hechos empíricos que sostienen el poder absolutamente transformador del ejercicio, ¿por qué entrenar una sola vez al día? ¿Por qué no usar este régimen para aumentar nuestra vitalidad al máximo, de forma que no solo vivamos más que nuestros homólogos, sino que consigamos tunear el envejecimiento disfrutando de una vida increíblemente feliz y productiva?

La implementación: Para llevar a cabo este 2EC, programa un segundo entrenamiento al final de la jornada laboral con una segunda sesión de cardio para iniciar una gran noche. Vencerás el agotamiento que la mayor parte de la gente siente después del trabajo, recargarás las pilas de tu fuerza de voluntad para mejorar las decisiones de la noche e incluso te darás cuenta de que se reducen significativamente tus antojos nocturnos de azúcar. Una de las mejores actividades que puedes realizar durante este 2EC es un paseo de una hora por la naturaleza. Te permitirá también disfrutar de otro bloque de tiempo sin interrupciones digitales, dándote la oportunidad de pensar con más profundidad y de ser consciente de las ideas valiosas que se te ocurren. También te verás recompensado con los beneficios que caminar en entornos naturales, a la luz del sol y el aire libre, aporta a la disposición mental, emocional, física y espiritual. El naturalista John Muir lo expresó muy bien al decir: «En un paseo al aire libre, se encuentra mucho más de lo que se busca». Otras ideas para el 2EC incluyen: montar en bicicleta de montaña durante sesenta minutos, ir a nadar o asistir a una clase de yoga. Al realizar esta rutina, también quemas más calorías y aceleras el metabolismo basal, lo que reduce la grasa corporal. El 2EC te cambiará la vida.

Táctica número 6:
El Protocolo de los dos Masajes (P2M)

El concepto: Algunos estudios han demostrado que la terapia de masajes es una técnica que genera mejoras significativas en el rendimiento cerebral, el humor, la capacidad de combatir el estrés y en términos de bienestar general. Los beneficios de un masaje incluyen un 31 % de reducción de los niveles de cortisol (la hormona del miedo); un 31 % de aumento de la dopamina (el neurotransmisor de la motivación); un 28 % de elevación de la serotonina (la sustancia neuronal responsable de regular la ansiedad y aumentar la felicidad); reducción de la tensión muscular; alivio del dolor mediante mensajes antiinflamatorios que se envían a las células musculares; y aumento en las señales de las células musculares para que produzcan más mitocondrias. La clave es someterse a un masaje de tejido profundo en vez de a un sencillo masaje relajante. Tiene que doler un poco para funcionar bien. Esta fabulosa práctica reduce también el estrés que degrada los telómeros, lo que mejora la salud y maximiza la esperanza de vida.

La implementación: Para implementar el P2M, incluye dos masajes de noventa minutos en tu agenda semanal. Porque las cosas que programas son las que cumples. Porque los planes vagos llevan a un resultado difuso. Y porque el infierno está empedrado de buenas intenciones. Los virtuosos ponen su visión en movimiento dedicándose a aplicarla. Quizá te excuses diciendo que estás demasiado ocupado y que no te puedes permitir el tiempo de darte dos largos masajes todas y cada una de las semanas. De hecho, dados los maravillosos beneficios probados de este protocolo para la actitud, la mente, la alegría, la salud y la longevidad, la verdad es que lo que no te puedes permitir de ninguna de las maneras es no tener el hábito. Sí, dos masajes de noventa minutos a la semana costarán un montón de dinero. Morirte te va a salir más caro.

**Táctica número 7:
La Universidad del Tráfico**

El concepto: Teniendo en cuenta la esperanza de vida media del ser humano, la gente que ocupa sesenta minutos en ir y volver del trabajo cada día pasa unos mil doscientos días de su vida haciéndolo. Eso son más de tres años pasados entre coches, en un autobús o un tren. Y, con el incremento de los transportes diarios de larga distancia, ese período de tiempo no hace más que aumentar. La mayor parte de los que se encuentran en un atasco se infectan con noticias tóxicas, comediantes superficiales de la radio u otros estímulos negativos que erosionan la productividad y disuelven la paz interior. Los que van al trabajo en tren o autobús, a menudo duermen, sueñan despiertos o juegan con tecnología, en un estado crónico de apatía. Seamos diferentes.

La implementación: Participar en la Universidad del Tráfico consiste en aprovechar el tiempo de cada viaje (ya sea para ir al trabajo, para ir a comprar en el supermercado o para hacer recados) para aprender y mejorar la capacidad profesional y los conocimientos personales. Una idea concreta que puede ayudarte a llevar este objetivo a cabo es escuchar audiolibros y podcasts que te enriquezcan. El hecho es que, incluso una nueva idea aprendida en un libro o en un curso en línea podría convertirse en millones o incluso miles de millones de dólares. O, por qué no, multiplicar tu creatividad, tu productividad, tu vitalidad y tu espiritualidad de forma exponencial. No hay, sencillamente, ninguna otra inversión disponible hoy en día que ofrezca mayores beneficios que la que se hace en la propia formación.

Táctica número 8:
La técnica del equipo ideal

El concepto: Los atletas profesionales reúnen a su alrededor a todo un equipo que los ayude a entrar en el *ranking* de los mejores del mundo. Así quedan libres para dedicar sus cinco activos de genialidad al desarrollo de las habilidades y la experiencia que les permitirán dominar su disciplina. Michael Jordan no era su propio médico deportivo ni Muhammad Ali su propio entrenador de boxeo. Las personas superproductivas delegan y automatizan todas las actividades excepto las que quedan en el ámbito de su especialidad, lo que les permite purificar su concentración y liberar ingentes cantidades de tiempo.

La implementación: Es preciso que delegues las tareas que no solo te hacen perder horas, sino que además te roban la felicidad. En un caso ideal, deberías restructurar toda tu vida para hacer solo las cosas en las que eres el mejor, y que disfrutas haciendo. Con este sistema no solo aumentarás vertiginosamente tu rendimiento al priorizar solo unas pocas cosas, sino que también disfrutarás de mucha más libertad personal y serenidad. Además, dado que contarás en tu equipo ideal con gente que es líder en lo que hace, entrar en la élite será más rápido porque tendrás a personas estupendas a tu lado. Algunos miembros más concretos de tu equipo ideal podrían ser: un entrenador personal con el que trabajar habitualmente, un nutricionista, un masajista, un asesor financiero que fortalezca tu fortuna, un consejero de relaciones que te ayude a enriquecer tus vínculos con las personas importantes de tu vida y un consejero espiritual que te ayude a no perder el norte recordándote las leyes eternas que rigen una vida bien vivida.

Táctica número 9:
Sistema de Diseño Semanal (SDS)

El concepto: Ahora sabemos que las cosas que incluimos en la agenda son las cosas que nos empeñamos en hacer. Diseñar una semana sin un plan de juego desgranado para los siete días que tenemos ante nosotros es como intentar hacer cumbre en el Mont Blanc sin una estrategia de escalada o adentrarnos en la selva sin brújula. Sí, poder improvisar y dejar espacio para los milagros inesperados son dos cosas muy importantes. Sin embargo, eso no quiere decir que no debamos mostrar responsabilidad personal y madurez humana habituándonos a la práctica de estructurar un guion semanal serio y claro, que amplifique nuestra energía, organice nuestras opciones y garantice el equilibrio.

La implementación: Establece y adapta un ritual de treinta minutos cada domingo por la mañana, bien temprano, para crear tu «Plan de acción para una semana perfecta». Comienza escribiendo en tu diario personal una historia que incluya los puntos más destacados de los siete días que acabas de vivir. Luego anota todas las lecciones que hayas aprendido y lo que consideres que debes mejorar durante la siguiente semana. A continuación, usa una hoja de papel grande para hacer un desglose del horario de cada día (desde las 5:00 a las 23:00) y anotar todos tus compromisos. Lo más importante en este punto es que incluyas en la lista otros eventos, además de las reuniones y los proyectos de trabajo. Reserva períodos claramente definidos para la Hora de la victoria, la *Regla 90/90/1*, el *Método 60/10* y los segundos entrenamientos de cardio, así como tiempo para tus seres queridos, tus aficiones y los posibles recados. Si sigues este proceso todas las semanas, podrás concentrarte de un modo extraordinario en todos tus días, conseguirás un ritmo maravilloso, mejorarás tu productividad y el equilibrio de tu vida claramente.

Táctica número 10:
60 minutos como estudiante

El concepto: Cuanto más sabemos, mejor trabajamos. Los líderes de élite tienen una curiosidad sin límites y un apetito voraz por crecer y convertirse en la mejor versión de sí mismos. La formación es una auténtica vacuna contra la desorganización. La gente más productiva aprende durante toda la vida. Seamos de los escogidos que reivindican su heroísmo, cultivan su profesión y materializan su ingenio volviendo a ser estudiantes de primera.

La implementación: Estudia durante al menos sesenta minutos al día. Haz lo que haga falta para blindar tu compromiso con tu crecimiento incesante. Aprender todos los días aumentará tu perspicacia, profundizará tu sabiduría y encenderá la hoguera de tu grandeza. Te convertirás en un gran pensador y en estrella absoluta de tu campo. Las tácticas específicas para estos sesenta minutos incluyen: leer todos los grandes libros que caigan en tus manos, revisar las notas de tu diario, trabajar a través de algún programa en línea, hablar con un mentor y ver vídeos de desarrollo de habilidades. A medida que capitalices tus mayores dones y fuerzas, te convertirás no solo en alguien mejor, sino también en alguien más imprescindible. Serás tan extraordinario en lo que haces que tu empresa y tu mercado no podrán funcionar sin ti. Te convertirás en un líder excepcionalmente valioso de tu sector. Serás capaz de ofrecer notables flujos de valor a tus compañeros de equipo, clientes y comunidades en las que tienes la suerte de participar. Los resultados serán generosas recompensas que volverán a ti en forma de ingresos, prestigio y la alegría que proporciona ser una persona noble, que hace un trabajo de primera y cumple un alto propósito.

—¡Tengo otro regalo para vosotros antes de que os vayáis a vuestra boda! —exclamó el millonario—: Es un poema que memoricé para mi Vanessa —anunció mientras sostenía con fuerza el retrato de su esposa en la mano—. Cada San Valentín tenía la costumbre de regalarle ciento ocho rosas rojas, unos bombones exquisitos y otra cosa, durante una cena en nuestro restaurante favorito. Después, con una rodilla hincada en el suelo, le recitaba el poema.

—¿Qué era esa «otra cosa»? —preguntó el artista.

El millonario pareció un poco avergonzado.

—Lencería —fue su respuesta, a la que unió un guiño.

Entonces se subió a la amplia mesa de roble que había en el comedor de la gigantesca *suite*. Como un niño jugando al escondite, se tapó cada ojo con una mano, y recitó un viejo poema de Spencer Michael Free con pasión atronadora:

*Es el contacto humano lo que cuenta,
el de tu mano con la mía,
más importante para el débil corazón
que un refugio, vino o comida.
Pues el refugio desaparece con el sol,
y la comida dura un solo día.
Pero el contacto de una mano y el sonido de una voz
resuenan siempre en esta alma mía.*

—Es precioso —dijo el artista visiblemente conmovido.

Estaba cada vez más claro para el señor Riley que, aunque aquel bohemio pintor era tosco, tenía un corazón de oro. Y, aunque pudiese parecer a un observador poco informado que el artista era el más pasivo de aquella pareja, no era, en absoluto, cierto. La realidad era que la profundidad de su gran amor por la emprendedora era superior a las necesidades inmaduras de su ego. No se debía confundir su bondad con debilidad. El artista era un hombre fuerte.

—Yo también he escrito un poema —añadió el artista—. Es para ti, mi amor.

—Léemelo —dijo la emprendedora con un tono coqueto mientras le colocaba el cuello de la camisa.

—Bueno —dijo el artista tragando saliva—. Se llama «Que nunca nos digamos adiós». Y dice así:

QUE NUNCA NOS DIGAMOS ADIÓS

*Un encuentro fortuito y aquella primera mirada,
tu belleza me conmovió
y tu fuerza fue mi calma.
Las inesperadas oportunidades de la vida
enviadas por una inteligencia omnisciente*

nos pidieron participar. Correr un riesgo.
Solo los que osan ganan.
Solo los que osan enfrentarse al rechazo encuentran
la salvación.
Solo los que osan reclamar su poder experimentarán
la resurrección.

Yo no conocía el amor verdadero.
Yo no creía en los arcoíris.
En paseos románticos de la mano al amanecer.
Nunca imaginé que aquel primer beso nos llevaría a esto.

Cuando caigas, seré tu apoyo.
Si te asustas, seré tu sostén.
Cuando dudes, estaré a tu lado.
Cuando triunfes, brindaré por ti.
Y, si te planteas abandonar, no te lo permitiré.

Pienso en ti todo el tiempo.
Te siento dentro de mí.
No estoy seguro de merecerte.
Pero mi sueño es ahora envejecer contigo.
Que nunca nos digamos adiós.

El artista se arrodilló y besó la mano de su futura esposa. Ella se ruborizó profundamente conmovida. Entonces se oyó un fuerte llanto.

Los dos discípulos ofrecieron a su mentor un pañuelo para que pudiera secarse las lágrimas.

16

El Club de las cinco de la mañana adopta el modelo de los Ciclos gemelos

> Con libertad, libros, flores y la luna, ¿quién podría no ser feliz?
>
> OSCAR WILDE

El millonario estaba sentado en la terraza de la casa privada que había alquilado en una finca vinícola de Franschhoek, en Sudáfrica. Mientras escribía su diario, reflexionaba sobre la felicidad, la exuberancia extraordinaria y la imponente belleza de la boda entre la emprendedora y el artista en São Paulo. No había duda. Estaban hechos el uno para el otro.

«El universo funciona de formas interesantes e inteligentes», pensó. «Y, si hay una pareja que puede durar, es esta».

Mientras el magnate escribía notas en su diario, los pájaros cantaban canciones y obreros uniformados de azul labraban la tierra del viñedo, mientras hablaban con ese marcado acento sudafricano. Las viñas enmarañadas y cuidadosamente alineadas traslucían una magia que solo la naturaleza puede ofrecer, mientras una mística nube de bruma avanzaba despacio desde el valle de Franschhoek hacia las montañas de alrededor.

Un poco antes, a las 5 de la mañana, el millonario había llevado a la emprendedora y el artista a una excursión en bicicleta de montaña que había empezado en la finca y serpenteado por la carretera Daniel Hugo hasta llegar al pueblo, pasando por establos desvencijados, perros perezosos que se movían lentamente, como caracoles medicados con Prozac, y rosales que se habían enredado en las vallas blancas que flanqueaban el tosco camino de tierra. El sitio que el millonario había seleccionado para escenificar su penúltima sesión era casi perfecto.

La lección que les había presentado mientras montaban en bicicleta se había centrado en la importancia vital de equilibrar un rendimiento de élite y una profunda renovación para conseguir siempre los mejores resultados. El magnate explicó a sus discípulos la importancia de combinar el tiempo dedicado a perseguir el éxito de máximo nivel con momentos en la naturaleza alejados del mundanal ruido para recuperarse: una simetría necesaria para garantizar una fuerte armonía entre triunfar en el trabajo y tener una vida plena. Para asegurarse de que conservarían durante mucho tiempo sus activos de genialidad, les explicó también que producir en grandes cantidades como parte de la sociedad sin prestar atención al corazón, a sentir auténtica alegría y paz interior, no era muy distinto de ser un hámster corriendo en la rueda de su jaula: aunque cree que avanza, siempre está encerrado.

Con los rayos de la mañana fundiéndose en el vergel que los rodeaba, el millonario daba pedales a su reluciente bicicleta roja, hablando emocionado y riendo festivo, optimista, con sinceras carcajadas. La clase de risa que ansiamos que llene nuestras vidas. También seguía tosiendo mucho. Una vez incluso escupió un poco de sangre. No obstante, como parecía vital e inusualmente sano, la emprendedora y el artista siguieron preocupándose poco por la salud de su generoso mentor. Quizá fue un error. Pero los recién casados disfrutaban tanto del momento que no pasaban demasiado tiempo prestando atención a lo que sucedía en realidad. Más tarde, recordando el pasado, desearon haberlo hecho.

Los tres compañeros se tomaron un descanso de la bicicleta y Stone Riley presentó a la pareja otro modelo de aprendizaje, que sacó de una mochila azul. Tenía este aspecto:

LOS CICLOS GEMELOS DEL RENDIMIENTO DE ÉLITE

PROTECCIÓN DE LOS 5 ACTIVOS DE GENIALIDAD

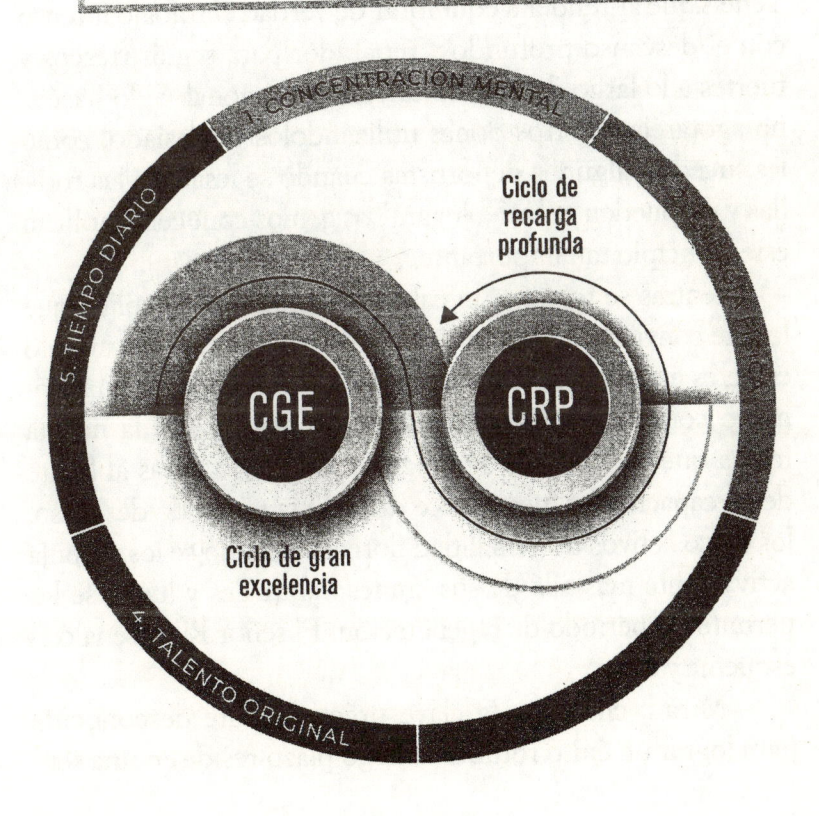

1. CONCENTRACIÓN MENTAL
5. TIEMPO DIARIO
4. TALENTO ORIGINAL

Ciclo de recarga profunda

CGE   CRP

Ciclo de gran excelencia

El millonario les enseñó que «la producción creativa de una excelencia extrema sin programar la protección de los activos humanos lleva a una reducción perceptible del rendimiento». Lo que el magnate quería decir era lo siguiente: *llegar a ser legendario en un sector es una cuestión de perseverancia.* De asegurarse de estar entre los mejores no solo durante un mes, ni siquiera durante todo un año. El verdadero deporte de los líderes del comercio, los grandes maestros del arte, los visionarios de la ciencia, los héroes de las humanidades y los gigantes del deporte es mantenerse en la cima durante toda la vida.

—El tiempo es realmente clave para ser parte de la élite —insistió—. Esta es una de las principales claves para llegar a ser una figura icónica —dijo a sus dos atentos estudiantes—. Tenéis que aprender a equilibrar de verdad el trabajo intenso con el descanso profundo y reparador para seguir frescos y fuertes a lo largo de vuestra carrera profesional. Si lo hacéis, no agotaréis vuestros dones utilizándolos demasiado, como les sucede a algunos deportistas cuando se lesionan las rodillas y no pueden volver a jugar. Los genios conocen y aplican este principio tan importante.

Mientras se tomaba un café solo con azúcar, explicó que lo que convierte a los grandes hombres y mujeres del mundo en seres excepcionales es, en parte, su aplicación de un fenómeno conocido como «supercompensación». De la misma forma que un músculo se desgarra cuando lo llevas al límite de su capacidad y luego crece durante la pausa de descanso, los cinco activos de genialidad florecen cuando se los empuja activamente más allá de sus límites habituales y luego se les permite un período de regeneración. El señor Riley señaló el esquema y dijo:

—Mirad, chavales, la clave prácticamente desconocida para lograr un éxito rotundo a largo plazo reside en una sencilla palabra: «fluctuación». Aunque la mencioné ya en São Paulo, ahora estáis listos para profundizar.

—Sí que lo estamos —declaró la emprendedora.

—Escuchad esto —dijo el millonario—: cuando los científicos estudiaron a los excepcionales levantadores de pesas rusos, descubrieron que el secreto tras su invencibilidad era su ratio de trabajo y descanso.

—¿Qué significa eso? —preguntó el artista mientras todos los compañeros empujaban sus bicicletas por un sendero que discurría por las lindes del fabuloso viñedo.

—El crecimiento se produce durante el descanso —contestó el millonario sencillamente—. No tiene sentido, ¿verdad? —continuó—. De hecho, esta regla de la productividad es una de las verdades más fundamentales y, sin embargo, más paradójicas que el Guía me reveló cuando construía mis imperios mundiales. El sentido común nos dice que para hacer más cosas tenemos que invertir más horas. Para conseguir más, tenemos que hacer más. Pero la ciencia ha confirmado sin reservas que ese enfoque lineal, «trabaja más para obtener mejores resultados», es un grave error. No es sostenible. Solo nos lleva a quemarnos. A la extenuación. A la pérdida de inspiración y a la reducción de la llama personal para liderar nuestro sector y mejorar el mundo. Esa forma anticuada de funcionar produce también el agotamiento visceral de todo recurso humano que, si se aplica con inteligencia, puede convertiros en maestros de vuestro campo.

—Lo que nos está contando me recuerda al *Método 60/10* —apuntó el artista. Vestía el equipo de ciclista que el millonario le había regalado. Y, dada su práctica diaria de la *Fórmula 20/20/20* como miembro profesional del Club de las 5 de la mañana, parecía mucho más en forma, centrado, con más energía y asertividad que cuando había ido a la conferencia del Guía. Su transformación, en muy poco tiempo, había sido extraordinaria.

—Excelente puntualización --aplaudió el millonario—. Y tienes razón. No obstante, el modelo de aprendizaje que estoy a punto de mostraros es mucho más que eso. Hoy recibiréis conocimientos avanzados sobre cómo alternar períodos de trabajo y descanso para generar una productividad exponencial. También aprenderéis cómo divertiros de lo lindo haciéndolo. Esta mañana descubriréis cómo trabajar menos y materializar más mediante lo que los deportistas profesionales llaman «periodización». Cuando terminemos, tendréis algo más que una comprensión superficial de lo que supone triunfar en vuestro ámbito a la vez que vivís una buena vida hasta el final de vuestros días.

El millonario señaló la parte del esquema titulada «Protección de los cinco activos de genialidad».

—Como habéis aprendido, cada mañana os despertáis con las pilas cargadas de poder creativo. Cada amanecer os abrís a un pozo lleno de cinco tesoros privados que, si administráis bien, os permitirán superar vuestras excusas y evitar el doble filo de vuestros límites del pasado, hasta que el gran héroe que lleváis en el espíritu vea la luz del día. Y os permita convertiros en todo lo que estáis destinados a ser como realizadores de trabajo espectacular, líderes sin cargo y seres humanos dedicados a vivir asombrados por las gracias más maravillosas de la vida.

—¡Me apunto! —exclamó el artista.

—Y, como ya sabéis, los *5 activos de genialidad* —continuó el señor Riley mirando el diagrama— son la concentración mental, la energía física, la fuerza de voluntad personal, el talento original y el tiempo diario del que disponéis. Lo repito para que lo recordéis: estos activos están al máximo a primera hora de la mañana. Esa es la razón por la que tenéis que empezar el día bien y realizar las actividades más importantes durante las mejores horas en vez de perder esa valiosa oportunidad tonteando con tecnología, viendo las noticias o durmiendo de más.

—Entendido —confirmó la emprendedora, tomando notas como loca en el diario de cuero que le había regalado el millonario en Roma.

El colorido pañuelo de estampado elegante que lucía esa mañana otorgaba a su cola de caballo un aspecto espectacular.

—Y el punto fundamental de la lección de hoy es este. —El millonario señaló el centro del modelo—: el alto rendimiento, en realidad, no es un juego lineal. Los logros de élite se parecen mucho más a una serie de pulsaciones, un latido, un ritmo. Si queréis destacar como grandes maestros durante décadas para acabar dominando de verdad vuestro sector durante toda una carrera y llevar una vida que os guste hasta ser ancianos, tenéis que alternar Ciclos de Gran Excelencia (es decir, períodos de resultados intensos y fantásticos) con momentos de recuperación significativa (los llamados Ciclos de Recarga Profunda). Aprended bien esto —exhortó el millonario dando golpecitos con el índice en el modelo impreso.

—Solo para tenerlo bien claro —dijo el artista inhalando el aire fresco—, ¿CGE es el Ciclo de Gran Excelencia y CRP el Ciclo de Recarga Profunda?

—Eso es —contestó el magnate, vestido con una camiseta negra con letras blancas que decían: «Sí, tengo una relación... conmigo mismo». Ese hombre era de una rareza magnífica—. Así que vuestro principal movimiento, si queréis una victoria duradera, tanto a nivel profesional como personal, será la fluctuación —continuó—. Alternar ciclos de trabajo apasionado, de concentración monomaniaca y potente, al más alto nivel, con bloques de tiempo reservados para recargar, relajarse, recuperarse y divertirse. Es, en realidad, como el latido del corazón, como un pulso.

—Me encanta este concepto que nos está enseñando —señaló la emprendedora—. Será otro impulsor de mi vida laboral y mi mundo privado.

—Seguro —estuvo de acuerdo el millonario—. El crecimiento se da en la fase de descanso. Sé que parece contradictorio. Nos han programado para pensar que, si no estamos creando y produciendo, estamos perdiendo el tiempo. Nos sentimos culpables si no estamos haciendo algo. Pero mirad...

El barón abrió la cremallera de su riñonera, sacó dos medallas que parecían hechas de oro y se las puso alrededor del cuello a la emprendedora y al artista, como si fuesen ambos campeones celebrados. Las medallas tenían el siguiente grabado:

LA ECUACIÓN DEL RENDIMIENTO DE ÉLITE:
PRESIÓN × RECARGA = CRECIMIENTO
+ RESISTENCIA

—La gran tenista Billie Jean King dijo que la presión es un privilegio —recordó el millonario a sus dos discípulos—. En realidad, la presión y el estrés no son malos.

—¿En serio? —preguntó la emprendedora.

—En serio. Lo cierto es que son absolutamente necesarios para ampliar nuestras capacidades.

»Tenéis que exprimir al máximo vuestros talentos —continuó el millonario—. Aun cuando no tengáis ganas. Más allá de vuestra zona de confort. Solo así crecerán. Recordadlo siempre: *El momento en que menos os apetece hacer algo es el mejor momento para hacerlo.* Y parte de la razón de esto, como ya sabéis también, es que, cuando expandís vuestro músculo de la fuerza de voluntad en un área importante, vuestra autodisciplina en todas las demás áreas aumenta. El quid de la cuestión que intento transmitiros es que la presión y el estrés son un regalo maravilloso del que sacan partido los jugadores excelentes. Nuestros dones no aumentan si nos mantenemos en nuestro círculo de seguridad. En absoluto. Retad vuestra capacidad y extendedla más allá de lo normal. Los músculos se expanden solo cuando los hacemos superar nuestros límites habituales. Y luego necesitan algo de tiempo para recuperarse.

El millonario observó el viñedo. Luego añadió:

—Me acuerdo de haber tenido una conversación fascinante con un deportista profesional que vino a una de mis cenas benéficas. ¿Sabéis que me dijo?

—¿Qué? —preguntó el artista.

—«Descanso para permitir que todo mi entrenamiento haga efecto» —aclaró el millonario—. Una forma profunda de ver las cosas. Trabajar sin descanso agota la grandeza.

—Mmm... —murmuró la emprendedora, empujando su bicicleta hasta un tronco y recostándola sobre él.

—Si queréis tener unos abdominales más desarrollados, debéis ejercitarlos más allá de vuestros límites —dijo el millonario—. Si ya hacéis cien abdominales, haced doscientas. Si ya hacéis doscientas al día, subid hasta trescientas. Eso provoca que el músculo se rasgue. Los fisiólogos del ejercicio llaman a este fenómeno «microrrotura». Pero, si queréis que el músculo crezca, no podéis seguir haciendo ejercicio sin parar o tendréis una lesión. Tenéis que dejar descansar el músculo durante uno o dos días.

—Y es en ese ciclo de recuperación cuando realmente crece —interrumpió el artista, interiorizando el principio que estaban aprendiendo.

—¡Exacto! —se entusiasmó el millonario—. El crecimiento sucede en la fase de descanso, no en la de uso. ¿Recordáis que, durante nuestro trabajo juntos en la playa de Mauricio, os dije que me crie en una granja, mucho antes de mudarme a Malibú?

—Creo que sí —dijo la emprendedora—. Mauricio suena a otra vida.

—Bueno, hay una metáfora que aprendí en la granja y que os puede ayudar a entender los *Ciclos gemelos del rendimiento de élite*. Si charláis con cualquier agricultor, os hablará del período improductivo. Primero hay una fase intensa en la que se labra la tierra, se siembra y se hace el trabajo más duro. Luego hay una temporada de reposo. Parece que no pasa nada: una pérdida de tiempo. Pero esto es lo bueno: es durante ese período improductivo cuando la cosecha realmente brota. Todo lo que produce la tierra durante el otoño es solo la parte visible del resultado.

El millonario dio otro sorbo a su café. El vaso en que llevaba el café de Java decía: «Sueña grandes cosas. Empieza por las pequeñas. Comienza ahora».

Una mariposa amarilla de delicadas alas, en las que se dibujaban unas venitas sanguíneas, pasó aleteando. Tres águilas proclamaban su autoridad desde lo alto.

—Madre mía, cómo me gustan las mariposas —dijo el millonario. Y los arcoíris, las estrellas fugaces, las lunas llenas y las buenas puestas de sol. ¿Para qué vivir si no se vive a tope?

»Yo era como un robot cuando tenía veinte años —confesó—. Me tomaba demasiado en serio. No tenía un segundo que perder. Tenía algo que hacer a todas horas. Durante cada viaje en coche oía un audiolibro. Cada vuelo tenía que ser productivo. Y la cosa es que... —se le quebró la voz y su mirada se veía solitaria, triste y perdida—. Estaba agotado la mayor parte del tiempo. El Guía me salvó la vida. En serio. Y el modelo que os estoy enseñando esta mañana me ayudó mucho.

El millonario respiró hondo y continuó:

—Mis activos de genialidad acabaron por deteriorarse con el tiempo. Me fallaban la creatividad y la eficiencia. Desde entonces, me he dado cuenta de que mi grupo de empresas me paga por pensar. Por tener visiones e ideas para nuevos productos e innovaciones que descoloquen el mercado y añadan valor a nuestros clientes de todo el mundo. Pero entonces no lo entendía. El Guía me ayudó sobremanera. Me enseñó los *Ciclos gemelos del rendimiento de élite* durante nuestra primera sesión de formación. E insistió sin descanso en que los aplicase de inmediato y sin interrupción. Ay, chavales, ¡no sabéis cómo discutimos sobre esto! Iba totalmente en contra de mi naturaleza relajarme, respirar y descansar. Ahora entiendo muy bien que es precisamente el descanso lo que permite que se desarrolle nuestra grandeza inherente.

La emprendedora asintió para indicar que comprendía sus palabras:

—Si no estoy trabajando, me siento superculpable. Como si estuviese haciendo algo malo.

—Cuidarse es fundamental para quererse —remarcó el millonario—. Todo lo que digo es que ahora entiendo que el equilibrio tiene una importancia crucial para rendir al mejor nivel. Trabajar día y noche no me hacía en absoluto más eficiente. Solo conseguía cansarme más. Y me ponía de mal humor. Así que ahora reservo tiempo para descansar, comer, andar en bicicleta, leer libros que siempre he querido leer, disfrutar de una copa de excelente vino como el Pinotage que me tomé anoche ante la chimenea en la casa que tengo aquí en el valle. Aunque parezca contradictorio, practicando esta clase de recuperación, mi creatividad se ha multiplicado, mi productividad se ha disparado y mis resultados han aumentado exponencialmente. Así es: *trabajo menos, me divierto más y, aun así, consigo hacer muchísimas más cosas.*

El señor Riley sacó de la mochila azul un retal blanco que parecía parte de la vela de una goleta. Lo extraordinario era que había en él un dibujo de Albert Einstein en velero. Si hubierais estado en aquel viñedo, esto es lo que habríais visto:

El magnate continuó su discurso en medio de las viñas:

—Sí, chavales, que os divirtáis es esencial para liderar vuestro sector, mejorar vuestra vida e inspirar al mundo. Todos los creativos excepcionales y las figuras icónicas de la historia de la productividad tenían una cosa en común, ¿sabéis?

—Díganos cuál —demandó la emprendedor.

Su nueva alianza de boda relucía en el sol de la mañana.

El millonario se lanzó a hacer el pino y se dio rápidos golpes en el pecho con un puño mientras susurraba para sí:

Este día no tiene precio. Ni todas las riquezas del mundo podría devolvérmelo. Por tanto, lo aprovecho y lo saboreo.

En este día, lleno mi mente con grandes sueños que no dejen espacio a la más nimia duda. Sustituyo la psicología del «no puedo» por la mentalidad del «sí puedo». Recuerdo que mi mayor crecimiento supone pasar por entre los agudos dientes de mis límites.

En este día, recordaré que, hasta que mi misión no sea mi obsesión, mis dones no se convertirán en mi gloria. Hasta que mi hambre de ser útil no trascienda las inseguridades de mi ser, me perderé la gran oportunidad de que estas preciosas horas sean el vehículo de mi bondad.

En este día, reafirmo mi devoción para evitar una nobleza fingida, siendo siempre sincero, humilde, con los pies bien plantados en esta tierra sagrada. Si detractores y agentes malignos me apedrean, contestaré con amabilidad y amor a su mal comportamiento, aunque no lo merezcan. Si los críticos se burlan de mí, como siempre han hecho desde que era niño, usaré las piedras que me tiren para construir un monumento en honor a la destreza. Y, si alguien me llama raro, sonreiré con la sabiduría flagrante bien enraizada en mi corazón de que solo los inadaptados y los excéntricos pueden cambiar el mundo. Ser diferente mola. Y la excentricidad está de moda.

Ver a Stone Riley haciendo el pino, golpeándose el pecho como si quisiera reactivar su corazón y recitando esas palabras era una escena sensacional.

—Las palabras tienen el poder de crear —dijo mientras volvía a poner los pies en el suelo e inhalaba una gran bocanada de aire fresco del Franschhoek—. Pronunciad las palabras del heroísmo desencadenado. Recitad el sermón de un apasionado facilitador. Usad el idioma de la esperanza, la morfología del poder y la sintaxis del liderazgo, y quitad el freno al amor. Gestiono mis palabras con cuidado, todas las mañanas.

El millonario contempló las viñas.

—En fin, chavales —añadió—, a todos los grandes genios les gustaba jugar. Entendían que divertirse es una potente forma de recuperación. Todos ellos tenían actividades de ocio que les recargaban las pilas. Einstein navegaba; Aristóteles y Charles Dickens daban largos paseos a diario; la superestrella de Hollywood Meryl Streep hacía punto; Steve Wozniak jugaba al polo; Bill Gates es un maestro del *bridge* y no era raro ver a Serguéi Brin subido a un trapecio. Pasar tiempo lejos del trabajo no es perderlo —insistió el magnate—. Es fundamental. Os da espacio para incubar las ideas que os harán ganar una fortuna. Así que trabajad menos para hacer más. Esto es más o menos lo que dicen los *Ciclos gemelos del rendimiento de élite*.

—Ahora entiendo aún mejor el valor del *Método 60/10* —contribuyó el artista—. Imagino que también significa que está bien tomarse unos días libres a la semana.

—No solo está bien: es necesario para conservar los *5 activos de genialidad*, esos que los mejores aprovechan para hacer del prestigio en su sector una realidad y que su trabajo resista el paso del tiempo. Para ser específico y táctico: *tomaos al menos dos días libres completos cada semana*. Sin tecnología. El Guía los llama «días libres de tecnología». Y, al cabo de cada trimestre, incluso más tiempo. Durante décadas, me he tomado junio, julio y agosto de vacaciones. Navego, monto en bicicleta, duermo, leo, nado, me relajo con amigos, paso buenos ratos con mi hija y experimento la vida a tope. Chavales, quizá no podáis tomaros tanto tiempo libre. Pero no tengo que deciros que durante esos ciclos de renovación es cuando mejor pienso y planifico y tengo mis mejores ideas. Siempre vuelvo a la oficina mil veces más inspirado, vivo y activo.

Pasó volando otra mariposa. El viñedo parecía susurrar los milagros que estaban por venir. Aunque el sol estaba ahora en toda su gloria, un pálido reflejo de la luna rivalizaba por la atención en el amplio cielo africano. Era imponente.

La emprendedora le dio la mano a su marido.

—Esto es mágico —murmuró.

—¿Sabéis, muchachos? —dijo el señor Riley mientras recogía su bicicleta y comenzaba a avanzar por un camino secreto que parecía haber descubierto—. El paraíso terrenal no es algo místico, un lugar espiritual al que aspirar. No es un reino reservado a los santos, los sabios y las sibilas. En absoluto. Y, chavales..., aunque durante todos estos años he gozado de una vida intensa y llena de emociones, he descubierto que el paraíso terrenal es un estado que cualquiera puede alcanzar.

El millonario estaba ahora volviéndose más filosófico sobre esta lección en particular de los límites entre el trabajo y la vida para conseguir un rendimiento de élite sostenible, y una existencia más feliz. Porque triunfar en los negocios sin un corazón alegre es una oportunidad perdida.

—Siento que soy muy, pero que muy afortunado en la vida —afirmó Stone Riley—. Se podría decir que prácticamente vivo rodeado de magia.

—¿De magia? —vaciló el artista, tirándose de dos rastas y desatándose las zapatillas de ciclista.

—De magia —confirmó el millonario con un aspecto relajado y reflexivo, juguetón y espiritual—. He aprendido que tener éxito sin sentimientos es la mayor de las derrotas.

La emprendedora y el artista se sentaron uno junto al otro en la tierra del viñedo.

El millonario siguió hablando:

—Aunque siempre he deseado hacer que mis empresas crezcan y que mis intereses comerciales se amplíen, en su mayor parte para ver lo lejos que podían llegar y ayudar a mi trabajo filantrópico, me he dedicado en igual medida a saborear la magia de una vida extraordinariamente bien vivida. Ganar sin divertirse es inútil.

—No sé si acabo de entenderlo —dijo la emprendedora mientras pasaba un camión con un grupo de obreros.

—¡Es una gran mañana! —gritó uno.

—Me encanta mi trabajo. Y me satisfacen mucho todas mis casas, mis posesiones y mis juguetes, pero no necesito ni siquiera una de todas estas cosas. Tengo mis objetos y mi reputación como hombre de negocios. Sin embargo, no me identifico con ellos. No estoy apegado a nada de eso. A medida que me hago viejo, sigo amando los placeres del mundo, pero no los necesito para tener paz y felicidad. A estas alturas, lo veo todo como un gran juego, una especie de deporte.

»Poseo las cosas, pero ellas no me poseen a mí —continuó el barón—. Y, aunque juego en el mundo, también adoro la libertad, no solo metafórica sino literal, como aquí, experimentando las maravillas naturales de este valle de Franschhoek. También esto es una forma de vivir el modelo de los *Ciclos gemelos*. Me tomo el tiempo de disfrutar la vida al completo.

»La magia —repitió el millonario mientras el canto de los pájaros aumentaba de volumen y el aleteo de incluso más mariposas se unía al sonido de la conversación—. Madre mía, ¡pero qué hermosa es la vida! No os perdáis todo lo maravilloso e increíble que tiene. Está ahí para vosotros, sin importar por lo que estéis pasando. Mirad, todos vivimos tiempo prestado y la vida pasa en un suspiro. Chavales, antes de que os deis cuenta seréis viejos y estaréis rodeados de un centenar de nietos —dijo con una risita—. Sea como fuere —susurró—, Utopía, Sangrilá, el Nirvana y el paraíso terrenal son solo nombres para un estado del ser, no un lugar al que ir. Entraréis en la magia de la vida y comenzaréis a experimentar la felicidad cada día cuando reclaméis el poder inherente que habita en vuestro interior. Y cuando dejéis de posponer la gratitud incluso por la menor de las bendiciones del día, os convertiréis en imanes de milagros cuando empecéis a ser una especie de magos.

«El millonario se está adentrando en un territorio místico y lejano», pensó la emprendedora.

—El paraíso terrenal —recitó el magnate—. Mi vida es por lo general una corriente constante de belleza, ¿sabéis? Y he descubierto que eso tiene poco que ver con tener mucho dinero. Está más relacionado con encontrar la realización en las cosas más pequeñas. La forma en que el fuego me calentó y me inspiró anoche, por ejemplo. Tiene que ver con pasar mucho tiempo al aire libre, sea entre viñas como estas —afirmó señalando con el índice los viñedos que cubrían el valle—, o paseando por el bosque, o haciendo senderismo, o pasando tiempo junto al mar, o recorriendo las dunas de un árido desierto. Tiene que ver con reconectar con el asombro, las maravillas y la majestuosidad que cada vida humana tiene a su disposición, visitando galerías de arte con frecuencia y dejando que la energía y el ingenio de los creadores infundan nuestras disposiciones: la mental, la emocional, la física y la espiritual. Tiene que ver con comer alimentos frescos preparados de forma sencilla, con gente interesante, real, atenta, creativa y compasiva, que nos hace sentir bien. Entrar en la magia tiene también mucho que ver con despedirse del pasado, abrazar el presente y volver a la imaginación, la inocencia, la exuberancia y la ternura que eran nuestra naturaleza cuando éramos niños. Los adultos son niños deteriorados. El paraíso terrenal surge de forma natural en el corazón cuando tenemos la inteligencia y el coraje de comenzar a abrirnos de nuevo. Como cuando éramos pequeños.

—Picasso dijo una vez: «Desde niño pintaba como Rafael, pero me llevó toda una vida aprender a pintar como un niño» —dijo el artista con énfasis—. Estoy de acuerdo en que volver a ser más inocente trae la magia de vuelta a nuestras vidas.

Stone Riley se detuvo. Dejó la bicicleta e indicó a los dos discípulos que le siguiesen hasta una zona del viñedo que tenía una señal de metal negro con el rótulo «Chenin Blanc» en vistosas letras amarillas. Se puso de rodillas.

La emprendedora y el artista lo observaron dibujar un modelo de aprendizaje en el suelo rico en minerales del terreno. Era exactamente así:

LA FELICIDAD COMO GPS

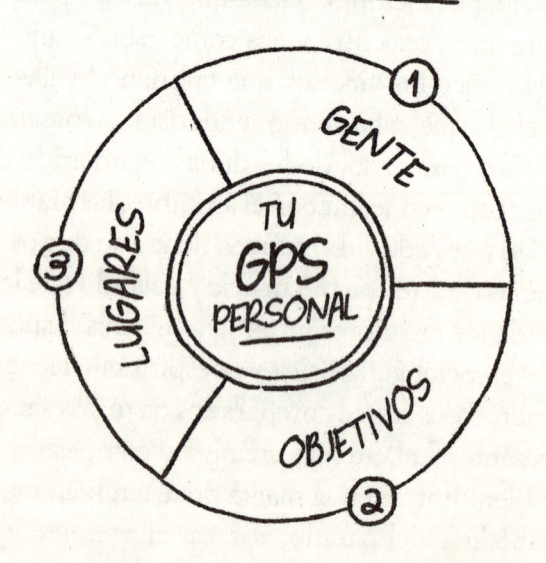

TU GPS PERSONAL

① GENTE
② OBJETIVOS
③ LUGARES

—La magia... —susurró pensativo el millonario irguiéndose como un soldado. Tenía los ojos cerrados. La densa cabellera le revoloteaba en la brisa ligera. Cuando se llevó una mano al corazón, aparecieron más palomas.

—Me encanta la brisa de estos días. Solo la apreciamos cuando nos falta. Como digo, la vida tiene un gran encanto, y nos lo pone justo delante de nosotros, está disponible para todo el mundo. Todos podemos formar parte de esta magia, pero para experimentar esta realidad superior de la que hablo, para encontrarla de verdad, tendréis que darle mucho al mundo. Tendréis que jugar en sociedad y triunfar en el juego que vende, pero también desconectar a menudo de él para que nunca os posea. Porque el deporte que practica la mayoría es solo una ilusión, una especie de sonambulismo, al que demasiadas buenas personas entregan las mejores mañanas de sus días más hermosos al poner el dinero por encima del sentido de la vida, los beneficios por encima de la gente, la popularidad por encima de la integridad, el trabajo por encima de la familia y los grandes logros por encima de los pequeños milagros que nos brinda el presente.

El millonario seguía con los ojos cerrados. Levantó ambas manos hacia el cielo como le gustaba hacer.

—Entraréis en la magia si usáis la felicidad como GPS —reveló dirigiéndose directamente al diagrama que había dibujado en el suelo—. Para gozar de una felicidad cada vez mayor, confiad en lo que os hace felices. Vuestro corazón sabe dónde necesitáis estar, es mucho más sabio que vuestra mente. El instinto sabe mucho más que el intelecto y la intuición es más lista que la razón, eso es seguro. Nuestra inteligencia se conforma con lo que quienes nos rodean nos han enseñado. Es limitada. Se confina a la lógica, y a lo que se ha hecho antes. Vuestro yo soberano es más sabio. Funciona sobre la posibilidad, no sobre la practicidad. Es visionario. Es ilimitado.

—No estoy segura de estar entendiéndole —dudó la empresaria.

—Seguid vuestra felicidad —instruyó el señor Riley—. Rodearos solo de gente que alimente vuestro regocijo; haced solo actividades que alimenten vuestro disfrute; id solo a los lugares que os hagan sentir que estáis vivos. Mirad, sé que es difícil vivir este modelo a la perfección, así que tomad este esquema como ideal al que debéis aspirar. Y, como todo lo demás que os he enseñado, pensad que es un proceso, no un acto. Os llevará tiempo, pero primero debéis ser conscientes de que ese modelo existe. Y después, permitid que la felicidad sea vuestro GPS.

El millonario comenzó a andar con la bicicleta al lado e hizo con un gesto a sus dos discípulos para que le siguiesen.

—¡Oh, adoro la magia que habita en la esencia de la vida! Me llena con más serenidad y tranquilidad que cualquier objeto material. Y esta es la importancia del equilibrio entre tener éxito y tener sentimientos.

El millonario tensó con fuerza los músculos de los brazos: de nuevo, parecía estar sufriendo un dolor agudo.

—Vuestro corazón sabe siempre más que vuestra mente —repitió con suavidad—. Sabe dónde tenéis que estar. Seguidlo. Confiad en él. Encontraréis la magia.

El millonario hizo una señal y, de inmediato, desde detrás de un espantapájaros, un ayudante cruzó a toda velocidad el viñedo hasta su jefe. Le entregó una pala plateada e intercambió con él un rápido abrazo.

El señor Riley comenzó a cavar con entusiasmo. ¡*Clac*!, el metal de la pala chocó enseguida contra otro objeto metálico. El magnate se arrodilló y comenzó a sacudir la tierra de una caja de acero que había estado enterrada. Al hacerlo comenzó a cantar a la tirolesa, como los suizos y austriacos de los Alpes. Era extraordinario ver al magnate cavando y cantando a la vez.

La emprendedora y el artista parecían estar hipnotizados.

El magnate abrió la caja con sumo cuidado. Dentro había once amuletos mágicos, cada uno relacionado con una carta explicativa. En ese momento, los rayos de luz solar que caían sobre el millonario crearon el efecto de una corona.

—Soy parte de todo lo que existe —masculló—. Llevo en mi interior el gran poder del universo. Todo lo que deseo con fe activa, positividad, esperanza y convicción llena de propósito, está de camino hacia mí. Y, si lo que deseo no sucede, es solo porque algo incluso mejor está a la vuelta de la esquina. Sé que esta creencia es verdad. Todos los magos sabemos que es verdad.

La emprendedora y el artista se miraron con los ojos como platos.

—¿Qué está usted haciendo? —le interrogó el artista.

—Estoy usando uno de mis hechizos —respondió el millonario, y tras sus palabras continuó con su canto tirolés. Luego añadió—: No puedes producir magia en la vida hasta que aprendes las artes luminosas de un mago de verdad.

Sin previo aviso, la caja comenzó a elevarse y flotó sobre el suelo durante un momento. La emprendedora y el artista se quedaron con la boca abierta, tan abierta como una rosa en primavera.

El artista estaba algo inquieto:

—Es una ilusión óptica que alguien le enseñó, ¿no?

—Puede que sí o puede que no —la respuesta del señor Riley solo aumentó el misterio—. Cada uno de estos amuletos mágicos os ayudará a recordar una de las once máximas que he aplicado durante las décadas pasadas para aumentar mi fortuna y vivir una vida extraordinaria. Como ya he dicho, mis días son una corriente continua de belleza, gran asombro y maravilla incesante —repitió—. Y quiero que los vuestros lo sean también. Lo más alucinante es que cualquiera puede crear esta clase de existencia, pero muy pocos saben cómo hacerlo.

»Y cada una de estas cartas asociadas a un amuleto recoge alguno de los temas esenciales que he compartido con vosotros a lo largo de esta sensacional aventura. Será una especie de resumen, ahora que nos acercamos al final —añadió el magnate.

El primer amuleto era un espejito. Esta era la carta que lo acompañaba:

La 1.ª máxima del millonario
Para crear magia en el mundo, domina la magia de tu interior.

Mírate en el espejo. Tu relación contigo mismo predice tu relación con el mundo. Recuerda que tenemos un ansia primitiva de silencio y soledad, y que es en la quietud donde, en realidad, te conoces a ti mismo. El matemático francés Blaise Pascal escribió: «Todos los problemas de la humanidad surgen de la incapacidad del hombre para sentarse en silencio solo en una habitación». Libera tu necesidad de complejidad y sumérgete en la calma que solo las tempranas horas de la mañana te pueden proporcionar para rencontrar tu auténtico yo. Porque huir de la soledad es, en realidad, escapar de la libertad.

Para convertirte en un mago de diario y que tu vida se llene de pasión, plenitud y paz, acostúmbrate a guardar silencio. Así comenzarás a oír los susurros del gran genio que dormita en tu interior. En la calma, recordarás quién eres de verdad. Volverás a acceder a tu yo supremo, de gran creatividad, potencia, invencibilidad y amor sin condiciones. En este santuario de silencio, también se te concederá algo raro en esta época: tiempo para ser, simplemente. Y, cuanto más lo hagas, más descubrirás cómo funciona la vida de verdad. También comenzarás a diferenciar cuáles de tus creencias son meros límites culturales y cuáles, por el contrario, se corresponden con verdades. Y reconocerás cuál es la voz fiable de tu intuición y cuál la de las afirmaciones persuasivas de tus miedos. En soledad te llegarán, asimismo, las ideas revolucionarias que podrán transformar tu sector. Sé que suena místico, pero sumergido en esta serenidad visitarás la realidad alternativa en que visionarios como Nikola Tesla, Albert Einstein, Grace Hopper, Thomas A. Edison, John D. Rockefeller, Marie Curie, Andrew Carnegie, Katharine Graham, Sam Walton, Rosalind Franklin y Steve Jobs, entre otras eminencias, pasaron mucho tiempo. ¿Por qué crees que los científicos, inventores, industriales y artistas se esforzaban tanto por estar a solas? Te he enseñado que pasar largos períodos en contemplación silenciosa es uno de los secretos de una mente avanzada. En definitiva, eres la única persona con la que pasarás el resto de tu vida. ¿Por qué no fortalecer tu relación con tu mejor yo, conocer por completo tu genio y comenzar un romance vitalicio con tu naturaleza más noble?

El segundo amuleto era una flor. El millonario se recreó en su aroma. Luego sonrió y pasó a sus pupilos la carta asociada a ella para que la leyeran. Decía lo siguiente:

La 2.ª máxima del millonario
Colecciona experiencias milagrosas en vez de cosas materiales.

El mundo te ha sobrecargado y endurecido. Cuando eras niño, tu instinto te mostraba cómo descubrir el milagro de un copo de nieve, la suerte en una tela de araña y el esplendor de las hojas cayendo en una vívida mañana de otoño. No se trataba de adquirir cosas, sino de explorar la vida. Para cambiar la lente ordinaria con la que miras la realidad por una que percibe lo extraordinario, debes multiplicar tu habilidad para crear milagros y recuperar la pureza perdida que tenías en la infancia, antes de que una sociedad rota te entrenase para valorar los objetos y el dinero más que el disfrute y la alegría. Ríete más a menudo, baila todos los días y juega con más frecuencia. Por favor.

«El futuro promete un misterioso bien. Todo puede suceder de la noche a la mañana», dijo la mística Florence Scovel Shinn. Entrégate con más intensidad a las maravillas que habitan tus días: las ligeras brisas, los animalitos que se persiguen en el parque y la música que es tan maravillosa que te hace llorar. Y comenzarás a tener una vida digna de la realeza, además de aumentar tu poder primario de producir incluso más magia en tus mañanas. Nunca sacrifiques tu bienestar y tu calidad de vida por ganar más al año o aumentar tu valor neto. Los determinantes de una vida magnífica han sido los mismos durante siglos: la sensación de que estás creciendo y capitalizando tu potencial humano; el trabajo esforzado que aprovecha tu mejor productividad y es útil para la humanidad; las relaciones de peso con gente positiva que potencia tu goce; y el tiempo haciendo cosas que alimentan el espíritu a medida que avanzas en el día con un corazón agradecido.

Sí, en Roma lamí mi diario. Es uno de los rituales que sigo para aumentar activamente la sensación de estar vivo, incrementando el aprecio que siento por todas las bendiciones que se me han concedido. Cuanto más vívidamente valoro todo lo que tengo en mi vida, más valor tiene todo lo que hay en ella.

Así pues, conviértete en coleccionista de experiencias maravillosas en vez de ser un consumidor de cosas materiales. Simplifica tu vida y vuelve a las alegrías esenciales que tienes ante tus ojos. Al hacerlo vencerás las fuerzas que han apagado tu fuego interior y descubrirás la farsa de superficialidad que atrapa a tantas almas buenas a tu alrededor. Si continúas con esta práctica, no podrás sino saber lo maravillosa y alucinante que es realmente la vida.

Y no olvides nunca que tu pasado es un servidor que te ha hecho lo que eres hoy, no un compañero con el que pasar mucho tiempo en el presente, o un amigo que llevar contigo a un futuro aún por estrenar. Es imposible entrar en la magia que toda mañana nueva trae consigo si una parte de ti sigue apegada a las decepciones, los resentimientos y los dolores antiguos. Ya lo sabes muy bien a estas alturas.

La alegría de existir y el resentimiento no son compatibles. Así pues, entrénate mediante la práctica constante e incesante para sumergirte por completo en el momento presente. Sí, requiere trabajo y paciencia. Sin embargo, saborear el instante en que vivimos es un movimiento esencial para tener una vida deslumbrante. Este momento es lo único que tienes de verdad. Y es un imperio que vale su peso en oro. Un día lo verás.

El tercer amuleto mágico era el símbolo de una puerta.

—Todo final marca un nuevo comienzo. Todo sucede por una razón. Y, cuando una puerta se cierra, se abre una ventana —señaló el millonario—. Confiad siempre en que la vida os protege, incluso cuando lo que pasa no tiene sentido.

La carta que llevaba este amuleto decía lo siguiente:

La 3.ª máxima del millonario
El fracaso favorece la audacia.

«Es imposible vivir sin fracasar en algo, a menos que vivas con tanto cuidado que termines por no vivir en absoluto; en cuyo caso, fracasas por precaución», ha afirmado J. K. Rowling.

Los poderosos gigantes de la ambición y la imaginación de tu interior jamás deben dejarse abducir por esos diminutos y cobardes que afirman: «¿Qué dirá la gente?», «¿Y si me rechazan?» y «Voy a pasar por tonto si lo intento».

Puedes dejarte paralizar por el miedo al rechazo o salir y dejar al mundo alucinado. Pero no puedes hacer las dos cosas.

La realidad de la vida es que tienes un destino que clama por tu atención. Deja de maltratar tu grandeza y de negar tu esplendor tildando de fracaso lo que no salió como querías. Todos sabemos que cada revés conlleva una oportunidad de triunfo aún mayor.

Y comienza a decir que sí más a menudo en tu vida. El valor es un arma exquisita, que derrota a los ejércitos del arrepentimiento que destrozan las vidas sumisas.

El siguiente amuleto mágico que el señor Riley sacó con cuidado de la caja de metal era un pequeño pincel de madera.

—Esto reforzará la noción de que sois creadores poderosos de vuestra vida. Y grandes artistas que manejan sus ambiciones. Es mentira que la gente productiva, próspera, que está en forma y es optimista obtuviese su fortuna gracias a la suerte. He invertido mucho tiempo en asegurarme de que entendéis este punto. Que esas personas erigieran sus imperios de dinero, vitalidad e influencia social porque las estrellas estaban bien alineadas es tan solo un mito. Tomad, leer esto, por favor —instruyó el mentor amablemente dándoles la siguiente carta.

La 4.ª máxima del millonario
El uso adecuado de tu poder primario conforma tu utopía personal.

Muchos seres humanos pasan sus mejores horas tras una fachada de satisfacción. Con esto quiero decir que creen que son felices y dicen que lo son, pero lo cierto es que son desgraciados. Racionalizan el hecho de que han traicionado sus sueños, descuidado sus tesoros humanos y minimizado la influencia que podrían tener en el planeta diciéndose que están satisfechos con lo que tienen, en vez de evolucionar hacia algo más. Sí, debes estar inmensamente agradecido por lo que tienes. Pero también debes tener en cuenta que esos individuos se han cortado las alas descuidando por completo y abandonando de raíz su poder inherente. Y como resultado han masacrado su libertad personal y cualquier esperanza de ser soberanos de sus abundantes dones.

Para entrar en la magia de tu vida, tienes que ser consciente de las cuatro herramientas creativas que transforman todos tus deseos en resultados visibles. Estos cuatro recursos que te permitirán materializar milagros en el mundo son tus pensamientos, tus sentimientos, tus palabras y tus hechos. Ejercita la mente para tener solo pensamientos que sirvan a tu ascenso al virtuosismo y la felicidad. Siéntate a contemplar tus sentimientos de gratitud, tus expectativas positivas y el amor por todo lo que hay en tu vida. Pronuncia solo palabras de progreso y estímulo como me has visto hacer cuando estaba haciendo el pino. Y realiza solo esos actos que estén alineados con el héroe que habita en el interior de tu yo más sabio.

Estudia a alguien que menosprecie su potencial y entenderás claramente por qué está en las condiciones tan difíciles en las que se encuentra. Se centra en las cosas de las que carece en vez de en las que tiene. No respeta el poder de la palabra hablando continuamente de «problemas»; tildando sus circunstancias de «terribles»; y clasifican las buenas recompensas, como un gran éxito, la riqueza financiera, la satisfacción y el servicio intenso a los otros, como «imposibles», sin entender que es su propio discurso el que lo desconecta de su capacidad de crear magia. Las palabras son auténticos multiplicadores creativos. Y, en términos diarios, esa gente de rendimiento limitado no se esfuerza en absoluto, hace lo menos posible mientras espera una vida hermosa, creyendo que nadie ve el crimen contra la humanidad que comete. Sin embargo, el mago supremo que llevan en su interior —su mente consciente y subconsciente— lo observa todo. Y es testigo de este ataque a su mejor yo.

El siguiente objeto era un *nazar*, un amuleto que recuerda a una pupila y que algunas culturas utilizan contra el mal de ojo. Es posible que hayáis visto uno en alguno de vuestros viajes.

—Mirad, chavales, no creo que nadie sea malo de verdad —dijo el millonario a sus discípulos—. Bueno, quizá un puñado de personas lo sean. Pero, en general, cuanto más vivo, más seguro estoy de que todos hemos experimentado varios grados de trauma en nuestras vidas. Y, como ya he dicho antes, solo la gente dolida hace cosas que duelen a los demás. Los que sufren crean sufrimiento. Y los individuos cuyo comportamiento es confuso, lo es, por lo general, porque ellos mismos están confundidos. En realidad, están dolidos. Y algo les ha sucedido que les ha hecho sentirse amenazados, lo que ha contraído y cerrado la bondad de su corazón. Llamarlos gente horrible es un juicio superficial. Me parece que, en realidad, se trata de algo mucho más profundo. En fin, dicho esto, muchachos, podemos afirmar que para llegar a vuestra máxima productividad, rendimiento inmejorable, alegría ilimitada y paz mental, es fundamental que evitéis a la «gente mala», a quienes están cubiertos por las cicatrices del pasado, y que no tienen la autoconciencia de no proyectarlas sobre vosotros. En un viaje que hice a las Barbados, un taxista me dio este sabio consejo: «Evite a la gente mala».

En el ojo turco había pegada la siguiente carta:

La 5.ª máxima del millonario
Evita a la gente mala.

Nunca subestimes el poder de tus relaciones. Mediante el fenómeno conocido como «contagio emocional», además de mediante la activación de las neuronas espejo, modelemos nuestro comportamiento según el de la gente con la que pasamos nuestros días. Llena tu vida de gente extraordinaria, emprendedora, audaz, decidida, sana, positiva, ética y sincera en su querer. Y con el tiempo serás ejemplo de todos estos rasgos elevados. Si permites que los ladrones de sueños, energía y entusiasmo entren en tu burbuja de concentración total, es seguro que te volverás como ellos.

La clave real es evitar a los creadores de dificultades. La gente que ha crecido en un ambiente lleno de problemas continuos recreará de forma consciente e inconsciente el drama y los problemas continuos porque, por extraño que parezca, estas son las condiciones que le resultan familiares, seguras y tranquilizadoras. Aléjate de las reinas del drama y de los reyes de la negatividad. Si no lo haces, tarde o temprano disolverán tu grandeza y te destrozarán la vida. Es lo que saben hacer.

Relaciónate de forma pacífica con todo el mundo. Incluso un solo enemigo es un enemigo de más. Pasa por la vida con gracia, siguiendo el mejor camino en caso de conflicto. Si alguien te hace mal, deja que el *karma* se ocupe del trabajo sucio. Que tu maravillosa vida sea tu venganza.

Enganchado a la sexta carta de la caja fuerte de metal había un billete de gran valor. Estaba doblado en triángulo por alguna misteriosa razón desconocida para la emprendedora y el artista. Esta carta era más larga que las otras. Decía lo siguiente:

La 6.ª máxima del millonario
El dinero es fruto de la generosidad, no de la avaricia.

No te dejes engañar por la filosofía dominante en el mundo: la pobreza es consecuencia de una condición interior, no de una situación exterior. Creer lo contrario es rendir tu capacidad de producir la magia de la prosperidad que deseas ante las cosas de que te quejas.

El dinero debe fluir como la electricidad. Sí, el efectivo es una corriente. Necesita circular. Amontonarlo detiene su flujo en tu negocio y tu vida privada. Todos los magos de verdad lo saben: para recibir más tienes que dar más. Deja buenas propinas a los camareros en los restaurantes y a los taxistas. Dona obras de caridad. Haz cosas maravillosas por tu familia y tus amigos sin la menor intención de recuperarlas. Y recibirás un tsunami de abundancia.

Quizá te preguntes por qué tantos de nosotros vivimos con tanta escasez. Este estado del ser se debe a nuestras cicatrices monetarias. Es decir, a los programas ocultos en lo más profundo de nuestro subconsciente, colocados allí, sin saberlo, por los mensajes de nuestros padres y por las enseñanzas de otros personajes que ejercen una gran influencia en la infancia. Sus afirmaciones habituales, basadas en falsedades que ellos también aprendieron, decían cosas como: «Sé feliz con lo que tienes», «La gente honrada no se hace rica» o «El dinero no crece en los árboles». Estas palabras sembraron en nosotros las oscuras semillas de la necesidad en una tierna edad.

Hay cuatro prácticas que me han ayudado a ganar mi fortuna financiera, y que son mi regalo para ti: las expectativas positivas, la fe activa, la gratitud creciente y la transmisión de gran valor. Mis expectativas positivas hacen, sencillamente, que siempre mantenga una actitud en la que espero que me llegue dinero de forma habitual y de fuentes totalmente inesperadas. Con la fe activa mi comportamiento demuestra a la vida que confío en su abundancia y su benevolencia. El universo adora los gestos de opulencia como pagar una cena con amigos en un restaurante caro cuando no te la puedes permitir en absoluto o comprar las herramientas que necesitas para mejorar en tu profesión cuando tienes poco dinero. No estoy proponiendo en ningún caso que vayas a la cárcel por tus deudas. Al contrario. El endeudamiento es una fuerza muy destructiva en nuestra civilización actual. Solo tienes que demostrarle a la naturaleza que sabes que la prosperidad está de camino y hacer actos que te hagan sentir que tienes mucho. Una gratitud cada vez mayor, bueno, ya lo he explicado muchas veces en nuestro viaje juntos. Continúa abriendo tu corazón a todo y a todo el mundo en tu vida. Bendice tu dinero cuando pagues una cuenta. Bendice al cajero en el súper y a quienes cosecharon tu comida en el campo. Bendice al conductor que te deja pasar entre el tráfico y a los músicos que escriben las canciones que se convierten en la banda sonora de tu vida. Bendice las piernas que te han permitido caminar todos estos años, los ojos que te permiten ver la belleza y el corazón que te permite sentirte vivo. Y, por lo que respecta a la transmisión de gran valor, tan solo significa dar a los demás (compañeros de equipo, clientes, miembros de tu familia y extraños) más beneficios exponenciales de los que podrían esperar de ti. Porque recogemos lo que sembramos.

Desarrollar y blindar nuestra conciencia de la prosperidad hará realidad ganancias inmensas en nuestros ingresos y nuestro valor neto personal. Así que, por favor, entiéndelo bien. Gran parte de la tristeza de nuestra cultura se debe a que demasiados de nosotros no tenemos suficiente dinero. Y no tiene por qué ser así.

«¿Qué será lo siguiente?», se preguntó el artista mientras arrancaba una gorda uva de un racimo y se la tragaba entera.

El millonario sacó una zapatilla de deporte en miniatura de la caja y dijo:

—El ejercicio es definitivamente un amuleto mágico. Leed la carta que os he escrito al respecto.

La carta decía:

La 7.ª máxima del millonario
La buena salud maximiza tu poder de producir magia.

Empezar la mañana haciendo ejercicio te aporta, en primer lugar, el beneficio primordial de haber cuidado de tu salud. Y, cuando se ha completado esta actividad tan importante deja la mente, la energía, el cuerpo y el espíritu están preparados para crear maravillas durante el día.

Cuando comiences a entrenar cada mañana de manera consistente, te sorprenderá lo mal que te sientes si no lo haces un día. Te darás cuenta de que así es como te sentías la mayor parte del tiempo antes de tener el hábito. No eras consciente de ello sencillamente porque este malestar era tu estado habitual.

La buena salud es la mayor riqueza que una persona puede poseer. Quienes la pierden pasan el resto de su vida intentando recuperarla. La vitalidad fuera de lo común es también un método fabuloso para aumentar la prosperidad. Cuando consigas el mejor entrenamiento de tu vida, organices tu nutrición hasta el virtuosismo, regules tu rutina de sueño y minimices el envejecimiento, notarás aumentos inmensos de tu capacidad para intimar con tu yo soberano. Así, traerás más ingenio, gloria y compasión a nuestro mundo. Esto, a su vez, te traerá la fortuna financiera. Mucho más importante, estarás en una posición de poder contribuir más al mundo. Y nada es tan glamuroso como poder ayudar. Todos los magos conocen bien esta verdad.

El octavo símbolo era un escalador pequeñito.
—NDM: Nunca Dejéis de Mejorar, ni en la calidad de vuestras mañanas y en la excelencia de vuestra vida —explicó

el millonario. Entonces entonó un último canto tirolés. Los trabajadores del viñedo miraron y se rieron a sonoras carcajadas. El señor Riley les saludó y rio con ellos. Luego continuó su discurso:

—La filosofía de las personas más excelentes consiste en crecer sin parar. Cuando alcanzas una cumbre, ves las siguientes cimas, esperándote para que las escales. Esta metáfora es clave, chavales.

Sopló para quitar un poco de tierra de la carta que correspondía a este amuleto mágico y se la dio a sus pupilos para que la leyesen. Esto es lo que decía:

La 8.ª máxima del millonario
Continúa aumentando tus estándares de vida hasta que sean los mejores.

La adaptación hedonista describe la circunstancia psicológica según la cual los seres humanos se adaptan a los cambios de su entorno y su vida. Recibes el aumento de sueldo que llevas años deseando y estás supercontento un día. Luego, este nuevo nivel de ingresos se convierte en lo normal. La felicidad que sentías se evapora. O te mudas a un apartamento ruidoso cerca de las vías del ferrocarril, pero al tiempo dejas de oír los trenes. O puede que el coche de tus sueños que acabas de comprar te colma el alma de éxtasis hasta que, unas semanas más tarde, se convierte en solo otra parte del paisaje. Estos son ejemplos de adaptación hedonista. Y el fenómeno es igual para todos, a lo largo de toda la vida.

Un antídoto a esta forma de existencia humana es aumentar constantemente nuestros estándares personales y la calidad de nuestra vida. Que cada trimestre sea mejor que el anterior, y cada año mejor que el previo. Así es como funcionan los magnates y las leyendas.

En relación con todo esto, hay una filosofía muy importante que me ha ayudado mucho: vive tu vida con excelencia. La vida es demasiado corta para que no te trates de la forma más extraordinaria posible. Y, al cuidarte mejor, tus relaciones con los demás, con tu trabajo, con el dinero y con el mundo serán mejores, ya que tu relación con todo lo exterior no puede sino ser un reflejo de la relación que tienes contigo mismo. Así son las cosas.

Invierte en los mejores libros que puedas comprar y recibirás múltiples recompensas. Come alimentos de la mejor calidad, aunque todo lo que puedas permitirte sea una excelente ensalada en un restaurante de lujo cerca de tu casa. Ve a tomar un café al mejor hotel de la ciudad. Si donde vives hay un equipo deportivo profesional al que eres aficionado, ve a ver un partido en primera fila en vez de varias temporadas a los asientos más baratos. Conduce el mejor coche que te puedas permitir. Escucha música que te anime a diario. Visita museos, galerías de arte y exposiciones como te he enseñado, de manera que la creatividad y la conciencia de los pintores deje huella en tu espíritu. Y recuerda rodearte de flores a menudo: aumentan la frecuencia con que ves el universo alternativo al que acceden todos los visionarios, y también tu capacidad de hacerlo. ¿Por qué crees que muchos de los grandes santos, sibilas, sanadores y sabios se representan con flores junto a ellos? Te asombraría lo que esto puede hacer por tus poderes para generar todo aquello que deseas.

El amuleto mágico número nueve era un corazón. Y esta era la carta que iba con él:

La 9.ª máxima del millonario
El amor profundo produce alegría invencible.

Muéstrale a la gente que la quieres a la mínima oportunidad que se te presente. Una cita a menudo atribuida a William Penn me ha guiado durante la mayor parte de mi vida siéndome de gran utilidad: «Espero pasar por la vida solo una vez. Si, por lo tanto, puedo demostrar algo de bondad o hacer el bien que sea por cualquier otro ser humano, permitidme que lo haga ahora, y no que lo postergue o lo olvide porque no volveré a pasar por aquí otra vez».

Dile a las personas que te rodean lo orgulloso que estás de ellas y lo mucho que las quieres mientras tanto tú como ellas estéis vivos. Una vez conocí a un hombre que me contó que sentía una gran felicidad al ver a una persona viva. «¿Por qué?», le pregunté. «Porque he visto tantos muertos en mi vida que conocer a alguien vivo es un regalo especial», me contestó.

Ninguno de nosotros sabe cuándo se enfrentará a su final. Así que ¿por qué refrenar lo que es más valioso: la capacidad humana de amar profundamente?

Parte de tu trabajo como ser humano plenamente vivo es hacer que otros se sientan mejor con ellos mismos. Y hacerles sonreír. Puede que te sorprenda lo poco que hace falta para hacer a alguien feliz. Escribe a los que quieres cartas como las de antes, notas de agradecimiento a quien te ha ayudado y mensajes de respeto a quien crees que necesita un poco de aprecio. Expresa cómo te sientes de verdad sin dejarte limitar por el diabólico miedo al rechazo. E interésate siempre más por otras personas que por que los demás se lleven la impresión de que eres tú el interesante. Todos los seres humanos que conozcas te podrán enseñar algo, tendrán una historia que contar o albergarán en su corazón un sueño que necesita de tu apoyo.

Nuestro mejor yo sufrirá la carga de las palabras de cariño que no digamos, de los sentimientos de calor humano que no demostremos y de las buenas obras que dejemos sin hacer.

—Tomad esto, por favor —pidió suavemente el magnate mientras entregaba a sus invitados la figura de un ángel—. Lo que está escrito en esta hoja de papel es especialmente importante. Os sugiero que lo leáis con un espíritu muy abierto.

Esto era lo que decía la carta:

La 10.ª máxima del millonario
El paraíso terrenal es un estado, no un lugar.

Viaja a diario al asombro y aventúrate con regularidad en lo maravilloso. Lo maravilloso es una fuente muy potente de felicidad y una habilidad clave en la promoción de tu ingenio siempre creciente. Todas las grandes mujeres y los grandes hombres del mundo aprendieron a relajarse en la magia de un día bien vivido.

Gracias a mis experimentos con la vida, ahora entiendo que lo que los filósofos, místicos y salvadores inmortales llamaron «paraíso terrenal» no es un lugar que visitar sino un estado en el que habitar. Confía en mí, si cultivas tu disposición mental, purificas tu disposición emocional, mejoras tu disposición física y elevas tu disposición espiritual, la forma en que percibes y experimentas la vida revolucionará tu experiencia. Pero, si no haces este trabajo profundamente importante, nunca lo sabrás. Y mis palabras parecerán los desvaríos de un viejo excéntrico. A una persona cuerda en un mundo que ha perdido el juicio siempre se la ha considerado loca, ¿o no?

Así, al dedicar más tiempo a tu virtuosismo personal, aumentará notablemente tu autoestima. Y todos los éxitos y las alegrías dependen de amarse a uno mismo. Lo que te mantiene unido a tus dudas, inseguridades y miedos es una autoestima baja. Por culpa de lo que la gente dice sobre ti en tu niñez, tu subconsciente deprecia tu valor, ahoga y encadena tu grandeza.

Si dejas ir estas falsas creencias que te enseñaron como verdades, y te liberas de las heridas emocionales que te cerraron al amor (y estoy hablando de algo mucho más profundo que el romance), desarrollarás la habilidad de sentir esta realidad totalmente nueva que he estado intentando mostrarte. Siempre ha estado ahí. Pero el filtro tintado a través del que has visto siempre el mundo te ha impedido verla.

Así que no existen los problemas insalvables, ni los daños irreparables. Todo se desarrolla como debe. Al final, te darás cuenta de qué poco de lo que te ha pasado fue un accidente. Todo ocurrió para permitirte crecer. Y no hay mal que por bien no venga.

La emprendedora y el artista quedaron bastante perplejos al ver el undécimo y último amuleto mágico.

—Si realmente queréis vivir la magia de la vida, reflexionad a menudo sobre esto —les dijo el millonario dándoles un ataúd en miniatura.

Esta carta, a diferencia de las demás, estaba escrita en tinta roja y decía lo siguiente:

La 11.ª máxima del millonario
El día de mañana es un regalo, no un derecho.

No pospongas tu heroísmo y nunca retrases tu calma interior. Tu vida puede derrumbarse en una hora. Soy un optimista y nunca pierdo la esperanza. Y, aun así, soy realista. Todos los días hay accidentes, enfermedades, pérdidas y muertes. Nuestra naturaleza humana nos hace pensar que a nosotros nunca nos va a pasar. Pero todos los filósofos sabios nos hablan de lo pasajero de la existencia.

Armado con este conocimiento, conecta con tu mortalidad. Entiende que tus días están contados y que, con el paso de cada gloriosa mañana, estás más cerca del final.

No demores expresar tus dones. Y asegúrate de disfrutar de cada momento. Pásalo bien alzándote hacia tu magnificencia. Es tristísimo ver cómo la mayoría de las personas pospone gozar de una vida hermosa, divertida y mágica, hasta que son demasiado viejas para disfrutarla al máximo.

La vida es un viaje sublime. Sí, todos pasamos malos tragos (y nos rompen el corazón). Pero casi todo es bueno. Toda película de héroes necesita un villano y alguna tragedia jugosa, además de éxitos y la victoria definitiva, para ser digna de ser vista.

Así que ten siempre presente que la vida es corta. No pospongas la felicidad hasta que ya no tengas tiempo, o hasta que te asciendan, o hasta que tengas más dinero en el banco. Todo eso son excusas, nacidas del sentimiento de que no te la mereces. Siéntelas y luego sácalas de tu órbita para seguir ascendiendo hacia tus reinos más elevados.

Mañana es una promesa, no un hecho. Disfruta de cada mañana y honra cada día que pasas en la Tierra. Corre grandes riesgos, pero protégete con sentido común. Equilibra vivir como si no hubiese mañana con comportarte como si fueses a vivir para siempre. Así, cuando llegue el final, sabrás que has vivido como un testimonio magnífico de la capacidad de ser legendario que reside en el interior de todo ser humano.

El millonario besó entonces a sus discípulos.
—Os quiero a los dos, ya lo sabéis. Os voy a echar mucho de menos.
Luego desapareció en el viñedo, dejando atrás solo su bicicleta de montaña.

17

Los miembros del Club de las 5 de la mañana se convierten en héroes

> Vive como un héroe: eso es lo que nos enseñan los clásicos. Sé el protagonista de tu vida. De lo contrario, ¿de qué te sirve?
>
> J. M. COETZE

El helipuerto de Ciudad del Cabo, en Sudáfrica, está en la zona de la ciudad llamada V&A Waterfront, un lugar al que los turistas suelen ir a montar en la gran noria Cape Wheel, en el que los regatistas recargan para sus competiciones llenas de valentía y adrenalina a través del océano, en el que se pueden reservar pesqueros de altura o tomar un café por la mañana.

Una joven dicharachera, con gafas de bibliotecaria, se aseguró de que el millonario, la emprendedora y el artista firmaran las cláusulas de exención de responsabilidad. Luego se puso de pie sobre un sofá de piel, escribió en su lista de comprobación y mostró a sus tres clientes VIP las instrucciones de seguridad obligatorias, antes de que el helicóptero que habían alquilado los llevase a la isla Robben.

Como sabes, es en esta isla (un trozo de tierra yerma, no muy grande, rodeado de tiburones y de aspecto ominoso, no lejos de la costa de Ciudad del Cabo) donde Nelson Mandela estuvo preso en una diminuta celda durante dieciocho de los veintisiete años que pasó en la cárcel. A lo largo del tiempo, a este gran héroe mundial lo torturaron y lo maltrataron en todos los sentidos. A pesar de todo, él respondió al abuso con ramas de olivo, viendo la bondad de sus captores y conservando la esperanza de una nación democrática en la que todos serían iguales. En referencia a Mahatma Gandhi, Einstein dijo: «Las generaciones venideras no podrán creer que alguien así caminase en carne y hueso sobre la Tierra». Lo mismo podría decirse de Mandela.

—Es un auténtico placer que hagan con nosotros la excursión a la isla —indicó la mujer educadamente. Los sudafricanos son un pueblo considerado y de maneras impecables.

El millonario llevaba puesta una gorra con la frase «Ser un líder es ser útil» bordada en la parte frontal.

—Tendrá que quitársela cuando salga a la pista, joven —anunció la mujer con un dorado brillo en los ojos.

El millonario sonrió.

—Creo que le gusto —les susurró a sus acompañantes—. Hoy es nuestro último día juntos —añadió con un tono realista.

Una vez concluidas las instrucciones de seguridad, la mujer acompañó al millonario, a la emprendedora y al artista fuera del edificio, hasta la zona de espera en la que había dos mesas de picnic bastante deterioradas. Aunque hacía sol, el viento soplaba a rachas. El millonario se quitó la gorra.

«Estoy un poco nervioso», pensó. «Nunca he estado en la isla Robben. Aunque sí he leído mucho sobre lo que sucedió allí durante el inhumano y malvado régimen del *apartheid*, que trataba a las personas según el color de su piel, sin consideración por su personalidad, o la calidad de sus corazones».

LOS MIEMBROS DEL CLUB SE CONVIERTEN EN HÉROES

Un joven serio, con un cortavientos entallado, pantalones color caqui y náuticos, salió de uno de los hangares de mantenimiento vacíos e indicó al millonario y sus discípulos que lo siguiesen al helipuerto. El helicóptero verde militar estaba en el centro de la zona, con los impresionantes rotores ya girando. El piloto estaba a los controles, ajustando ruedecitas, botones y demás.

El joven se aseguró con cuidado de que los tres clientes se sentaran correctamente para una distribución segura y equilibrada del peso, y luego colocó unos cascos con micrófono en la cabeza del millonario.

—Buenos días —dijo este con entusiasmo al piloto del helicóptero cuando los rotores aceleraron.

Con el casco, las gafas de aviador y la mascarilla, al piloto no se le veía la cara. Y no se dignó decir una palabra.

—No es muy simpático —masculló el millonario un poco nervioso pero también emocionado por esta experiencia única que estaban a punto de vivir.

El helicóptero comenzó a elevarse, despacio al principio y luego en un rápido ascenso.

—El trayecto dura unos cinco minutos. El viento y las marejadas son hoy especialmente fuertes —fue todo lo que dijo el piloto, que pronunció con un tono seco hasta el último comentario.

El millonario, el artista y la emprendedora guardaron silencio. Se dedicaron a observar la isla Robben: una masa de tierra que se iba haciendo más grande y más salvaje a medida que se acercaban.

La aeronave aterrizó en una pista rodeada de árboles bajos mientras siete gacelas pasaban por su lado, trotando graciosamente. Sí, sí: ¡siete gacelas! En ese instante empezó a llover. Y otro arcoíris doble, como el que había aparecido cuando nadaban con delfines en Mauricio, abrazó toda la extensión del horizonte que recorría la línea del océano Atlántico.

—Es todo tan especial... —observó el artista, del brazo de su esposa.

—Hemos entrado de pleno en la magia —replicó el señor Riley en un tono respetuoso, que transmitía un enorme agradecimiento por la oportunidad de visitar la isla Robben y a la vez la sensación de tristeza que le causaban las valiosas vidas que se habían arruinado allí.

El piloto se quedó en la cabina, pulsando botones y apagando el motor del helicóptero, mientras los tres pasajeros salían al asfalto de la pista y contemplaban en silencio el paisaje. De la nada, una vieja camioneta con las letras «KSA» en un costado se acercó a ellos, dejando una estela de densas nubes de polvo.

—No deberían estar aquí —gritó sin bajar del vehículo el conductor, claramente un guardia de seguridad de profundo acento sudafricano, cuando llegó hasta el helicóptero—. Debido al tiempo, la isla Robben se ha cerrado al público —dijo enérgicamente—. Han dejado de salir ferris, ningún barco puede llegar al puerto y los helicópteros no tienen permiso para aterrizar. ¡Deberían haberlo sabido! No deberían estar aquí —repitió el guardia, y añadió—: ¿Quiénes son ustedes?

El agente no perdió la profesionalidad en ningún momento, pero estaba visiblemente sorprendido. Y era obvio que estaba bastante alerta, imaginando quizá que los ocupantes de la aeronave planeaban algún tipo de asalto, y pensando que los visitantes inesperados tenían intenciones ilícitas.

—No hay problema —dijo el piloto con una firmeza y una confianza poco habituales. Se encontraba ya de pie, fuera del helicóptero y comenzó a acercarse lentamente al hombre de la camioneta, ajustándose primero la camisa, luego el casco, que no se quitó. No era un hombre joven, el piloto; se podía detectar por su forma de andar.

—Hoy es un día especial para ellos —afirmó, alzando la voz—. Estas personas han venido desde muy lejos para ver la celda en que estuvo encarcelado Nelson Mandela. Han venido a ver la cantera de caliza en la que fue forzado a picar piedra durante más de una década, bajo el tortuoso sol que reflejaba la roca, hasta el punto de arruinarle la vista para siempre. Quieren ver el patio en el que el hombre hacía ejercicio y lanzaba pelotas de tenis con mensajes secretos a los presos políticos del pabellón de al lado. Tienen que ir al lugar donde Nelson Mandela enterró el manuscrito de su autobiografía, *Un largo camino hacia la libertad*, después de pasar muchas horas trabajando en él. Necesitan experimentar, al menos un poco, el sufrimiento que Mandela soportó durante más de dieciocho penosos años. Y tienen que aprender cómo, aun cuando lo trataron con tanta saña, robándole muchos de los mejores años de su vida, una vez lo liberaron, decidió perdonar a quienes habían sido tan crueles con él.

El piloto se detuvo frente a la camioneta.

—Estas personas quieren convertirse en auténticos héroes, según parece. Tanto en su profesión y como en su vida privada. Quieren ser líderes de su productividad, figuras icónicas en total expresión de su virtuosismo y quizá incluso pioneros de mejoras para la humanidad. Nuestro mundo no ha estado nunca tan necesitado de héroes puros como hoy. Y, como explico siempre que estoy sobre el escenario: *¿Por qué esperar a que vengan si el poder de convertirnos en uno está en nuestro interior?*

»¿No estás de acuerdo conmigo, Stone? —preguntó el piloto dirigiéndose al millonario, que se quedó boquiabierto.

Entonces, el piloto se quitó con cautela, y casi en cámara lenta, la visera primero. Luego, las gafas de sol. Y por último, el casco.

El millonario, la emprendedora y el artista se quedaron asombrados cuando lo vieron.

Era el Guía.

La iluminación fluorescente, estéril y calculada, mantenía la prisión de la isla Robben en una atmósfera fantasmal, incluso durante el día. La hacía frugal, brutal y despiadada.

Unas manos invisibles parecían guiar a los miembros del Club de las 5 de la mañana en aquel fabuloso día sudafricano, visto que, por una preciosa sinfonía sincrónica —que el magnate llamaría «magia»—, el guardia de seguridad que se había acercado a toda prisa a la polvorienta camioneta era un gran seguidor del Guía. El tipo de admirador que diría de sí mismo: «Soy tu fan número uno». Realmente le encantaba el trabajo del Guía.

Así pues (os costará creerlo, pero esto es realmente lo que sucedió), la encargada, tras recibir luz verde del guardia, arrancó el autobús turístico que se había cancelado aquel día por mal tiempo y lo condujo hasta donde se encontraban. También pidió a uno de los pocos guías que quedaban en la isla que izase la bandera y abriese la prisión para una visita totalmente privada. Tan solo para el millonario, la emprendedora, el artista y el Guía.

En toda vida, especialmente en las más difíciles, las puertas de la posibilidad y las vías de lo milagroso se abren de par en par, y revelan la realidad de que todo lo que cada uno de nosotros experimenta es parte de un plan inteligente —aunque sí, a menudo ilógico— para acercarnos a nuestros máximos poderes, las más extraordinarias de las circunstancias y el mayor de los bienes. Todo lo que pasamos a medida que vivimos es, en realidad, una orquestación fantásticamente diseñada para presentarnos nuestros verdaderos dones, conectarnos con nuestro yo soberano y conocer mejor al glorioso héroe que llevamos en nuestro interior. Sí, *en el interior de todos y cada uno de nosotros*. Y eso te incluye a ti.

El acompañante que se encargaba de la visita turística, que también resultó ser un antiguo preso político, era un hombre alto y de voz ronca. Mientras llevaba a los invitados hacia la celda en la que obligaron a Nelson Mandela a vivir durante tantos difíciles años, contestó a todas sus preguntas.

—¿Conocía usted a Nelson Mandela? —preguntó el Guía pensativo.

—Sí, estuve preso con él durante ocho años aquí, en la isla Robben.

—¿Cómo era él como persona? —se interesó el artista, que parecía sobrepasado por las emociones que sentía mientras recorrían el corredor principal de la cárcel que había albergado tantas atrocidades durante la época del *apartheid*.

—Oh —dijo el amable acompañante con una sonrisa generosa e incluso sabia—, pues era un hombre humilde.

—Y ¿cómo era Nelson Mandela como líder? —insistió la emprendedora.

—Formidable. Digno. Inspirador por la forma en que se comportaba y gestionaba todo lo que le pasaba. Cuando se encontraba con otros líderes, a menudo lo hacía en este patio —comentó el acompañante mientras salía a la zona en la que los presos políticos paseaban, hablaban, planeaban o simplemente estaban—, preguntaba: «¿Está usted aprendiendo?». También solía decir: «Que cada uno enseñe a otro recluso», mostrando así a sus conocidos la importancia de enseñar lo que aprendían cada día para aumentar la capacidad de liderazgo de todos los que les rodeaban. Mandela entendía que la educación es la única vía hacia la libertad.

»Lo trataron muy mal. Todas aquellas horas deslomándose en la cantera. Toda aquella humillación. Unos años después de llegar aquí, le ordenaron que cavase una tumba en el campo de la prisión y que se metiese en ella —añadió el guía.

—Debió de pensar que había llegado su fin —reflexionó el millonario suavemente.

—Casi seguro —replicó el acompañante—. Pero los guardias se bajaron la cremallera del pantalón y orinaron encima de él.

El Guía, el millonario, la emprendedora y el artista miraron al suelo.

—Supongo que todos tenemos nuestra isla Robben, que puede mantenernos encarcelados —dijo el millonario—. A medida que avanzamos por la vida, sufrimos nuestras pruebas e injusticias. Nada tan grave como lo que pasó aquí, claro. Leí que Nelson Mandela dijo que su mayor pesar era que no le habían permitido salir de la prisión para asistir al funeral de su hijo mayor cuando murió en un accidente de coche —siguió. Miró al cielo—: Creo que todos tenemos nuestros pesares. Y nadie se libra de sus apuros y tragedias.

El acompañante señaló la cuarta ventana a la derecha de la puerta que daba al patio:

—Ahí —indicó—. Esa es la celda de Nelson Mandela. Entremos.

El cuarto era increíblemente pequeño. El único mueble era una mesita de madera ante la que el preso se arrodillaba a escribir en su diario. El suelo era de hormigón y, sobre él, había una manta de lana marrón, con motas rojas y verdes.

—Durante el primer año de encarcelamiento, a Nelson Mandela ni siquiera le permitieron llevar pantalones largos, pese al terrible invierno sudafricano. Solo le dieron una camisa fina y unos pantalones cortos ligeros. Cuando se duchaba, los guardias se quedaban a mirar a aquel señor mayor desnudo, intentando humillarlo... y quebrantarlo. A la hora de comer, le daban cosas que no darían ni a un animal. Si le llegaban cartas de su mujer o sus hijos, muchas veces no se las entregaban. O, si lo hacían, estaban muy censuradas. Todo esto se hacía con dedicación para aplastar el espíritu de Mandela —les explicó el acompañante.

—Me parece que todo lo que soportó en esta celda como una caja de zapatos, en esta desolada isla rodeada por el furioso océano, lo hizo evolucionar, lo hizo más fuerte y lo abrió al mundo. La prisión fue su crisol. El maltrato se convirtió en su salvación, llevándolo hacia su poder natural, su extraordinaria humanidad y el estado absoluto del heroísmo sin tacha. En un mundo de tal egoísmo, apatía y gente desconectada de lo que significa ser humano, utilizó lo que le sucedía para convertirse en una de las almas avanzadas del planeta, un hombre que nos mostraría a los demás lo que son el liderazgo, la fortaleza y el amor. Y al hacerlo se convirtió en uno de nuestros mayores símbolos del perdón. Y en uno de los emblemas de la paz —contribuyó el Guía.

—Desde luego —contestó el acompañante—. Cuando por fin liberaron a Mandela de la isla Robben, lo trasladaron a lo que se llama ahora Centro Correccional Drakenstein, entre Paarl y Franschhoek. Su ascenso a la presidencia de Sudáfrica era inevitable, así que lo prepararon para hacerse cargo del puesto y gobernar un país libre aunque aún profundamente dividido. Durante ese período final de su encarcelamiento, le dieron la casa del alcaide. Y, el día de su liberación, salió de aquella residencia a un largo camino pavimentado, con un puesto de guardia y un portón blanco al final. El personal de la prisión le preguntó si quería que lo llevasen en coche por aquel camino hacia la libertad. Dijo que no, que prefería caminar. Y, así, este líder transformador que hizo historia y dejó un legado que inspirará a muchas generaciones dio sus primeros pasos vacilantes hacia la tan esperada liberación.

El acompañante respiró profundamente. Luego continuó:

—A Mandela le dieron un país al borde de una guerra civil. Sin embargo, de alguna manera, consiguió convertirse en un unificador en vez de en un destructor. Aún recuerdo las palabras del famoso discurso que dio durante uno de sus juicios:

> *Durante toda mi vida me he dedicado a esta lucha por el pueblo africano. He luchado contra la dominación blanca y he luchado contra la dominación negra. He abrigado el ideal de una sociedad democrática y libre, en la que todas las personas vivan juntas, en armonía y con igualdad de oportunidades. Es un ideal que espero poder vivir y ver realizado. Pero, su señoría, si es necesario, es un ideal por el cual estoy preparado para morir.*

El señor Riley se aclaró la garganta. Seguía mirando el suelo de cemento de la celda diminuta.

—Mandela era un verdadero héroe —confirmó el guía—. Cuando lo liberaron, invitó al fiscal que había pedido su pena de muerte a cenar. ¿Pueden creerlo? Y también invitó a uno de los carceleros que lo vigilaban aquí, en la isla Robben, a asistir a su juramento como presidente de Sudáfrica.

—¿En serio? —preguntó quedamente la emprendedora.

—Sí, es cierto —respondió el acompañante—. Era un auténtico líder, un hombre con una gran capacidad para el perdón.

El Guía levantó un dedo para indicar que quería añadir algo.

—Nelson Mandela escribió: «Cuando salí hacia el portón que me llevaría a la libertad, supe que, si no dejaba mi amargura y mi odio atrás, seguiría encarcelado».

—También dijo que «ser libre no es una mera cuestión de quitarse las cadenas, sino de vivir respetando y aumentando la libertad de los demás» —añadió el acompañante—. Y que «nadie nace odiando a otra persona por el color de su piel o su origen o su religión. La gente aprende a odiar y, si puede aprender a odiar, se la puede enseñar a amar, pues el amor es más natural para el corazón humano que su contrario».

—Leí que solía levantarse alrededor de las 5 de la mañana y correr en el sitio durante cuarenta y cinco minutos, luego hacía doscientos abdominales y cien flexiones. Esa es la razón por la que siempre hago mis flexiones —confesó el millonario, con un tono que enrareció el ambiente.

—Ajá... —asintió el acompañante antes de continuar—. Mandela llegó a esta celda como un joven militante impulsivo, enfadado y hostil. Fue la persona en la que se convirtió en esta prisión la que hizo de él la figura icónica que todos reverenciamos. Como el arzobispo Desmond Tutu nos enseñó: «Sufrir puede amargarnos o ennoblecernos». Por suerte, Madiba, que era su nombre tribal, eligió esto último.

—Los mejores hombres y mujeres del mundo tienen todos una cosa en común —dijo el Guía—: el sufrimiento extremo. Y todos evolucionaron hacia la grandeza porque eligieron aprovechar sus circunstancias para sanarse, purificarse y elevarse a su mejor yo.

El Guía sacó entonces un modelo de aprendizaje de su chaqueta, el último que verían los dos discípulos. Se llamaba *Círculo heroico humano*, y tenía este aspecto:

EL CÍRCULO HEROICO HUMANO

LAS 7 VIRTUDES DE LOS QUE CAMBIAN EL MUNDO

VALENTÍA · PERDÓN · INTEGRIDAD · COMPRENSIÓN · SINCERIDAD · CORTESÍA · HUMILDAD

—Estas son las virtudes a las que todos debemos aspirar para convertirnos en personas que cambian el mundo y héroes en beneficio de una mejor sociedad —dijo el Guía, cuya voz rebosaba una inmensa fuerza y desprendía tintes de melancolía aquella mañana—. El liderazgo es para todo el mundo. Cada uno de nosotros, sin importar dónde vivamos, lo que hacemos, lo que nos ha sucedido en el pasado y lo que estamos viviendo en el presente debe liberarse de las esposas de la culpa, las cadenas del odio, los grilletes de la apatía y los barrotes de lo ordinario, que nos mantienen esclavos de las fuerzas oscuras de nuestra naturaleza más vil. Cada uno de nosotros debe levantarse por la mañana (exacto, a las 5 de la mañana) y hacer todo lo que pueda para desarrollar su genialidad y sus dones, profundizar en su carácter y elevar su espíritu. Debemos hacerlo todos, en todas partes del mundo.

El Guía comenzó a llorar mientras continuaba:

—Todos debemos liberarnos de nuestras cárceles privadas, que mantienen cautivas nuestra gloria y nuestra nobleza. Recordad que los dones que descuidamos se convierten en penas y maldiciones.

El Guía hizo una pausa.

—Ahora es vuestro momento —afirmó mirando a los ojos de la emprendedora y el artista.

Había colocado el *Círculo heroico humano* sobre la mesita de la celda, que estaba bajo la ventana de barrotes. El Guía la arrastró hasta el centro, de manera que el modelo se convirtió en el núcleo de atención de la celda, en aquel día tan especial.

Después pidió al millonario, a la emprendedora, al artista y al guía que se reuniesen en torno al diagrama. A continuación, los tres se dieron las manos.

—Sí, no importa a qué dificultades nos enfrentemos ni qué adversidades suframos. No importa qué ataques, humillaciones y violencia nos inflijan. Debemos persistir. Tenemos que continuar. Debemos ser fuertes. Tenemos que vivir nuestra naturaleza luminosa y magnificar nuestro yo soberano, aunque sintamos que tenemos a todo el mundo en nuestra contra. Esto es lo que nos hace de verdad seres humanos. Aun cuando parezca que la luz nunca romperá la oscuridad, seguid vuestro propio camino hacia la libertad. Haced de modelo de lo soberbio para el resto del mundo. Sed un ejemplo de excelencia para la mayoría. Demostrad vuestro amor real por todos los demás.

»Ahora es vuestro momento —dijo el Guía levantando una mano y colocándola en el brazo del artista, y posando la otra en el hombro de la emprendedora.

Una tranquila sonrisa se esbozó en su rostro. Parecía sereno. Ecuánime.

—¿El momento de qué? —preguntó el artista.

—De comenzar vuestra peregrinación —fue la sencilla respuesta.

—¿Hacia dónde? —preguntó la emprendedora con aspecto confuso.

—Hacia un territorio llamado Legado —indicó el Guía—. Al que muchos solo llegan como turistas. Durante unos fugaces instantes de sus valiosas mañanas, piensan acerca del el trabajo que han realizado y lo que dejarán atrás cuando mueran. Durante breves intervalos, antes de distraerse, reflexionan sobre la calidad de su productividad, el grado de su decencia y la profundidad de su influencia. Por meros ratitos, antes de que el lío de estar ocupados vuelva a consumirlos, se detienen a contemplar lo hermosa que ha sido su vida y lo mucho que ayudan a los demás. Son solo visitantes de este reino.

El señor Riley alzó los brazos mientras escuchaba las palabras de su mentor.

—Me gusta mi vida. Me convertiré en un líder aún mejor. Contribuiré incluso más al mundo. Y mejoraré para convertirme en un ser humano mucho más inspirador —susurró para sí mismo.

—Los héroes más reconocidos de la humanidad —retomó el Guía— eran ciudadanos y habitantes de este territorio durante toda su vida. Lo convirtieron en su patria. Y eso es lo que, a la larga, los hizo dignos de la élite. La gran misión en torno a la que construyeron sus vidas era existir por una causa más grande que ellos mismos. Y así, cuando murieron, dejaron el mundo más hermoso de lo que lo habían encontrado.

—Todos venimos al mundo con fecha de caducidad —añadió el millonario—. Nadie sabe cuánto va a vivir.

—Cierto —estuvo de acuerdo la emprendedora.

—Hoy —afirmó el Guía—, y este preciso minuto, merece y exige vuestro compromiso de convertiros en personas sumamente creativas, productivas, decentes y de servicio a muchos. Dejad de posponer vuestro virtuosismo. Dejad de resistiros a vuestro poder original. No dejéis que la sombra de las fuerzas del miedo, el rechazo, la duda y la decepción oscurezcan la luz de vuestro yo más luminoso. Este es vuestro momento. Y ahora es vuestro día: de dar el salto, a vuestra manera, hacia la cumbre de los mejores líderes que ha habido. Y de entrar en el universo de los auténticos maestros, virtuosos y héroes que han sido responsables del progreso de la civilización.

Los cinco seguían apiñados en el círculo. El señor Riley entonó de nuevo un canto a la tirolesa, hasta que la firme mirada del Guía lo ayudó a bajar el tono. Se sonrieron. Era un claro gesto de respeto mutuo.

—Liderar es inspirar a los demás a través de vuestra propia manera de vivir. Liderar es caminar a través del fuego de los tiempos más difíciles hasta llegar al perdón. Liderar es impedir que cualquier forma de mediocridad se infiltre en nuestra vida en una celebración deslumbrante de la majestuosidad que es nuestro derecho de nacimiento. Liderar es convertir nuestros terrores en triunfos y traducir nuestras frustraciones en heroísmo. Y, más que nada, liderar es ser una fuerza del bien en este pequeño planeta en que vivimos. Hoy podéis aceptar esta gran llamada para elevar los estándares por los que se rige vuestra vida durante el resto de los años que os queden por vivir.

—O, al menos, a partir de mañana —sugirió el millonario con una sonrisa traviesa.

—A partir de las 5 de la mañana —dijeron todos al unísono—. ¡Controla tus mañanas! ¡Impulsa tu vida!

Ⓔ

EPÍLOGO

Cinco años después

Unos meses después de su estancia en la isla Robben, Stone Riley falleció.

Murió pacíficamente mientras dormía en un pequeño apartamento del centro histórico de Roma. Su querida hija estaba a su lado. Y también lo estuvo el Guía.

El día de la muerte del magnate, volaron sobre la Ciudad Eterna más palomas y mariposas que nunca. Hubo incluso un doble arcoíris que se extendía desde la escalinata de la Plaza de España hasta el Coliseo.

Os habría impresionado si hubierais estado allí para verlo.

El millonario tenía una enfermedad rara e incurable de la que no le había dicho nada a nadie, salvo al Guía. Porque era su mejor amigo.

Os gustará saber que, durante sus últimos días, el excéntrico magnate liquidó las diversas empresas de su vasto imperio comercial. Y donó todo el dinero a causas benéficas.

El señor Riley decidió dejar su finca de Mauricio a la emprendedora y el artista, pues sabía lo mucho que les gustaba estar allí.

Permitidme que os cuente también qué sucedió con la emprendedora y el artista desde que vivieron esa aventura tan surrealista con el millonario. Probablemente os lo estéis preguntando.

La emprendedora se ha convertido en una mujer inmensamente rica al ampliar la empresa que había fundado hasta convertirla en una compañía de élite. Ha dejado ir los demonios de su pasado que la habían atormentado durante tanto tiempo y adora la vida que comparte con su marido, el artista. Aún trabaja mucho, pero también disfruta mucho de su tiempo libre. Acaba de correr su cuarta maratón, se ha aficionado mucho a la jardinería y es voluntaria en un albergue para personas sin hogar los martes por la noche. Ya no se preocupa demasiado por la fama, el dinero y el poder mundano, aunque tiene las tres cosas.

El artista, te fascinará saber, se ha convertido en uno de los pintores más celebrados de su campo. Venció por completo sus problemas de procrastinación, se le considera un maestro de su arte y es un marido extraordinario. Corrió dos maratones con su mujer y ahora es vegano. Va a clases de canto tirolés los miércoles por la tarde.

Y prestad atención a esto: la pareja tiene un hijo pequeño increíblemente guapo y muy inteligente. De nombre, le pusieron Stone.

La emprendedora y el artista siguen siendo miembros del Club de las 5 de la mañana y practicando la *Fórmula 20/20/20* todos los días mucho antes del amanecer. Aún practican la mayoría de las disciplinas que les enseñó el señor Riley. Y han mantenido la promesa que hicieron a su mentor de contar al máximo número de personas posible el valor transformador de levantarse temprano.

En cuanto al Guía, aún vive. En muchos sentidos, es más fuerte que nunca. Vive en Tokio, pero aún pasa gran parte de su vida sobre escenarios de estadios de todo el mundo, en aviones y en habitaciones de hotel.

Y aún le gusta pescar.

¿QUÉ SERÁ LO SIGUIENTE EN TU HEROICA AVENTURA?

El final de este libro es el comienzo de tu propio viaje de entrada al Club de las 5 de la mañana. Para ayudarte a interiorizar el hábito de levantarte temprano como práctica de vida y a establecer la *Fórmula 20/20/20* como rutina matinal, de manera que obtengas resultados excelentes, Robin Sharma ha creado las siguientes herramientas, todas ellas disponibles gratuitamente en inglés:

El instalador del hábito de las 5 de la mañana

Una aplicación fantástica que te ayudará a hacer un seguimiento de tu progreso diario durante los siguientes sesenta y seis días para que despertarte antes del amanecer se convierta en algo automático. También recibirás total acceso a hojas de datos para integrar los modelos que has aprendido, listas de música que aumentarán tu confianza y una plataforma de apoyo impresionante para conectar con otros miembros del Club.

El reto del Club de las 5 de la mañana

Recibirás dos meses de vídeos de formación con contenidos de calidad y consejos prácticos, y apoyo. También recibirás dosis rápidas de inspiración de Robin Sharma para que te mantengas firme en tu compromiso y para maximizar tus victorias como alguien que se levanta temprano.

Meditaciones del Club de las 5 de la mañana

Para ayudarte a comenzar el día sintiéndote calmado, centrado y positivo, Robin Sharma ha creado y programado al detalle una serie de meditaciones guiadas para que sigas cada mañana de manera que mejores tu mente, purifiques tu corazón, fortalezcas tu salud y eleves tu alma.

El capítulo secreto perdido

En un arranque de creatividad temprano, una mañana, el autor escribió un final alternativo (y de lo más inesperado) para este libro. Es misterioso, dramático y engancha.

Para obtener acceso a todos estos valiosos recursos que se ponen a tu disposición gratuitamente, visita:
robinsharma.com/The5AMClub

Sobre el autor

Robin Sharma es respetado mundialmente por su labor humanitaria y el fundador de una empresa sin ánimo de lucro que ayuda a niños necesitados a llevar una vida mejor. Considerado por muchos como uno de los mayores expertos en liderazgo, entre los clientes de este pionero están muchas empresas de la lista *Fortune 100*, multimillonarios famosos, estrellas profesionales del deporte, figuras icónicas de la música y miembros de la realeza.

Robin Sharma ha colaborado con diversas empresas y organismos para ayudarles a formar a empleados que lideran sin título, producen un trabajo excepcional y dominan el cambio en esta época compleja son: NASA, Microsoft, NIKE, GE, FedEx, HP, Starbucks, Oracle, la Universidad de Yale, IBM Watson y la Young Presidents' Organization.

Sharma es también uno de los oradores más solicitados del mundo. Para informarte sobre su disponibilidad para próximos congresos, visita robinsharma.com/speaking.

Los libros del autor, como *El monje que vendió su Ferrari*, *Éxito: una guía extraordinaria* y *El líder que no tenía cargo*, han vendido millones de ejemplares en más de 92 idiomas, convirtiéndolo en uno de los escritores vivos más leídos.

Enero 2023
Diciembre 2023

El club de las 5 de la mañana de Robin Sharma
se terminó de imprimir en enero de 2019
en los talleres de
Litográfica Ingramex, S.A. de C.V.
Centeno 162-1, Col. Granjas Esmeralda, C.P. 09810,
Ciudad de México.